ALTE ZEITEN, RAUE SITTEN

Underdogs aus Bayerns Geschichte

Christoph Bachmann
Karin Dütsch (Hrsg.)

ALTE ZEITEN, RAUE SITTEN

Underdogs aus Bayerns Geschichte

Volk Verlag München

BSZ | Bayerische Staatszeitung
und Bayerischer Staatsanzeiger

Die Deutsche Bibliothek verzeichnet diese Publikation in der Deutschen Nationalbibliografie; detaillierte bibliografische Daten sind im Internet über http://dnb.ddb.de abrufbar.

Streitfeldstraße 19, 81673 München
Tel. 089/420 79 69 876; Fax 089/420 79 69 86

Druck: Stürtz GmbH Würzburg

ISBN 978-3-86222-135-6
www.volkverlag.de

Inhalt

Vorwort

Keiner wollte sie haben, aber jeder brauchte sie: die Bader, die Prostituierten, die Hausierer und die Henker – die Underdogs. Wenn sie nicht gar Ausgestoßene der Gesellschaft waren, so doch zumindest nur ihr „Bodensatz", ein notwendiges Übel, das man scharf ihm Auge behalten musste. Oft genug gerieten „Oben" und „Unten" aneinander. Dann schaltete sich die staatliche Obrigkeit ein und es entstanden – bürokratisch gesprochen – Vorgänge und Akten, die in den Archiven überdauert haben. Für die Nachwelt ein großes Glück, denn Selbstzeugnisse dieser unteren Schichten sind so gut wie nicht überliefert. Wer von „denen da unten" konnte schon schreiben und lesen? Die für die aktuelle Forschung so bedeutenden „Ego-Dokumente" sind rar, vor allem in Archiven: Wenn es persönliche Aufzeichnungen und bildliche Darstellungen gibt, dann haben sie noch eher im Privatbesitz überdauert. Die Autoren dieses Bandes sind in Archivbeständen dennoch fündig geworden und bringen diese Quellen mit den „offiziellen" in eine Zusammenschau. Da die Wahrnehmung der Betroffenen – dort die Sicht des Staates auf seine Untertanen. So miteinander vernetzt, entsteht ein plastisches Bild der jeweiligen Lebenswirklichkeit. Die Autoren sind wissenschaftliche Archivare und Rechtshistoriker, die täglich mit diesen Primärquellen in Archivbeständen umgehen. Für die *Bayerische Staatszeitung* und ihre Beilage *Unser Bayern* haben sie exklusiv Themen aus dem Alltag des „gemeinen" Volkes bearbeitet – auf dieser Serie basiert vorliegendes Buch.

Die Herausgeber danken für die Unterstützung: dem Bayerischen Hauptstaatsarchiv, den Staatsarchiven in München, Nürnberg und Landshut, der Bayerischen Staatsbibliothek (besonders den Mitarbeitern des Bildarchivs), der Staatsbibliothek Bamberg, dem Stadtarchiv Erlangen, dem Bayerischen Landesamt für Vermessung und Geoinformation, der Stadt München (Stadtentwässerung), dem Bayerischen Landesamt für Denkmalpflege, dem Schulmuseum in Lohr am Main, dem Kriminalmuseum Rothenburg ob der Tauber, den Bildagenturen SZPhoto und Getty Images.

München, April 2014

Christoph Bachmann und Karin Dütsch

Heimatlose

Wer nichts hatte, tat sich im Königreich Bayern schwer, eine Aufenthaltserlaubnis oder Heiratsbewilligung zu bekommen.

Edeltraud Weber

Jetzt endlich konnte er ans Heiraten denken! Der Vater hatte Georg Schönwetter nämlich das „Gütl" überschrieben, das steuerlich als 1/8-Hof eingestuft war. Obendrein hatte der 25-Jährige gerade seinen Entlassungsschein aus der Königlich Bayerischen Armee erhalten. Das war am 24. Juni 1838. Bereits Anfang Juli sprach der junge Mann aus Oberpfaffenhofen im Landkreis Starnberg mit seiner Braut Rosalia Thomamüller, einer Zimmerertochter aus Wildenroth bei Fürstenfeldbruck, beim Patrimonialgericht in Seefeld vor: Sie ersuchten um die Genehmigung zur Ansässigmachung und Verehelichung. Den Armee-Entlassungsschein, die Zeugnisse der Elementarschule (Volksschule) und der Feiertagsschule, die in etwa der heutigen Berufsschule entspricht, legten die beiden ebenso vor wie die schriftlich bestätigte Hofübergabe und die Aufnahmebestätigung der Gemeinde Oberpfaffenhofen. Georg und Rosalia konnten wohl zufrieden aus dem Gerichtsgebäude treten – sie hielten die Genehmigung zur „Ansässigmachung und Verehelichung" in Händen.

Andere junge Leute verließen das Gerichtsgebäude sicher mit hängenden Mienen: Wer nämlich nicht wie der junge Erbe des kleinen Schönwetter-Anwesens Grund und Boden sein Eigen nennen konnte, ging auch bei solchen Genehmigungen leer aus und musste sich als Handwerksgeselle, Knecht oder Magd verdingen, oder an jedem neuen Tag Lohnarbeit für sich und seine Familie leisten.

So erging es zum Beispiel dem Taglöhner Johann Turner, der im Kloster Scheyern geboren wurde und der in Aufham bei Schweitenkirchen zumindest heimatberechtigt war. Im Herbst des Jahres 1873 starb seine erste Ehefrau Anna Maria, mit der er vier Kinder großgezogen hatte, in Dachau an der Schwindsucht. Nach diesem Schicksalsschlag zog der Witwer in die Residenzstadt München, vermutlich um sich dort weiterhin als Taglöhner zu verdingen. Dort traf er die 43-jährige Elisabeth Gebhardt aus Deining in der Oberpfalz, die als Tochter eines Hirten ebenfalls ihr Auskommen als Dienstmagd oder Taglöhnerin in der Landeshauptstadt suchen musste. Auch sie hatte schon Unglücksfälle hinter sich: Zum Beispiel war ihr uneheliches Kind kurz nach der Geburt gestorben. Die beiden beschlossen zu heiraten: War es Liebe? Oder eher eine Zweckgemeinschaft? Jedenfalls war es für die in der Gesellschaftshierarchie ganz unten stehenden und in großer Armut lebenden Menschen oft leichter, sich gemeinsam durchs Leben zu schlagen.

Johann Turner, anders als der Söldner Georg Schönwetter des esens und Schreibens nicht mächtig, sprach also beim Stadtmagistrat München vor, um ein „Gesuch auf die Ausfertigung eines Verehelichungszeugnisses“ zu stellen – das war die Voraussetzung für eine kirchliche Heirat. Damit begann für den in die Jahre gekommenen Witwer ein bürokratisch höchst aufwendiges Prozedere: Es musste sichergestellt werden, dass er durch seine Eheschließung weder dem Staat noch der Stadt zur Last fallen würde, also Armenunterstützung benötigen und Kosten verursachen könnte.

Seit dem 11. September 1825 bestand im Königreich Bayern nämlich die sogenannte Ansässigmachungs- und Verehelichungsgesetzgebung. Danach waren für alle bayerischen Untertanen das Heiraten und die freie Wahl der Heimat mit allen Rechten und Pflichten eingeschränkt. Verbunden war das mit einem oft langwierigen gesetzlichen Genehmigungsverfahren. Für uns ist es heute selbstverständlich, dass wir uns frei entscheiden können, wohin wir gehen und wen wir heiraten. Im 19. Jahrhundert wurden innerhalb der Sozialgesetzgebung gegen diese Freizügigkeit gesetzliche Hürden errichtet. In den Jahren 1825, 1834 und 1868 folgten Neuerungen, die auch die öffentliche Armenpflege sowie die Gewerbe- und Gemeindeordnung einschlossen. Betroffen von diesen frühen staatlichen Sozialmaßnahmen waren vor allem die ärmeren oder gänzlich besitzlosen Schichten innerhalb der bürgerlichen Gesellschaft.

Die Verehelichung war in Bayern allerdings schon vorher an den Nachweis von Besitz gebunden: Herrschaften und das reichere Bürgertum scheuten das unkalkulierbare Risiko, meist kinderreiche Familien unterstützen zu müssen, wenn diese für ihre Ernährung nicht mehr selbst aufkommen konnten. Damals griffen Reichspolizeiordnungen, im 17. und 18. Jahrhundert dann in den noch nicht im Königreich vereinigten Herrschaften in Franken, Schwaben und Altbaiern das Landrecht oder der Erlass von Bettelmandaten und Polizeiordnungen. Dabei bestand stets eine enge Verbindung zwischen Armenpflege sowie Heimat- und Verehelichungsrecht.

Der Schul-Entlassungsschein gehörte zu den wichtigen amtlichen Dokumenten, die auch Georg Schönwetter vorlegen musste, als er eine Ansässigmachungs- und Verehelichungsgenehmigung beantragte. Außer, dass er die Schule sechs Jahre lange besucht hatte, geht aus diesem Zeugnis auch noch hervor, dass er ein recht guter Schüler war.

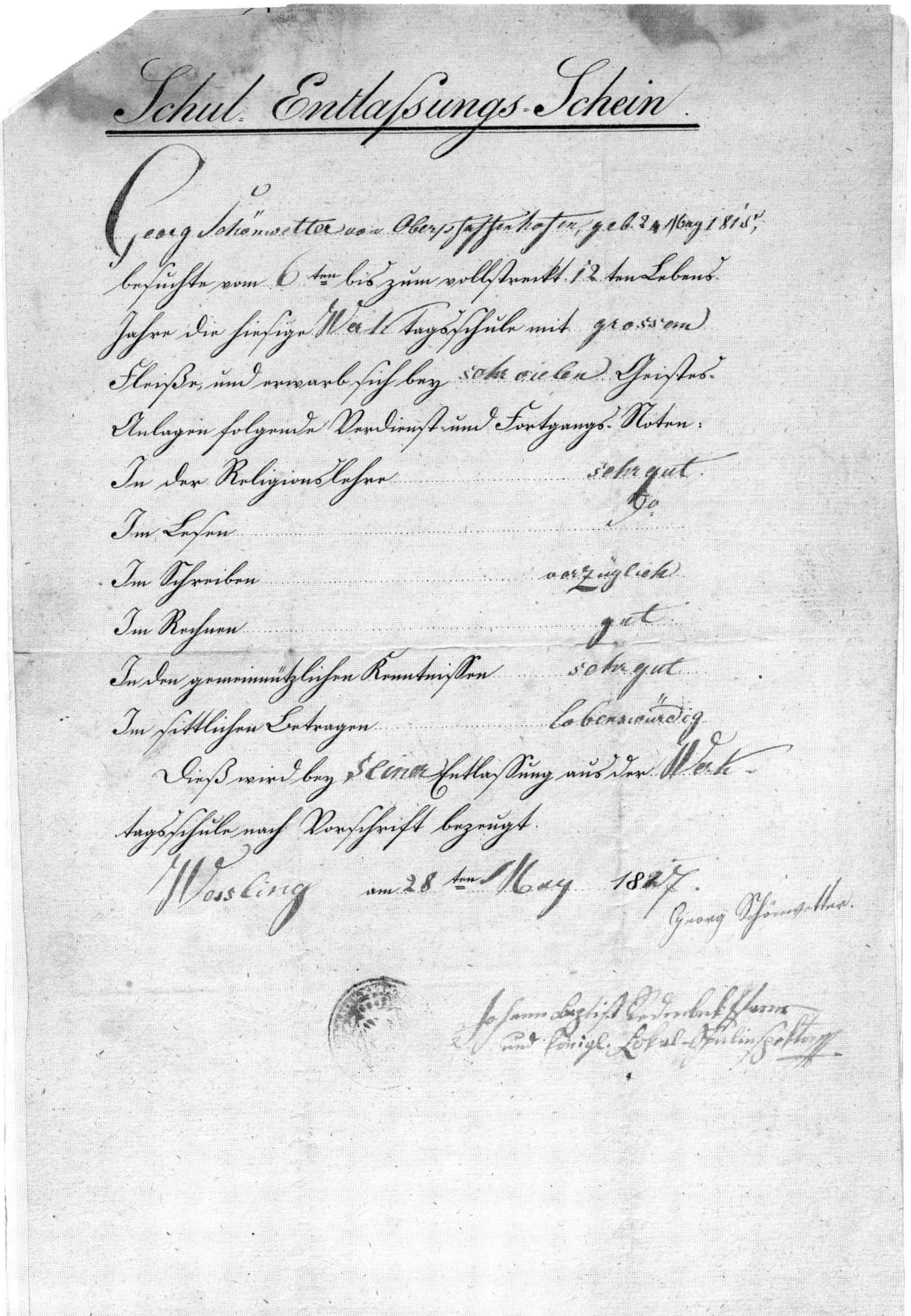

Schul-Entlaßungs-Schein

Georg Schönwetter von Oberpfaffenhofen, geb. 24 May 1815,
besuchte vom 6ten bis zum vollstreckt. 12ten Lebens-
Jahre die hiesige Werktagsschule mit grossem
Fleiße, und erwarb sich bey sehr vielen Geistes-
Anlagen folgende Verdienst- und Fortgangs-Noten:

In der Religionslehre	sehr gut
Im Lesen	do.
Im Schreiben	vorzüglich
Im Rechnen	gut
In den gemeinnützlichen Kenntnißen	sehr gut
Im sittlichen Betragen	lobenswürdig

Dieß wird bey seiner Entlaßung aus der Werktagsschule nach Vorschrift bezeugt.

Weßling am 28ten May 1827.

Georg Schönwetter

Johann Baptist [illegible] Pfarrer
und königl. Lokal-Schulinspektor

Zwar erfüllten seit jeher auch die Kirchen, denen ja bis 1876 die Trauungen alleinig oblagen, die Aufgaben einer christlich motivierten Armenfürsorge. Aber auch die vollwertigen steuerpflichtigen Mitglieder einer Gemeinde oder Stadt waren für eine eventuell notwendige Armenunterstützung zuständig. Deshalb achteten sie im eigenen Interesse genau darauf, wer sich in ihrem Ort ansiedeln wollte, was er besaß und ob er nach einer Heirat tatsächlich eine Familie ernähren konnte. „Leichtfertiges Heiraten" bezog sich also nicht auf die moralische Bewertung einer Paarbindung, sondern auf die Eheschließung und Familiengründung ohne materielle Grundlage. Nach der Neuordnung Europas infolge der napoleonischen Kriege und der Verwaltungsmodernisierung Bayerns vor allem durch Montgelas gerieten die Kirchen in die Zwickmühle: Der Staat zog immer mehr auch soziale Aufgaben an sich – und wenn ein Pfarrer quasi unerlaubt ein Paar traute, konnte ihn der Gesetzgeber gar in Regresspflicht nehmen, dann musste er für eventuell notwendige finanzielle Hilfen aufkommen.

Dies, aber auch das Ringen um eine vom Staat durchaus erwünschte Zunahme der Bevölkerung im kriegsgebeutelten, zugleich deutlich vergrößerten Königreich lösten in der Kammer der Abgeordneten kontroverse Diskussionen aus: Wie waren Heimat und Ehe rechtlich richtig zu reglementieren? Letztendlich verabschiedete man am 11. September 1825 das „Gesetz zur Ansässigmachung und Verehelichung" in der Hoffnung, dass eine einheitliche staatliche Regelung mehr Gerechtigkeit und die Öffnung von Möglichkeiten für die unteren Schichten in sich birgt.

So lag fortan die Zuständigkeit für die Genehmigung zur Ansässigmachung, was soviel bedeutet wie die Niederlassung an einem Ort mit einem gesicherten Nahrungs- und/oder Besitzstand, und eine damit verbundene Erlaubnis zur Eheschließung bei den unteren staatlichen Behörden, also den Landgerichten, den Patrimonialgerichten und den Stadtmagistraten. Der Widerstand der Gemeinden gegen die Beschränkung ihres Einflusses auf das Heimat- und Eherecht wuchs. Das Parlament lenkte schließlich in der Änderung des Gesetzes vom 1. Juli 1834 ein, sodass die Bürger, Bauern und Gewerbetreibenden in den Gemeinden wieder mehr Mitsprache- und Vetorechte bei den entsprechenden Genehmigungsentscheidungen bekamen. Für die einfachen Leute verschärfte sich damit die Situation wieder. Das ist auch statistisch erkennbar, setzt man zum

Beispiel die Wartezeiten für eine Heiratserlaubnis bei Dienstboten in Vergleich zur anwachsenden Zahl unehelicher Geburten. Insbesondere von liberalen Mandatsträgern in der Kammer der Abgeordneten wurde das entwürdigende Verfahren einer „Ansässigmachungsprozedur" und die zum Teil rigiden Abschiebungen von ledigen schwangeren Frauen und anderer Arbeit- und Heimatsuchenden ohne Besitz durch die Städte und Gemeinden scharf kritisiert.

Aber erst 1868 unter König Ludwig II. kam es zu einem neuen Heimatgesetz. Die Reform war unumgänglich geworden, weil die zunehmende Industrialisierung zumindest in Bayerns Großstädten eine höhere Mobilität der Arbeiterschichten erforderte. Das ging einher mit einer Öffnung des Gewerbe- und Gemeinderechts. Noch immer aber konnte die Ehe-Erlaubnis durch den Einspruch der Heimatgemeinde verhindert werden: Wer in den vergangenen drei Jahren Armenunterstützung bekommen hatte, hatte ganz schlechte Karten, ebenso Straf- und Untersuchungsgefangene und unter Vormundschaft stehende Personen. Die Angst vor einer Überlastung der Gemeindekassen und des in Bayern inzwischen subsidiär eintretenden Armen- und Unterstützungsfonds war immer noch größer als die wachsende

Nur nicht Armenfürsorge in Anspruch nehmen! Zumindest drei Jahre lang nicht. Da nahm man lieber jeden noch so schlecht bezahlten Knochenjob an. Wer sich nämlich nicht selbst durchschlagen konnte, hatte in Bayern wenig Chancen, das Heimatrecht oder gar eine Heiratslizenz zu bekommen. Die Gemeinden scheuten die Kosten.

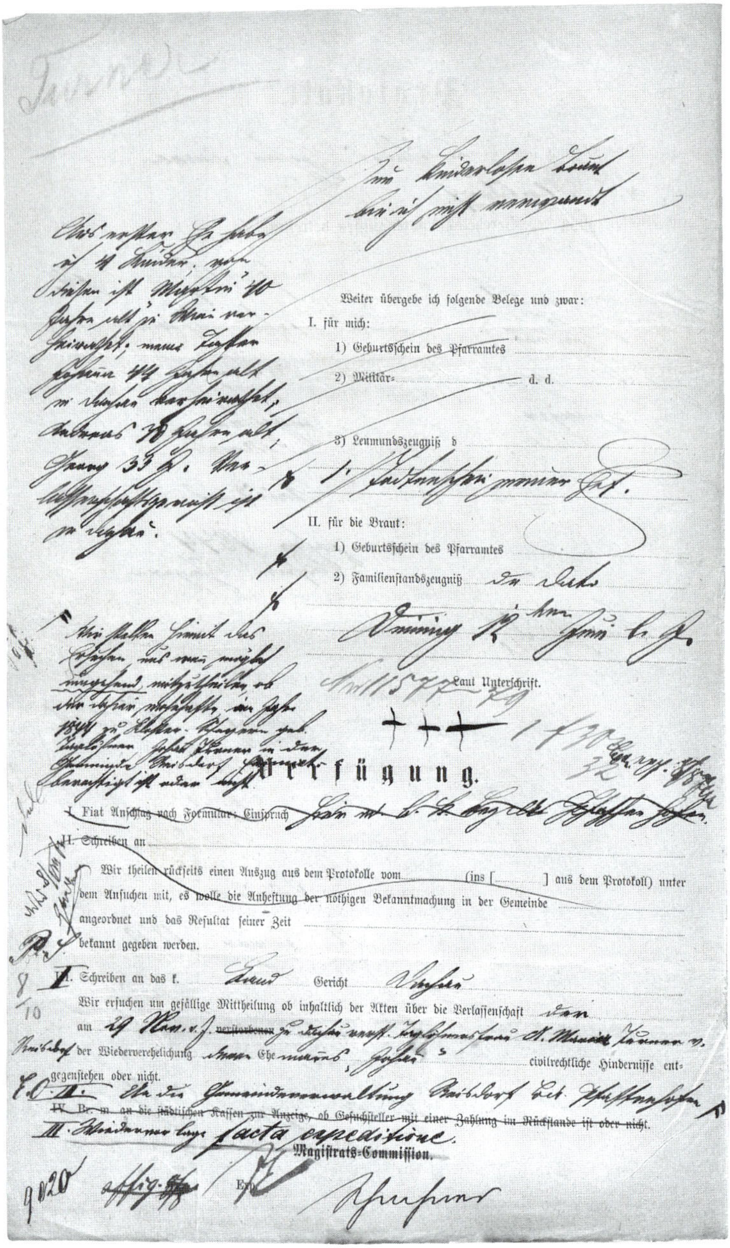

Weiter übergebe ich folgende Belege und zwar:

I. für mich:

1) Geburtsschein des Pfarramtes

2) Militär- ... d. d.

3) Leumundszeugniß d

II. für die Braut:

1) Geburtsschein des Pfarramtes

2) Familienstandszeugniß

Laut Unterschrift.

Verfügung.

I. Fiat Anschlag nach Formular: Einspruch

II. Schreiben an

Wir theilen rückseits einen Auszug aus dem Protokolle vom ... (ins [ ] aus dem Protokoll) unter dem Ansuchen mit, es wolle die Anheftung der nöthigen Bekanntmachung in der Gemeinde angeordnet und das Resultat seiner Zeit bekannt gegeben werden.

III. Schreiben an das k. ... Gericht ...

Wir ersuchen um gefällige Mittheilung ob inhaltlich der Akten über die Verlassenschaft ... am ... der Wiederverehelichung ... civilrechtliche Hindernisse entgegenstehen oder nicht.

IV. Br. m. an die städtischen Kassen zur Anzeige, ob Gesuchsteller mit einer Zahlung im Rückstande ist oder nicht.

facta expeditione

Magistrats-Commission.

Johann Turner musste die harte Tour durch den Behördendschungel gehen. Als Taglöhner suchte er in München Arbeit und wollte obendrein ein zweites Mal heiraten. Wer so mittellos wie er war, hatte es schwer, die entsprechenden Genehmigungen zu bekommen. Obendrein konnte Johann Turner weder lesen noch schreiben – diesen Antrag unterzeichnete er mit drei Kreuzen.

Das Paar, das aus dem Landgerichtsgebäude tritt, kann sich glücklich schätzen: Es hat wohl alle Bedingungen erfüllt, die Braut hält eine Verehelichungsgenehmigung oder einen Ehevertrag in Händen. Das Gemälde „Ein Gerichtstag in Starnberg" (1862, Karl von Enhuber) befindet sich als Dauerleihgabe im Museum Starnberger See.

Tendenz zu einer freiheitlicheren Regelung, wie sie zum Beispiel in der vom napoleonischen Recht geprägten bayerischen Rheinpfalz längst bestand.

Dokumentiert sind die Schicksale der vom Gesetz erfassten Gesuchsteller, also auch von Georg und Rosalia Schönwetter, von Johann Turner und seiner Frau Elisabeth und von über 800.000 anderen bayerischen Untertanen in den Serien der sogenannten Ansässigmachungs- und Verehelichungsakten in den staatlichen und städtischen Archiven Bayerns. Allein auf der vom Staatsarchiv München als Depot genutzten Willibaldsburg in Eichstätt lagern fast 140.000 dünne Aktenbündel aus den Jahren zwischen 1808 und 1915. Sie enthalten Einzelschicksale, Familiengeschichten, Migrationshintergründe und viele weitere Metadaten – die alle in einer Datenbank erfasst sind. Auch in den Staatsarchiven Amberg, Augsburg, Bamberg, Landshut, Nürnberg und Würzburg finden sich ähnlich große, aber noch nicht immer vollständig erschlossene Akten- und damit Datenmengen. In einigen Archiven wurden diese Dokumente bereits von der Gemeinschaft der Mormonen verfilmt, deren Religion diesen personenbezogenen Informationen eine ganz besondere Bedeutung beimisst. Rechnet man die in den Stadtarchiven der größeren Städte Bayerns überlieferten Heimatakten dazu, ergeben sich für ganz Bayern Daten von etwa einer Million Menschen, die solche Gesuche stellen mussten.

Besonders reizvoll ist dieses Archivgut, weil darin Lebensausschnitte von Menschen zu finden sind, deren Geschichten zu dieser Zeit kaum in anderem staatlichen Schriftgut aktenkundig wurden: eine Fundgrube für die Forschung. Neben Auskünften zur Familien- und Häuserforschung lassen sich auch Informationen zur Verteilung von Armut und Wohlstand in den Städten, Märkten und Dörfern Bayerns, zur Mobilität innerhalb des Landes und zu soziologischen Strukturen herauslesen. Durch die häufig in den Vorgängen enthaltenen Schul- und Militär-Entlassungszeugnisse oder Impfscheine finden sich Angaben zur Gesundheit, zu Begabungen, Schwächen und zur äußeren Erscheinung der Petenten. Die bei unklaren Heimatverhältnissen angefertigten Protokolle enthalten oft Aussagen über Motive und Hoffnungen der Heimatsuchenden.

Beispielhaft für die Aussagekraft dieser Unterlagen über die Verteilung von regionalspezifischen Berufen sind die für den Ort Oberammergau überlieferten Heimatakten. Über 100 Personen sind mit der Berufsbezeichnung Kunst- oder Holzschnitzer aufgeführt, deren Heirats- und Wanderungsbewegungen die Entstehung dieses besonderen Berufszweiges in dem Ort widerspiegeln. So mussten einmal auch die Gründerpersönlichkeiten der heute weltberühmten Kunst- und Krippenschnitzerei „Georg Lang sel. Erben" erst eine Verehelichungsgenehmigung einholen – das ergänzt das Bild über die Entstehungsgeschichte der Firma. Ähnliches Material gibt es zu den Geigen- und Instrumentenbauern in Mittenwald oder für die Vorstädte von Augsburg und München mit ihren ersten Ansiedlungswellen von Arbeitern.

Die unter Bismarck eingeführten Sozialversicherungen entschärften die bis dahin in Bayern geltende Heimatgesetzgebung von 1868, auch wenn diese bis zur Einführung des Reichsgesetzes über den Unterstützungswohnsitz im Jahr 1916 faktisch bestehen blieb. Der darin festgeschriebene Erwerb eines Wohnsitzes nach zweijährigem Aufenthalt sicherte die Risiken der Arbeiter und Dienstboten nun anders ab und die freie Verehelichung stellte keine so große Bedrohung mehr dar. Die Mobilität erhielt zur Sicherung des Nahrungsstandes endgültig eine größere Bedeutung als die „sichere Heimat".

Für Johann Turner und seine zweite Ehefrau Elisabeth führte die Angelegenheit jedenfalls noch zu einem guten Ende. Am 5. Oktober 1874 wurde das Brautpaar in Aufham bei Schweitenkirchen getraut. Zuvor hatten aber noch einige Amtsstuben damit zu tun: Die Stadt München korrespondierte mit der Heimatgemeinde und dem zuständigen Bezirksamt Pfaffenhofen, der Totenschein für die erste Ehefrau Turners musste in Dachau herbeigeschafft werden, dann schließlich wurde das eigentliche Verehelichungsgesuch bei den Münchener Armen- und Stiftungskassen in Umlauf gegeben, die bestätigen mussten, dass keine Forderungen gegen Johann Turner bestehen. Erst dann kam das öffentliche Eheaufgebot in München vorschriftsmäßig für zehn Tage in den Aushang. Selbstverständlich hatte der Gesuchsteller die Kosten des Verwaltungsaktes zu tragen. Die Heimatgebühr der Stadt München in Höhe von 48 Gulden konnten sich die Eheleute wohl nicht leisten. Auf dem Verehelichungsgesuch ist der Eingang der Gebühr jedenfalls nicht vermerkt. Wie viel gemeinsame Zeit dem nicht mehr ganz jungen Paar noch verblieb? Darüber geben die alten Schriftstücke leider keine Auskunft mehr.

Hausierer

Auf fahrende Händler wartete Kundschaft vor allem in entlegenen Gebieten – der Obrigkeit waren sie ein Dorn im Auge.

Katrin Marth

Im 16. Jahrhundert verfestigte sich das Bild des betrügerischen „hausierenden Gesindls", so die Bezeichnung in einem kurfürstlichen Mandat von 1644. Man sollte den Kontakt mit diesen Menschen tunlichst vermeiden; die Geschäfte, die sie betrieben, wurden stark reglementiert, weitgehend sogar untersagt.

Diese Verbote waren schnell „Chefsache", wie ein herzogliches Mandat aus dem Jahr 1569 – und das war bei Weitem nicht das erste – zeigt: Es sollte schon seit Längerem „den Landfarern vnd Kraemern das Hausiern in vnserm Fuerstenthumb hinfueran nit mehr zugestatten [sein]. So werden wir doch bericht, das solchem gebott wenig gelebt, sonder darwider offentlich gehandelt werde, dardurch dan nit allein die armen Paurßleut vnd ander, so es nit verstehn vnd wissen, mit vngerechten vnd gefelschten Waren, Ellen, Maß vnd Gewicht mercklich betrogen, sonder vnsern handthierunden vnderthannen bey Stetten vnd Maerckten jr narung entzogen, auch vnser Cammerguet geschmellert wirdet (...)" In diesem Zitat ist die ganze Tragweite der Befürchtungen, die fahrenden Händlern entgegenschlugen, erkennbar: Betrug in allen Bereichen! Doch wer waren die so Gebrandmarkten? Und: Konnte man auf sie überhaupt verzichten, oder musste man sie nicht vielmehr als „notwendiges Übel" in Kauf nehmen?

Die Bezeichnung Hausierer – oder nach der auf dem Rücken getragenen Last, der „Hucke", auch Huckler genannt –, ist vielfältig und meint mitunter ganz verschiedene Personengruppen. Zunächst gab es diejenigen Hausierer, die heute gemeinhin als Bettler bezeichnet würden. Dabei handelte es sich um Verarmte oder aus dem Kriegsdienst Entlassene, die ihren Lebensunterhalt nicht anders als durch Betteln an Haustüren bestreiten konnten. Weiter bezeichnete man als Hausierer, wer von Haus zu Haus und über Land fuhr, um seine Waren (oder als Handwerker seine Dienstleistung) zu verkaufen – in der Regel hatte er kein ortsansässiges Geschäft und führte auch noch seine komplette Habe mit sich.

In der Literatur ist von „auf dem flachen Land hausierenden Karrenleuten" die Rede, die nicht mit einer zweiten Gruppe von Handeltreibenden, den „fahrenden Krämern", zu verwechseln sind. Diese zogen mit ihren Waren nämlich nur zu Jahrmärkten und Dulten, außerhalb der Marktzeiten waren sie aber eingesessene und vor allem auch vom Gerichtsherrn akzeptierte und zugelassene Krämer.

Einen regionalen Zusammenschluss der Kaufleute, eine Art Krämerzunft, gab es auf dem Land allerdings nicht. Die einzelnen Erwerbszweige waren zahlenmäßig nicht so weit verbreitet, dass sich die Bildung einer eigenen Zunft gelohnt hätte – anders etwa als bei den Handwerkern. „Landeszünfte" hingegen waren in beiden Fällen unüblich. Lediglich in großen Ortschaften konnten sich mitunter Krämerzünfte bilden – aber dort vermied man die Aufnahme der Landkrämer aus Angst vor zu großer Konkurrenz.

Im Gefüge der Kauf- und Handelsleute nahmen die mobilen Hausierer eine Art Zwischenhändlerfunktion ein: Sie bezogen ihre Waren beispielsweise direkt von einem Bauern und verkauften sie auf ihrem Weg weiter. Freilich ist das Warenangebot eines fahrenden Krämers ebenso wenig wie das seines sesshaften Kollegen mit dem eines modernen Einzelhandelsgeschäfts zu vergleichen. Damit sich das Geschäft lohnte, musste vor allem Ersterer die Palette des Feilgebotenen so breit wie möglich halten, waren die sonstigen Einkaufsmöglichkeiten für die Landbevölkerung doch eher beschränkt. Der fahrende Gemischtwarenladen umfasste deshalb nicht nur Kleidung, Eisen-und Blechwaren oder Holzfabrikate, sondern auch Luxusartikel wie Tabak, feine Stoffe oder Bücher und kulinarisch Außergewöhnliches wie Gewürze.

Mit dem eingangs erwähnten Mandat von 1569 wurde das Hausieren verboten – mit Ausnahmen: Händler, die mit „Gold, Silber, Sammat [Samt] vnnd Seiden die Cloester vnd Edelmans sitz besuchen", waren bemerkenswerterweise vom Verbot ausgenommen. Auch mit „Pomade, riechenden Wassern, dann kurzen und langen Gallanteriewaaren" sowie „Nachtlichtern, Barbierkuglen (...) und Rosenkränzen" durften gute Geschäfte gemacht werden. Das passte zum Beispiel dem Neuburger Krämer Balthasar Galori überhaupt nicht. Aktenkundig ist seine Beschwerde von 1796, in der er der Stadtobrigkeit vorwarf, ungerecht behandelt zu werden: Er selbst versuche unter widrigen Bedingungen seine festeingesessene Krämerei zu betreiben – die Stadt aber erteile temporäre Konzessionen an fliegende Händler mit demselben Warenangebot.

Fahrende Händler nutzten vor allem Lücken in den Absatzmärkten, die normalerweise von sesshaften und genehmigten Krämern bedient wurden. Gerade auf dem Land, in Einöden und Weilern waren die Hausierer sogar gern gesehen, lieferten sie doch oft drin-

gend Benötigtes „frei Haus". Sie ermöglichten auch den Einkauf außerhalb der festgesetzten Markttage und Jahrmärkte. Außerdem war noch im ausgehenden 18. Jahrhundert die Anzahl der Marktorte derart gering, dass die nächste Einkaufsgelegenheit oft eine lange und beschwerliche Anreise bedeutete. In der Literatur werden für das Jahr 1794 lediglich 37 städtische und 90 kleinere Marktorte genannt; das bedeutete einen Marktort pro 7.300 Einwohner. In manchen Städten stand das Marktrecht zudem nur mehr auf dem Papier, das regelmäßige Marktgeschehen fand dort oft gar nicht mehr statt.

Durch ihre Vertriebswege und die weithin fehlende Kontrollmöglichkeit des Geschäfts standen Hausierer immer im Verdacht, Preise und Märkte zu verderben. Deshalb genossen sie selbst auf dem Land, wo man ja auf die fahrenden Gemischtwarenläden angewiesen war, keine entsprechende gesellschaftliche Anerkennung. Hausierer blieben von der Gesellschaft eher ausgeschlossen. Eine sinnvolle Strategie zu ihrer Eingliederung im Rahmen von alternativen Beschäftigungsmöglichkeiten fehlte allerdings ebenso.

Im Unterschied zu Hausierern, die als Zwischenhändler fungierten, zogen in der Regel sesshafte Krämer und Handwerker nur zeitweilig umher, um ihre eigenen Waren zu verkaufen.

Ein viel gepflegtes Feindbild bezog sich auf jüdische Händler. Für sie galten besondere Bestimmungen, sie wurden verfolgt und auch des Landes verwiesen. Juden war Handel und Gewerbe ab Mitte des 16. Jahrhunderts völlig untersagt. Doch auch hier gab es Lockerungen: Hoffaktoren waren speziell für den obrigkeitlichen Hof zugelassene Händler und vor allem auch Devisenbeschaffer. Erst ab 1805 waren jüdische Händler allen anderen Bürgern in ihrer Gewerbeausübung gleichgestellt – zumindest theoretisch.

Das schlechte Ansehen der umherfahrenden Hausierer oder Huckler war wesentlich in der obrigkeitlichen Missbilligung begründet: Dem Landesherrn passte es natürlich nicht, dass ihm durch den mobilen Handel Einnahmen aus der Marktgebühr entgingen. Zudem waren so weder das Warenangebot noch die Preisgestaltung zu kontrollieren. Hinzu kommt, dass der fahrende Handel nicht nur von Landeskindern, sondern auch von Ausländern betrieben wurde – und gerade die galt es, restriktiv vom inländischen Warenverkehr fernzuhalten. „Welsches Hausierertum", also Händler, die aus romanischen Ländern wie dem heutigen Italien oder Frankreich stammten, waren der Obrigkeit ein besonderer Dorn im Auge. Mehrere kurbaierische Mandate des 17. Jahrhunderts befassen sich daher speziell mit fahrenden Händlern aus dem Friaul, Frankreich, Burgund und Lothringen; bemerkenswerterweise zählten auch Personen aus der heutigen Oberpfalz und den fränkischen Gebieten dazu. Die eingeführten Waren dieser „welschen Hausierer" konnten unter Berufung auf das Polizeigesetzbuch konfisziert werden.

Trotz der Restriktionen lassen sich italienische Händler ab dem 17. und 18. Jahrhundert vor allem als Inhaber großer Handelshäuser beispielsweise in München nachweisen. Wie Johann Battista Ruffini (1672 bis 1749) aus Meran: Er wurde einer der bekanntesten Salzhändler im Kurfürstentum und auch zum Hofkammerrat ernannt. In Neuburg an der Donau versuchte sich Balthasar Galori, der nach eigener Angabe aus Italien stammte, folgende Situation zunutze zu machen: „Man ist übrigens durch die Erfahrung überzeugt, daß die sich auf hiesigen Märkten einfindende ausländische Galanterie-Krämer eben darum, weil hier kein Galanterie-Krämer ansässig ist, vieles Geld erlößen und dieses in das Ausland hinausziehen." Mit dieser Argumentation beantragte er 1790 bei der Regierung in Neuburg eine

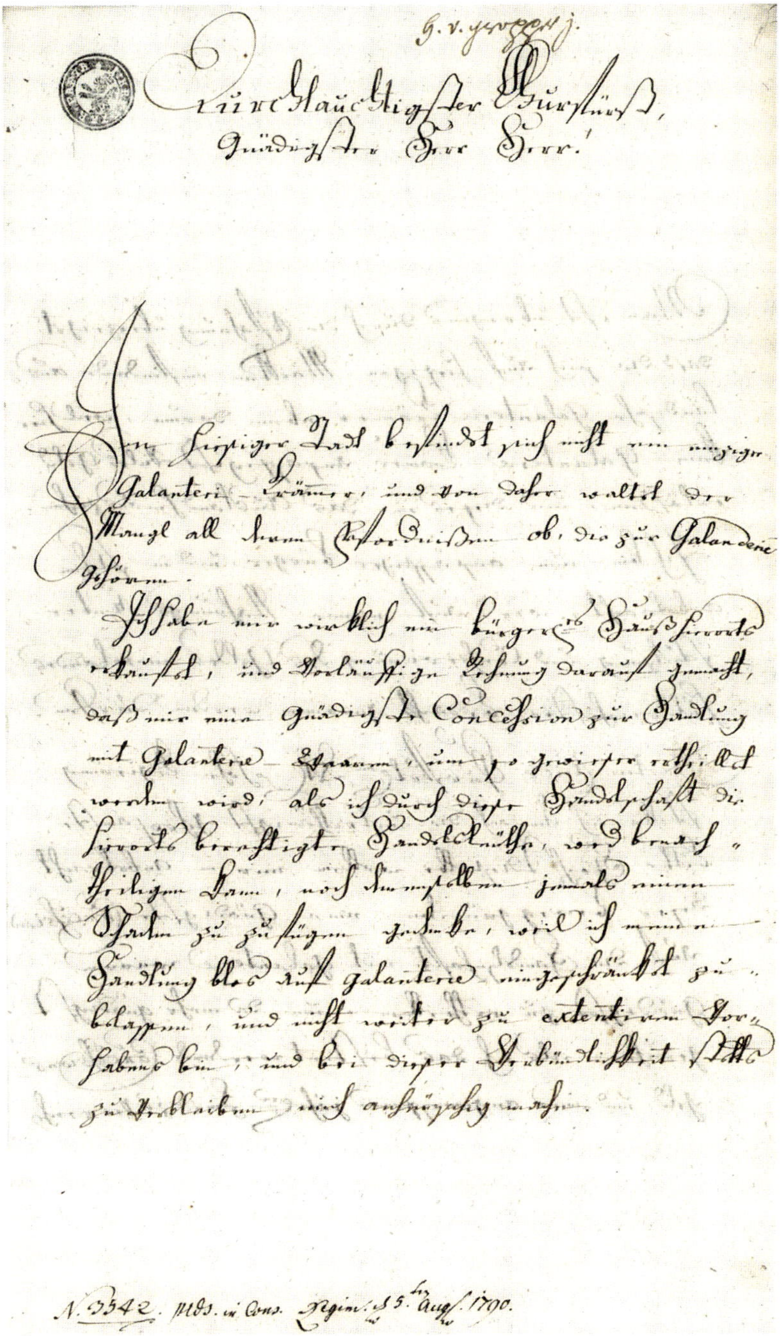
[illegible]

Durchlauchtigster Churfürst,
Gnädigster Herr Herr!

In hiesiger Stadt befindet sich nicht ein einziger Galanterie-Krämer, und von daher waltet der Mangel all deren Erfordernissen ob, die zur Galanterie gehören.

Ich habe mir wirklich ein bürgerliches Hausgerechtigkeit erkauft, und vorläufige Rechnung darauf gemacht, dass mir eine gnädigste Concession zur Handlung mit Galanterie Waaren, um so gewisser ertheilet werden wird, als ich durch diese Handelschaft die hierorts [illegible] Handelsleute, [illegible] noch denselben jemals einen Schaden zu zufügen gedenke, weil ich meine Handlung blos auf galanterie einzuschränken zu belassen, und nicht weiter zu extendiren Vorhabens bin; und bei dieser [illegible] zu verbleiben mich [illegible].

N. 3342. [illegible] 15. Aug. 1790.

Krämer oder Hausierer – wer macht das Geschäft? Ein beredtes Dokument ist der Brief von Balthasar Galori, der vor 1790 geschrieben wurde. Darin bittet er in Neuburg um eine Krämerkonzession. Gleichzeitig beschwert er sich: Weil in der Stadt bislang ein Krämer fehle, würden ausländische Hausierer das Geschäft machen und die Gewinne ins Ausland abführen.

Ein solch vollbepackter Wagen weckte den Argwohn bei örtlichen Polizeidienststellen. Viele Dorfbewohner dagegen freuten sich, wenn die fahrenden Händler mit einem bunten Warenangebot ankamen.

Konzession zur Eröffnung eines Ladengeschäfts für eben dieses Warenangebot. Weil Galori weder Dokumente zu seiner Herkunft oder zu seinem Vermögensstand beibringen konnte und weil das von ihm für die Gewandhandlung erworbene Haus mehr schlecht als recht da stand, wurde sein Gesuch über Monate von den Behörden verhandelt. Letztendlich aber erhielt er – unter Auflagen – die gewünschte Krämereikonzession. Wenige Jahre später beschwerte er sich über die fahrende Konkurrenz, die ihm seinen Broterwerb schwer machte.

Außerhalb der turnusmäßigen Markttage sollte kein Handel getrieben werden – eine Forderung, die schon 1616 ohne durchschlagenden Erfolg im Rahmen einer Landespolizeiordnung mit hohen Strafandrohungen durchgesetzt werden sollte. Tatsächlich bewirkte sie eher eine Zunahme von Schmuggel und Schwarzhandel, woran auch weitere Bestimmungen und wiederholte Erinnerungen an das Verbot kaum etwas änderten.

Um dem Wildwuchs bei der niedergerichtsherrlichen Gestattung von Handels- und Krämergerechtigkeiten sowie „wildem Hausieren“

in Stadt und Land Einhalt gebieten zu können, war ab 1765 die landesherrliche Zustimmung bei der Vergabe eines derartigen Rechts nötig. Es entwickelte sich daraus ein Vorläufer des modernen Handelsregisters: Alle Konzessionen wurden von der zuständigen landesherrlichen Behörde, der Generalmautdirektion, in einer Matrikel erfasst. Diese strenge Regelung diente auch als Schutz vor Schwarzhandel und Schmuggel. Kontrolle war die oberste Prämisse. Einsprüche seitens der Niedergerichtsherren, die ja nun in ihren Rechten beschnitten waren, blieben weitgehend aus.

Viele Hausierer sahen sich aufgrund der strengen Reglementierung ihres einzigen Broterwerbs beraubt. Georg Michael Zürmer aus Amlishagen im Landgericht Gerabronn gab 1810 an, dass er von seiner „frühesten Jugend an schwächlich und gebrechlich und eben deswegen zu Erlernung eines Handwerks untüchtig" gewesen sei. Deshalb arbeite er als Hausierer, „damit ich mich des Bettelns enthielt. Seit einem halben Jahr wurde mir dieser Handel bey Strafe untersagt." Die Gründe dafür bleiben anhand der vorhandenen Akten unklar. Möglicherweise hatte Zürmer versäumt, sich um eine ordentliche Konzession zu bemühen. Diese wollte er nun mit seinem Gesuch bei der Kreisregierung erhalten und gleichzeitig sein Warenangebot um „Specereyen" verschiedenster Art erweitern.

Über die zugelassenen Hausierer führten die Kreisregierungen genau Buch. So waren in den Jahren 1810/11 im Unterdonaukreis (ein Gebiet, das in etwa dem heutigen Niederbayern entspricht) 96 zugelassene Hausierer mit Angaben zu Wohnort, Gewerbe und Warenangebot registriert. Zudem ist in der Auflistung genau vermerkt, wie lange die ausgestellte Konzession zum Hausierhandel gültig war: In der Regel galt sie für ein Jahr. Die meisten Antragsteller gaben zwar als Beruf Krämer an, aber es finden sich auch Hausbesitzer, Halbbauern oder Schmiede darunter. Dass das Warenangebot entsprechend variierte oder in direkter Verbindung zum Beruf stand, liegt auf der Hand: So handelte der Hausbesitzer Johann Kallhamer aus Pfarrkirchen mit gesponnener Baumwolle, der Bauer Joseph Simböck aus Höllmannsried mit „inländischem Flachs- und Leinwand" und der Schmied Joseph Schmaus aus Gunzing mit Hufschmiedwaren, Sensen und Wetzsteinen.

Die Auflistungen aus allen Kreisregierungen wurden an die Polizeisektion im Ministerium des Innern in München gemeldet

Ein kräftezehrendes Geschäft: Wer keinen Handkarren oder gar ein Pferdefuhrwerk hatte, schleppte Waren auf dem Rücken in Kraxn.

und so lassen sich für Ober- und Niederbayern – aufgeschlüsselt nach Landgerichtsbezirken – insgesamt 364 Personen identifizieren, die ihren Lebensunterhalt mit Hausierhandel verdienten oder damit zumindest ihr Einkommen aufzubessern versuchten. Viele Hausierer beschränkten ihre Tätigkeiten auch auf die Wintermonate, in denen sie sich zum eigentlichen Einkommen aus der Landwirtschaft noch etwas hinzuverdienten. Auf dem Hof ließ gerade diese weniger arbeitsintensive Zeit eine Nebentätigkeit zu. Schwerpunkte des Hausierhandels lassen sich demnach in den Landgerichten Landsberg und Weilheim mit je gut 70 Konzessionen feststellen, während im Landgericht Tölz lediglich ein Hausierer gemeldet war.

Das Warenangebot blieb über die Zeiten nahezu gleich, natürlich war das eine mehr, das andere weniger gefragt: Bücher und sonstige Schriften fanden weniger Käufer, mühselig war es auch, Kupferstiche und Bilder jeglicher Art an den Mann zu bringen: „Indeß lassen sich die Bewohner auch auf den Kauf solcher Artikeln nur sehr selten ein", heißt es im Bericht der Gendarmeriekompanie von Mittelfranken an das königliche Korpskommando im Jahr 1861. „Was den Hausierhandel mit Schnitt- und Galanterie-Waaren betrifft, so wird derselbe größtentheils von hiezu berechtigten Juden oder Rheinpfälzern getrieben."

Auch wenn der Hausierhandel in der neueren Zeit immer weiter von ansässigen Geschäften und Warenhäusern abgelöst wurde, so lassen sich Elemente des mobilen Handels doch bis weit in das 20. Jahrhundert hinein nachweisen. Die Versorgung der Truppen im Ersten Weltkrieg erfolgte nicht nur über die militärischen Trains und Versorgungsstationen, sondern wurde auch von ortsansässigen oder mitreisenden Marketendern bewerkstelligt. In der Zeit nach dem Zweiten Weltkrieg wurde beispielsweise immer noch der Vertrieb von „geistigen Getränken", also Branntwein, Bier oder Wein, direkt an der Haustür abgewickelt. Die Probleme dabei blieben über Jahrhunderte gleich: „Der wilde Hausierhandel mit Flaschenbier stellt eine ganz erhebliche Schädigung des Gastwirtegewerbes und des zugelassenen Flaschenbierkleinhandels dar", so eine Beschwerde des Bayerischen Brauerbunds an das bayerische Wirtschaftsministerium vom 10. Juli 1952.

Letztendlich wurde auch diese Art des Hausierhandels verboten. Erlaubt blieb nur noch die Auslieferung bestellter Ware, nicht aber

Ein Kaufhaus für Hausierer gibt es schon lange nicht mehr.

das Hausieren. Die Einhaltung des Verbots sollte die örtliche Landpolizei durch Kontrollen von Brauereifahrzeugen gewährleisten.

Das Hausierertum ist bei uns heute so gut wie ausgestorben. Erinnerungen daran finden sich beispielsweise noch in dem äußerst negativ belegten Wort „Krattler", was ja wieder nur den über die Jahrhunderte hinweg gleichbleibend schlechten Ruf der Huckler und Hausierer widerspiegelt. Krattler waren ursprünglich Südtiroler Bauern oder Händler, die im Herbst mit Handkarren, eben den Kratten, Obst aus ihrer Heimat über die Alpen brachten, dort verkauften und den Wagen wiederum mit Importwaren beladen nach Südtirol fuhren.

Zigeuner

Anfängliche Faszination wich bald dem Ordnungseifer, die Nichtsesshaften schnell wieder loszuwerden.

Christoph Bachmann

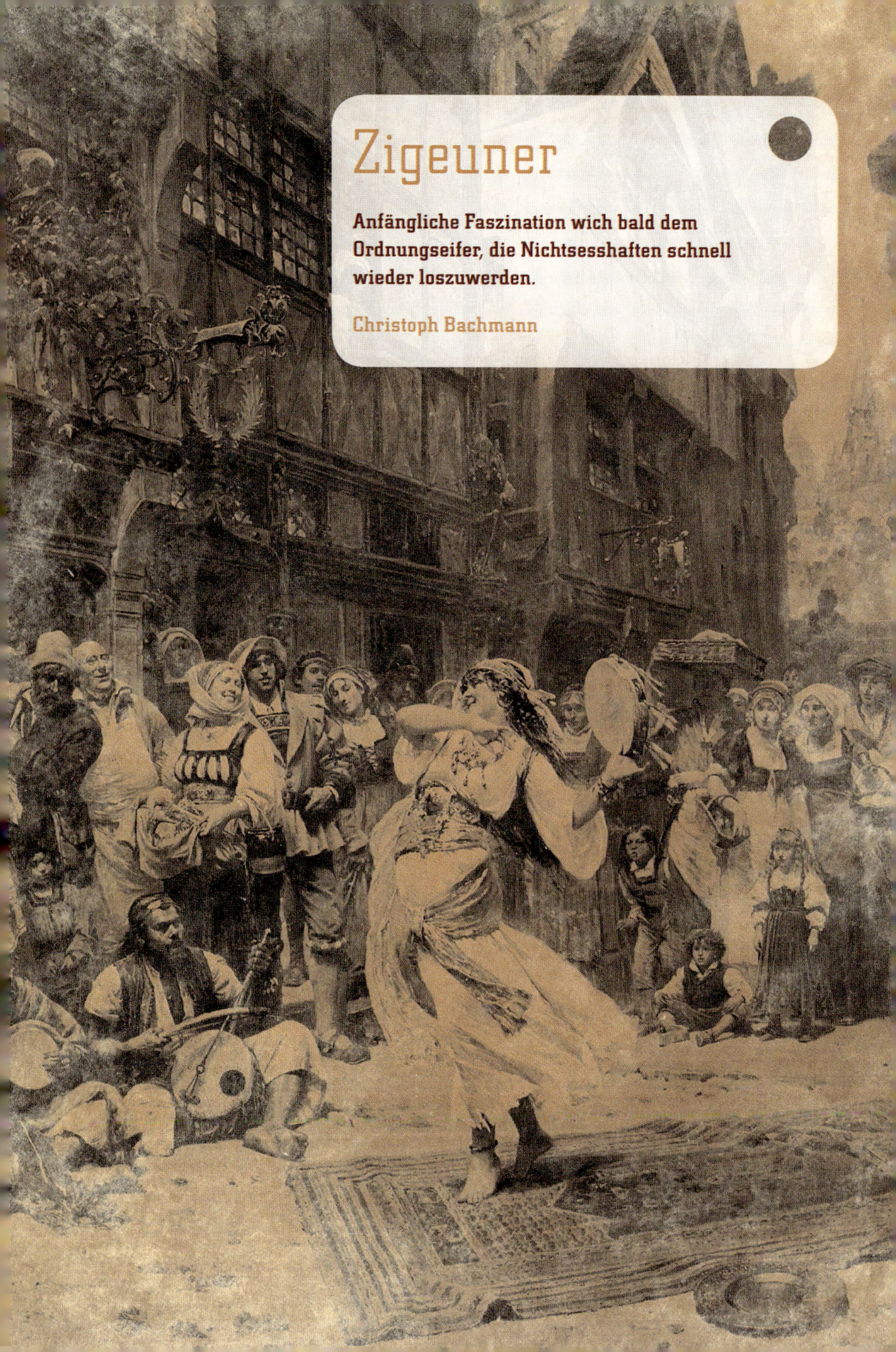

Zigeuner – heute ist der Begriff verpönt. Er wird nur noch in „rechten" Kreisen diffamierend benutzt. Früher war der Begriff in Akten gang und gäbe – freilich hatte er auch damals eine diskriminierende Konnotation. Zum einen beschrieb er Menschen, die einen unsteten Lebenswandel führten; es genügte, nur wenige Monate „nach Zigeunerart" gelebt zu haben, um in den Akten als Zigeuner abgestempelt zu werden. Zum anderen wurde versucht, mit ihm Menschen unter eine Ethnie zu subsumieren.

Zigeuner: teils gehasst, teils romantisierend bewundert. Sie dürften – ethnisch betrachtet – ihren Ursprung in Indien gehabt haben. Sie kamen in mehreren Wanderungswellen auf das europäische Festland. Im 14. Jahrhundert ist ihre Anwesenheit in Griechenland aktenkundig, in Deutschland treten sie 1417 in den Hansestädten auf, 1424 ist ihr Erscheinen in Regensburg dokumentiert. Wo sie auftauchten, waren sie zunächst nicht ungern gesehen. Ihre Geschichten faszinierten: Den Quellen zufolge behaupteten sie, aus Ägypten zu kommen. Und ihr Nomadentum sei eine Strafe dafür, dass sie einst der Heiligen Familie auf deren Flucht keine Aufnahme gewährt hätten. Ein andermal erzählten sie, ihnen sei vom Papst eine temporäre Strafe für ihren zeitweiligen Abfall vom Christentum auferlegt worden.

Die bewusst gewählte Unbehaustheit und das stetige Reisen auch zu heiligen Orten, ganz wie es Jesus vorgelebt hatte, brachte ihnen sogar Wertschätzung ein: Ihre Grafen, Herzöge und Könige wurden von den Städten, auch Regensburg, mitunter reich beschenkt. Das fügte sich in das soziale Sicherungssystem der Zeit: Dem Einzelnen war aktive Nächstenliebe abverlangt, vor allem für jene, die in der Nachfolge Christi Not litten.

Allerdings ließ sich dieser Pilgerschwindel nicht dauerhaft aufrechterhalten. Zweifel kamen auf, ob sich die „Czigainer" tatsächlich einem Leben der Buße verschrieben hatten – ihr Betteln rief schließlich Ressentiments hervor. Sie gerieten in den Dunstkreis der Zauberei, Hexerei und allerlei anderweitiger krimineller Machenschaften.

Eine zusätzliche Verschlechterung ihres Ansehens trat mit dem Fall von Konstantinopel 1453 und der aufkeimenden Türkenhysterie ein, die auch auf die Zigeuner übertragen wurde. Man verdächtigte sie, türkische Spione zu sein. Sie wurden deshalb 1498 aus Deutschland ausgewiesen, was aber nicht konsequent umgesetzt wurde. Allerdings gelang es den Zigeunern deshalb nicht, später in die Zünfte aufgenommen zu werden. Also mussten sie weiterhin als nomadisierende Handwerker in der Metallbearbeitung oder als Korbflechter ihr Dasein bestreiten. Ihr Image litt nicht zuletzt darunter, dass viele mangels Erwerbsmöglichkeiten dem Betteln nachgingen oder Räuberbanden bildeten.

Ablehnung und Misstrauen zwischen der Bevölkerung und den fremdartigen Zigeunern eskalierten auch hin und wieder: Es gab regelrechte Kleinkriege, wie ein derartiger Fall im Jahr 1661 im Pfleggericht Neunburg vorm Wald zeigt. Demzufolge versuchte am 6. März 1661 eine Gruppe von über 20 Zigeunern, in Fuchsendorf unter Androhung der Brandschatzung ein Nachtquartier zu erhalten. Die Einwohner widersetzten sich und sandten um Hilfe nach Neunburg (vorm Wald), die auch prompt eintraf. Die Dörfler verfolgten unter Leitung des Pflegers die inzwischen nach Jedesbach abgezogenen Zigeuner, die dort in Scheunen ihr Quartier aufgeschlagen hatten. Man stöberte sie auf, vertrieb sie unter vorgehaltenen Gewehren und nahm drei von ihnen in Gewahrsam – diese wurden nach 25 Tagen Haft bis an die Landessgrenze „verschubt".

Diese Maßnahme wäre wenige Jahrzehnte später kaum mehr denkbar gewesen: Der französische König Ludwig XIV. ließ „seine" Zigeuner vertreiben – was zu massiven Wanderungsbewegungen in den angrenzenden deutschen Ländern führte. Das Strafrecht wurde drastisch verschärft. Es begann die Zeit der Zigeuner-Schrecktafeln, die an den Landesgrenzen aufgestellt wurden. In Wort und Bild war darauf zu sehen, was die Zigeuner zu erwarten hatten: Auspeitschungen, Hinrichtungen mit dem Strang oder dem Schwert und Ähnliches. In Bayern erfolgte 1716 die Aufstellung derartiger Tafeln mit der Inschrift: „Todesstrafe den das Land Bayern betretenden Zigeunern befohlen".

Mitte des 18. Jahrhunderts verschwinden die Zigeuner aus den Poenal-Mandaten – die übrigens keineswegs so umfassend und blutrünstig umgesetzt worden sind, sondern sich im Rahmen der üblichen Strafzumessungen für die jeweiligen Delikte bewegten. Grund

Weit entfernt von der im Dreivierteltakt besungenen Operettenseligkeit schlug umherfahrenden Zigeunern meist Argwohn und Ablehnung entgegen, in den Akten sind auch Verfolgungsjagden dokumentiert.

angenommen wurden: allen voran die musikalische und artistische Unterhaltung, aber auch der Handel mit nützlichen Kleingeräten wie Töpfen, Pfannen, Krügen und Kesseln. Nicht zu vergessen: Manch guter Christ ging ganz gerne zur Wahrsagerin oder versuchte es mit der Zigeunern nachgesagten Zauberei und allerhand anderen magischen Praktiken.

Mit der Religionsfreiheit und zahlreichen anderen wirtschaftlichen Erleichterungen, zum Beispiel dem legalen Erwerb von Wandergewerbescheinen, fielen allmählich die drastischen Beschränkungen und die Verfolgungen von Zigeunern weg. Allerdings ging es mit der Liberalisierung ab Mitte des 19. Jahrhunderts wieder sukzessive zurück: 1856 endete im Fürstentum Moldau und 1878 in der Walachei die Zigeunerleibeigenschaft, woraufhin zahlreiche Zigeuner aus dem Balkan und Ungarn, die Gruppe der Roma, die stark vom Rumänischen beeinflusst war, nach Mitteleuropa einwanderten. Die wirtschaftlichen Möglichkeiten und der relative Wohlstand lockten.

Allmählich jedoch wurden Vorstellungen populär, Einwanderer und Kriminelle biologistisch einzuordnen. Auslöser dafür waren – nur um die wichtigsten Impulsgeber zu nennen – Joseph Gobineaus Werk über die Menschenrassen (1853/1855) bzw. Cesare Lambrosos Arbeit über den Verbrecher (1876). Die Idee von der Überlegenheit der „arischen Rasse" bzw. der Vorstellung, dass Zigeuner aufgrund ihrer rassischen Veranlagung zu Verbrechen neigen, fand mehr und mehr Anhänger und Eingang in die administrative Umsetzung. Dennoch spielte der Rassegedanke im 19. und beginnenden 20. Jahrhundert noch keine Rolle bei der Zigeunerpolitik.

In Bayern vollzog sich die behördliche Zurückdrängung der Zigeuner in mehreren kleinen Schritten, wobei nicht immer streng zwischen Zigeunern und fahrenden ausländischen Bettlern und Landstreichern zu unterscheiden ist. Zunächst wies die Ministerialentschließung des bayerischen Staatsministeriums des Innern vom 21. März 1867 auf die Sorgfaltspflicht aller bayerischen Konsulate und Gesandtschaften in Europa bei der Ausstellung von Wandergewerbescheinen für Zigeuner, ausländische Bettler und Landstreicher hin. Wer ohne eine solche Legitimation aufgegriffen wurde, sollte an die Landesgrenze abgeschoben werden. Am 12. Januar 1871 erfolgte auf Initiative des Norddeutschen Bundes eine Entschließung, die zwar nicht das geforderte generelle Einreiseverbot enthielt, jedoch

Esmeralda in Victor Hugos „Der Glöckner von Notre Dame", Carmen in George Bizets gleichnamiger Oper, unzählige Kostümstücke aus den Ateliers berühmter Maler oder billiger Posterproduzenten: Die Zigeunerin als schöne, verführerische Exotin inspirierte Schriftsteller, Librettisten und Maler.

waren nunmehr beim Grenzübertritt vollständige Papiere über die Staatsangehörigkeit und das Heimatrecht beizubringen.

Mit dem Ende der Gründerzeit und der Krisenstimmung der beginnenden 1880er Jahre, nahm die Zahl der Arbeitslosen und damit auch der Wanderarmen zu. Vor allem aus ländlichen Gebieten häuften sich Beschwerden über die „Zigeunerplage". Ein Fall erregte besonders die Gemüter: Im Bezirksamt Mindelheim wurde die mitgliederstarke Familie Simon inhaftiert, sie erlebte eine Odyssee durch zahlreiche bayerische Gefängnisse. Nicht, dass man sich um die Menschen gesorgt hätte – es ging vor allem um die Belastung der Staatskasse.

Eine Ministerialentschließung vom 11. April 1885 sorgte für eine weitere Verschärfung. Wer nun nach Bayern einreisen wollte, brauchte einwandfreie Dokumente. Außerdem sollten bereits ausgestellte Wandergewerbescheine für Reisende mit deutscher Staatsangehörigkeit wieder eingezogen und Ausländern keine solchen Scheine mehr ausgestellt werden. Somit hoffte man das „Zigeunerunwesen" einzudämmen. Als aber im Jahr 1899 Innenminister Freiherr Maximilian von Feilitzsch im Landtag aufgrund lautstarker Klagen von Abgeordneten über umherziehende Zigeunerbanden Rechenschaft über die Erfolge der Zigeunerpolitik abzulegen hatte, musste er zugeben, dass die wesentlichen Ziele nicht erreicht worden seien.

Dies führte am 28. März 1899 zur Errichtung einer „Zigeunerzentrale" bei der Polizeidirektion München, die vor allem den Informationsaustausch zwischen den Behörden koordinieren sollte, die mit dem Thema befasst waren. Zum anderen sollte die Zigeunerzentrale alle Fahrenden Bayerns möglichst umfassend kontrollieren. Es waren daher alle Informationen über Personenstand, Besitz und Reiseroute der Fahrenden zu melden. Darüber hinaus waren ab 21. Mai 1899 auch staatsanwaltschaftliche Ermittlungsverfahren gegen Zigeuner dorthin meldepflichtig. Da auch andere deutsche Bundesstaaten der Zentrale ihre Materialien übermittelten, wuchs die Zigeunerzentrale zu einer Auskunfts- und Sammelstelle für ganz Süddeutschland und weit darüber an.

Als grundlegendes Problem stellte sich für die Zentrale die zweifelsfreie Identifizierung der überprüften Personen heraus: Wer abgeschoben wurde, organisierte sich oft umgehend neue, gefälschte Papiere und wanderte wieder ein.

Als Hilfestellung für die Behörden vor Ort erschien 1905 das „Zigeuner=Buch", das seine Ursprünge in geplanten „Zigeunersondernummern" zum bayerischen Zentralpolizeiblatt hatte, also einer Publikation der zur Fahndung ausgeschriebenen Zigeuner. Ein handliches Buch für den Dienstgebrauch sollte den Polizisten vor Ort die Arbeit erleichtern. Um die Gültigkeit des Buches zu verlängern, wurden auch Kinder mit aufgenommen. Insgesamt hat das „Zigeuner=Buch" 2.250 Einträge zu 621 namentlich aufgeführten Hauptpersonen.

Trotz dieser Maßnahmen stellte man in der Zigeunerzentrale kurz vor Beginn des Ersten Weltkriegs fest, dass man bei dem Problem nicht weiter gekommen war. Und das nicht zuletzt deshalb, weil es keine reichseinheitliche Regelung im Umgang mit Zigeunern gab. Die Aufgegriffenen konnten immer wieder in andere Reichsgebiete mit weniger strengen Bestimmungen ausweichen. Daran hatte auch die „Zigeunerkonferenz" von 1911 in München nichts geändert, die auf Betreiben des bayerischen Innenministeriums einberufen wor-

1926 wurde in Bayern ein Gesetz beschlossen, demzufolge das befristete Herumreisen mit Karren oder Wohnwagen genehmigungspflichtig war. Rasten war nur noch auf ausgewiesenen Stellplätzen erlaubt. Und die mitreisenden Kinder durften den Schulunterricht nicht versäumen.

Mpraes. 9. April 1885 4903.

Nr. M. J. I. ad Nr. 4903. ex offo.

München d. 11. April 1885

~~2~~ 2 An 2, ~~13~~ u. ~~15~~ L

I. An die k. Regierungen, Kammern des Innern, Distrikts- u. Ortspolizeibehörden.

Betr. Die Handhabung der Sicherheitspolizei in Bezug auf Zigeuner.

Staatsministerium des Innern.

Die in letzterer Zeit häufiger auftauchenden Zigeunerbanden u. die Klagen, welche über ~~das~~ deren sicherheitsgefährliches Treiben ~~Auftreten~~ laut werden, geben dem k. Staatsmin. d. I. Veranlassung, die Polizeibehörden zur energischen Bekämpfung des Zigeunerunwesens wiederholt anzuweisen u. denselben die strengste Handhabung der zu diesem Zwecke zu Gebote stehenden Mittel einzuschärfen.

~~Gleichzeitig~~ Hierbei wird unter ~~Hinweis~~ Bezug auf die M.-E. vom 13. März 1882 /M.A.Blatt S. 52/ auf Nachstehendes aufmerk~~sam gemacht~~ zur Beachtung hingewiesen:

1, Von den Polizeibehörden, deren ~~Gebiet~~ Bezirke die Grenzen der benachbarten Staaten berühren, ist darauf zu achten, daß Zigeuner sofort beim Überschreiten der Grenze bzw. im Grenzgebiete angehalten, u. falls sie sich nicht durch völlig bedenkenfreie Legitimationen,

Einzurücken in das Ministerialamtsblatt.

Eingerückt in No 13 des M. A. Bl. v. 16 April 1885 S. 101-104

Vorher an die kgl. Staatsministerien

1, der Justiz

2, der Finanzen

zur geneigten Einsicht oder etwaigen Erinnerung.

München d. 6. April 1885.

Feilitzsch

Ohne Erinnerung

M. 9. April 1885

[illegible]

Ohne Erinnerung

München 11. April 1885

In Vertretung:

Stöß

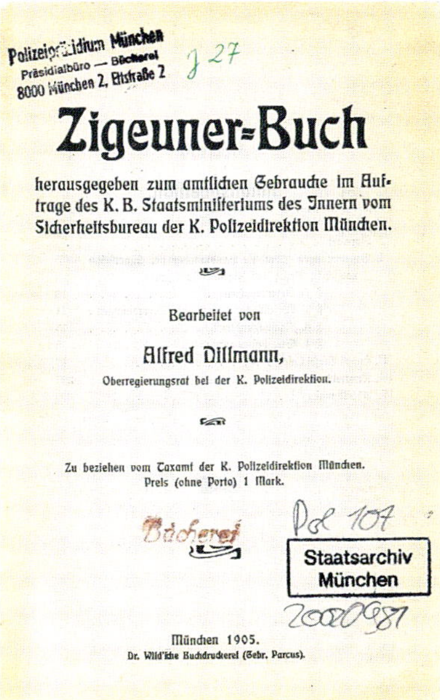

Zigeuner-Buch

herausgegeben zum amtlichen Gebrauche im Auftrage des K. B. Staatsministeriums des Innern vom Sicherheitsbureau der K. Polizeidirektion München.

Bearbeitet von

Alfred Dillmann,

Oberregierungsrat bei der K. Polizeidirektion.

Zu beziehen vom Taxamt der K. Polizeidirektion München.
Preis (ohne Porto) 1 Mark.

München 1905.
Dr. Wild'sche Buchdruckerei (Gebr. Parcus).

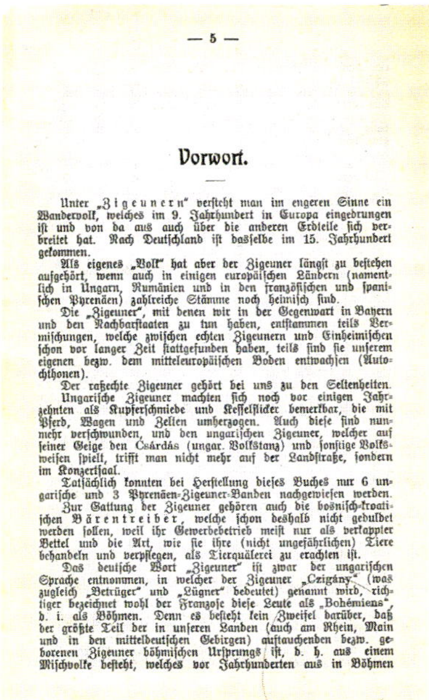

— 5 —

Vorwort.

Unter „Zigeunern" versteht man im engeren Sinne ein Wandervolk, welches im 9. Jahrhundert in Europa eingedrungen ist und von da aus auch über die anderen Erdteile sich verbreitet hat. Nach Deutschland ist dasselbe im 15. Jahrhundert gekommen.

Als eigenes „Volk" hat aber der Zigeuner längst zu bestehen aufgehört, wenn auch in einigen europäischen Ländern (namentlich in Ungarn, Rumänien und in den französischen und spanischen Pyrenäen) zahlreiche Stämme noch heimisch sind.

Die „Zigeuner", mit denen wir in der Gegenwart in Bayern und den Nachbarstaaten zu tun haben, entstammen teils Vermischungen, welche zwischen echten Zigeunern und Einheimischen schon vor langer Zeit stattgefunden haben, teils sind sie unserem eigenen bezw. dem mitteleuropäischen Boden entwachsen (Autochthonen).

Der raßechte Zigeuner gehört bei uns zu den Seltenheiten.

Ungarische Zigeuner machten sich noch vor einigen Jahrzehnten als Kupferschmiede und Kesselflicker bemerkbar, die mit Pferd, Wagen und Zelten umherzogen. Auch diese sind nunmehr verschwunden, und den ungarischen Zigeuner, welcher auf seiner Geige den Csárdás (ungar. Volkstanz) und sonstige Volksweisen spielt, trifft man nicht mehr auf der Landstraße, sondern im Konzertsaal.

Tatsächlich konnten bei Herstellung dieses Buches nur 6 ungarische und 3 Pyrenäen-Zigeuner-Banden nachgewiesen werden.

Zur Gattung der Zigeuner gehören auch die bosnisch-kroatischen Bärentreiber, welche schon deshalb nicht geduldet werden sollen, weil ihr Gewerbebetrieb meist nur als verkappter Bettel und die Art, wie sie ihre (nicht ungefährlichen) Tiere behandeln und verpflegen, als Tierquälerei zu erachten ist.

Das deutsche Wort „Zigeuner" ist zwar der ungarischen Sprache entnommen, in welcher der Zigeuner „Czigány" (was zugleich „Betrüger" und „Lügner" bedeutet) genannt wird, richtiger bezeichnet wohl der Franzose diese Leute als „Bohémiens", d. i. als Böhmen. Denn es besteht kein Zweifel darüber, daß der größte Teil der in unseren Landen (auch am Rhein, Main und in den mitteldeutschen Gebirgen) auftauchenden bezw. geborenen Zigeuner böhmischen Ursprungs ist, d. h. aus einem Mischvolke besteht, welches vor Jahrhunderten aus in Böhmen

Das „Zigeuner-Buch" von 1905 war als praktische Handreichung für Polizeibeamte vor Ort gedacht. In ihm sind 2.250 Einträge zu 621 namentlich aufgeführten Hauptpersonen zu finden.

Linke Seite: Ein Fall beschäftigte im Jahr 1885 ganz Bayern: In Mindelheim war die vielköpfige Familie Simon aufgegriffen worden. Man schob sie von Gefängnis zu Gefängnis. Die Öffentlichkeit interessierte jedoch weniger, wie es dabei den Menschen erging – die Entrüstung galt den Kosten. Im gleichen Jahr kam es zu einer Ministerialentschließung – links die erste Seite des Entwurfs. Der Betreff lautet: „die Handhabung der Sicherheitspolizei in Bezug auf Zigeuner". In dem Schreiben heißt es: „Die in letzterer Zeit häufiger auftauchenden Zigeunerbanden und die Klagen, welche über deren sicherheitsgefährliches Treiben laut werden, geben dem K. Staatsministerium des Innern Veranlassung, die Polizeibehörden zur energischen Bekämpfung des Zigeunerunwesens neuerdings anzuweisen und denselben die strengste Handhabung der zu diesem Zwecke zu Gebote stehenden Mittel einzuschärfen. Hiebei wird unter Bezug auf die Ministerialentschließung vom 13. März 1882 (M.A.Blatt S. 52) auf Nachstehendes aufmerksam gemacht und zur Beachtung hingewiesen (…)". Im Folgenden wird vor allem die Abschiebung ausgeführt.

den war. Die Teilnehmer waren nicht autorisiert, dezidiert Maßnahmen zu beschließen.

Da sich auch in der jungen und föderalen Republik kein reichseinheitliches Vorgehen durchsetzen ließ, verabschiedete der Bayerische Landtag im Juni 1926 das „Gesetz zur Bekämpfung von Zigeunern, Landfahrern und Arbeitsscheuen". Dessen wichtigste Bestimmung bestand darin, dass jeder, der mit Wohnwagen und Karren über Land ziehen wollte, eine befristete Genehmigung brauchte. Kinder durften nur dann mitreisen, wenn ihre schulische Ausbildung sichergestellt war. Übernachtungsmöglichkeiten waren auf polizeilich festgelegte Plätze beschränkt.

Als dann ein Runderlass des preußischen Innenministeriums vom 3. November 1927 die Abnahme von Fingerabdrücken bei allen nichtsesshaften Zigeunern und nach „Zigeunerart" umherziehenden Personen sowie die Anfertigung eines Lichtbildes für alle volljährigen Personen anordnete, die auch an die Zigeunerzentrale in München gesendet werden mussten, war es nicht mehr weit bis zur nationalsozialistischen Vernichtungspolitik, die sich vor allem im „Zigeunerlager" von Auschwitz-Birkenau sowie den Konzentrationslagern Dachau und Flossenbürg vollzog. Dieses Kapitel des mörderischen Rassenwahns bedarf einer eigenen, umfassenderen Aufarbeitung, als dies hier möglich und passend wäre.

„Zigeunerbriefe" sind einige der raren Ego-Dokumente in den behördlichen Akten. Hier ein Brief von Anton Rosch aus Augsburg an seine Frau, die zu dieser Zeit in Wasserburg eine längere Haftstrafe zu verbüßen hatte. Der Brief datiert vom 21. August 1896.

„Liebe Frau!
Ich hätt dir schon längst geschrieben, weil ich 6 Wochen krank gewesen bin.
Ich bin inne geworden, dass die Mitter 2 Jahr krank ist und die Rauscher auch.
Neues kann ich dir nicht schreiben, als dass wir alle gesund sind, dass ich Dich den Winter öfters besuchen werde. Sei so gut und schreib mir alle Neuigkeiten, die du weißt.
Es grüßt dich herzlich dein Mann Albert und deine Kinder.
Schreib mir so schnell als möglich nach Tannhausen postlagernd an meinem Herrn seine Adresse Anton Sattler."

„Krank" ist hier möglicherweise im Sinne von „inhaftiert" oder „im Gefängnis" zu interpretieren. Mitter und Rauscher sind zwei Frauennamen, die offenbar nur unter Fahrenden üblich waren.

Augsburg, den 29. Juni 1896.

Liebe Frau!

Ich hätte dir schon längst geschrieben, weil ich 6 Wochen krank gewesen bin. Ich bin inne geworden, daß die Mutter 2 Jahre krank ist und die Menschen auch. Neues kann ich dir nicht schreiben, als daß wir alle gesund sind und, daß ich dich den Winter öfters besuchen werde sei so gut und schreibe mir alle Neuigkeiten die du weißt es grüßt dich herzlich

dein Mann

Albert

und deine Kinder.

Schreibe mir so schnell als möglich nach Tannhausen Postlagernd bei Krumbach an meinen Herrn seine Adresse Anton Pattler.

Dienstboten

Wer aufmuckte, zu wenig arbeitete oder mehr Geld und Essen wollte, durfte vom Arbeitgeber gezüchtigt werden.

Margit Ksoll-Marcon

Dienstboten, Gesinde oder Ehehalten, wie sie auch genannt wurden, waren fester Bestandteil der Arbeits- und Lebenswelt auf dem Land, in den Städten und Märkten bis zum Beginn des 20. Jahrhunderts. Dienstboten erbrachten für Lohn Leistungen in der häuslichen oder landwirtschaftlichen Arbeit – entweder zeitlich befristet oder dauerhaft. Während dieser Zeit wurden sie in die Hausgemeinschaft des Arbeitgebers aufgenommen, das heißt, sie wohnten bei ihm und wurden von ihm auch verköstigt. Hilfskräfte im Haushalt ebenso wie in der Landwirtschaft fielen jedoch nicht unter ein solches Arbeitsverhältnis.

Dienstboten waren laut „Codex Maximilianeus Bavaricus Civilis“ von 1756 fester Bestandteil der Familie. So heißt es: „Die Familie ist eine Versammlung, deren unter einem gemeinschaftlichen Haus=Vatter beysammen lebender Personen, (...) und begreift mithin nicht nur Eheleut, Kinder und Eltern, sondern auch Dienstboten (...) in sich.“ Die Vorstellung war beherrscht vom „guten“ Hausvater und der „fürsorglichen“ Hausmutter: Das Bild einer heilen Welt, in der eine Familie mit Knechten und Mägden zusammenlebte, hart arbeitend und anspruchslos.

Die Realität sah aber anders aus. Das Gesinde wurde nicht selten schlecht bezahlt, miserabel behandelt und karg verköstigt. Die Dienstherrschaft klagte hingegen in allen Jahrhunderten über die Faulheit und Frechheit der Dienstboten, ebenso über ihre zu hohen Lohnansprüche sowie ihre unverschämten Forderungen nach besserer Verpflegung. Auch die normativen Quellen heben darauf ab. So heißt es in der churbaierischen Dienstbotenordnung vom 2. März 1781 einleitend: „Es ist uns missfälligst zu vernehmen gekommen, auf welch hohen Grad die Zügellosigkeit und der Uebermuth der Dienstboten und Tagwerker, besonders auf dem Lande, in Forderung all zu großen Lohns, willkürlich und schlechter Verrichtung, dann eigenmächtiger Bestimmung der Arbeit, auch Ausübung allerley sonstigen Muthwillens, abermal gestiegen.“

Die Spannbreite der Tätigkeiten des Gesindes kann man sich nicht differenziert genug vorstellen. Es war in verschiedensten Funktionen in allen Bereichen adeliger, städtischer und ländlicher Hauswirtschaften eingesetzt. Dennoch war es zu einer sozialen Gruppe zusammengefasst, die sich durch einen einheitlichen rechtlichen Status definierte. Es gehörte sozial hauptsächlich der Unterschicht an,

Das Gesinde gehörte zur Familie. Deshalb ist es auch selbstverständlich, dass beim Fototermin auf dem Jexhof in der Nähe von Fürstenfeldbruck die Knechte und Mägde mitten in der Bauernfamilie Riedl standen.

der es in der Regel auch entstammte. Die Masse der Dienstboten war weiblich und meist schlechter qualifiziert als die männlichen Dienstboten – mit Ausnahme von Köchinnen und Großmägden. Die rechtliche Stellung der Dienstboten wurde in Gesinde- oder Dienstbotenordnungen geregelt. Die Dienstbotenordnung von 1781 galt bis in die Mitte des 19. Jahrhunderts. Sie wurde erst durch die Instruktion vom 21. Dezember 1858 abgelöst, in der vor allem Anpassungen an die Rechtsentwicklung erfolgten.

Das Arbeitsverhältnis zwischen der Dienstherrschaft und dem Gesinde beruhte auf einem Vertragsverhältnis. Der Termin für Dienstbeginn und Dienstende war in der Dienstbotenordnung klar geregelt. Für die landwirtschaftlichen Dienstboten gab es zwei Termine im Jahr: Lichtmess (2. Februar) sowie Michaeli (29. September), und für die städtischen Dienstboten vier: Lichtmess, Georgi (23. April), Jakobi (25. Juli) und Michaeli. Während städtische Dienstboten das Arbeitsverhältnis vier Wochen vor jedem Termin kündigen konnten, musste das landwirtschaftliche Gesinde mindestens ein Jahr bei der Dienstherrschaft bleiben. Bauern konnten Knechte und Mägde aber auch kürzer als ein Jahr einstellen.

Rechte Seite: Mit Mandaten wie diesem aus dem Jahr 1765 versuchte die Obrigkeit kontinuierlich die zahlreichen Bestimmungen zum Gesindewesen einzuschärfen. Die Häufigkeit zeigt, dass die Verfügungen nicht immer die gewünschte Berücksichtigung fanden. Sie regelten vor allem die Bezahlung des Gesindes und dessen sittlich-moralischen Lebenswandel.

Ordnung/

Wie es mit Ding: vnd Belohnung der Ehehalten/ sowol in Stätt: vnd Märckten als auch auff dem Landt dises Renntambts München fürterhin solle gehalten werden.

ERstlichen/ sollen alle Ehehalten/ Knecht vnd Mägd/ ohne vnderschid/ vnd alles Gesind ins gemain/ schuldig vnd verbunden seyn/ sich durchgehend vnd an allen Orten/ sowol in Stätt: vnd Märckten/ als auff dem Land dises Renntambts jedesmals auff ein gantzes Jahr zuverdingen/ vnd nit Mache haben vnter wehrender Jahrszeit der Herrschafft den Dienst auffzusagen/ Es wolte dann ein Herrschafft einen oder andern Ehehalten nur auff ein kurtze Zeit bestellen/ solle es derselben bevorstehn/ auch auff den fahl ein Ehehalt sich vngetrew oder solcher gestalten verhalten thette/ daß man jhme nit mehr gedulden köndte/ durch dise Ordnung nichts benommen seyn/ sonder es bey deme was in Landrechten 33. Tit. 4. Art. verordnet/ allerdings verbleiben.

Zum andern/ da nun drey viertl Jahr in solchem Dienst vorbey gangen/ vnnd entweder die Herrschafft die Ehehalten nicht weiters zu behalten/ oder dise bey derselben nicht lenger zuverbleiben begehrten/ sollen vermög angezognen 33. Titls 4. Art. der Landrecht/ eines dem andern vnnd zwar die Ehehalten der Herrschafft acht: dise aber denselben sechs Wochen vor außgang deß Jahrs ordenlich auffkünden.

Demnach sich drittens/ bißhero vilfältig zugetragen/ daß ein Ehehalt von einer Herrschafft einmal das Häfftlgelt angenommen: auß anderer anstifften oder aignem Mutwillen aber/ wol gar wenig Täg vor dem Zihl widerumb zuruck gegeben/ Als solle diser sträffliche Wandl alles ernsts abgeschafft vnd die Herrschafften dergleichen Häfftelgelt von den Ehehalten (sie wollen gleich in vorigen Diensten verbleiben oder nit) widerumb anzunemmen nit: sondern in den newen Dienst gedingtermassen einzustehn verbunden seyn.

Vierdtens/ wofern aber ein Ehehalt/ Knecht oder Magd jnner der Zeit seines bedingten Jahrs sich verheurathen oder sonsten solche Vrsachen/ welche die Herrschafft selbst/ oder auch die Obrigkeit für erheblich erkennten/ sich eraignen wurden/ vmb welcher willen der Ehehalt sich auß dem Dienst begeben wolte/ soll er zwar das Jahr außzudienen nicht verbunden: jedoch so lang im Dienst zuverbleiben schuldig seyn/ biß sich ein Herrschafft mit einen tauglichen Ehehalten widerumb versehen möge/ oder aber solcher Herrschafft ein anderer annemblich: vnd tauglicher Ehehalt gestellt werde.

Fünfftens/ soll niemand dem andern seine Ehehalten heimblich oder offentlich verlaiten/ widerspennig machen/ oder gar abwerben/ durch einigerley verhaissung: oder anderwertige Bedingungen/ wie die jmmer erdacht/ oder bemäntlet werden möchten/ bey vermeydung vnaußbleiblicher Schand: Leib: vnd Geltstraffen/ alles nach ermässigung jedes Orts Obrigkeiten/ Jnmassen auch dennen Hindingerinen in Stätt: vnd Märckten/ nitweniger bey vermeydung der Geigen: vnd anderer Schandstraff/ ja endlich entsetzung der HindingerinStell aufferladen seyn solle/ fürohin einigen Ehehalt mehr/ gleich vor sich selbsten vnd ohne der alten Herrschafft vorwissen/ an andere Ort zuverdingen/ sondern auff anmelden eines Ehehalts vmb anderwertige Dienst/ ein solches der alten Herrschafft vorhero anzuzaigen/ damit es nit derselben gutem Wissen geschehen thut.

Gestalten dann zum sechsten/ alle vnd jede von denen Ehehalten zu vnderschidlichen Zeiten deß Jahrs/ als Nicolai/ NeweJahr vnd Gebnacht/ oder andere Marcktszeiten jhnen ainstes theils außgedingte Verehrungen vnd andere Außnamben/ wie dergleichen schädliche Mißbrauch Namen haben mögen/ Jnsonderheit auff dem Land/ mit groß oder kleinem Vich auffzuziehen oder zuhalten/ Lein: oder anders außzusäen/ gwiß Essen/ Trincken/ vnd Arbet/ besondere Ruhe: vnd Feyrtäg/ vor oder nach antrettung deß Zihls/ bey vermeydung hernach benambster vnd wol schärpferer Straffen abgeschafft vnd verbotten seyn sollen.

Sibentens/ so auch junge/ gesunde/ starck vnd ohnegebrechliche Personen/ Knecht oder Mägd sich jnnerhalb vierzehen Tagen nach außgedientem Jahr nicht gleich widerumben verdingen/ sondern dem Müssiggang nachhengen/ vnd zu solchem ende heimbliche Winckelsuchen wurden/ sollen nicht allein selbige nit geduldet vnd wolempfindlich abgewandlet/ sondern auch die jenige/ so jhnen den Vnderschlaipf verstattet/ zu gleichmässiger Straff gezogen werden/ Gestalten ins künfftig niemand mehr zugesehen werden solle/ dergleichen Dienstlose Leut ohne Vorwissen der Obrigkeit auffzuhalten.

Achtens/ ist vorkommen/ das etlicher Orten auff dem Land diser schädliche Mißbrauch eingerissen/ daß die Ehehalten schon zu Jacobi oder Michaeli/ in andere Dienst angeredt vnd wo nit also gleich gedingt: doch mit bezahlung eines Truncks/ oder in andere weeg etwas verhäfftelt: vnd dardurch verursacht worden/ das nachgehends dergleichen Ehehalten bey jhren Herrschafften die übrige Zeit deß Jahrs sich sehr vnfleissig/ trutzig: vnd pucherisch verhalten/ vnnd der Arbeit nit mehr wie vorhero abgewartet haben/ welche frühezeitige Anred: vnd Abdingung der Ehehalten hiemit solle abgeschafft: vnd keinem ehender nit/ dann erst zwischen Martini vnd Andreæ einigen Ehehalten in seine Dienst anzureden oder zu dingen verlaubt vnd zugelassen:

Wie nitweniger Neundtens/ geordnet seyn/ das an denen Son: vnd Feyrtägen die Freytäntz in krafft der Lands: vnd Policey-Ordnung 3. Buechs 7. Tit. 8. Art. über die gewohnliche Zeit nit: sondern von Pfingsten biß Michaeli/ zu der vierdten: von Michaeli biß Pfingsten aber zu der dritten Stund sollen geendet werden/ vnd die Ehehalten allwegen widerumb zeitlich bey jhren Herrschafften sich einstellen/ über Nacht aber keines weegs außbleiben: an den Werchtägen auch deß Außlauffens auff den vorgehenden Hochzeiten: oder andern Täntzen gäntzlichen vnd gar enthalten.

Zehentens vnd letstens/ sollen die jenige Leut/ welche offtermalen mit vilen Kindern versehen/ solche aber nit wollen dienen/ sondern vilmehr im Betl oder Müssiggang herumb lauffen lassen/ daß sie solch jhre Kinder von dem Betl vnd Müssiggang abziehen/ von jugent auff zu der Arbeit gewöhnen vnd in Dienst thun/ mit betrohung vnaußbleiblicher Straff nit nur angehalten: sondern auff den fahl es keinen verfang haben wurde/ durch jedes Orts Obrigkeit dergleichen müssiggehende Kinder/ so einer Arbeit vorstehn kündten/ vnd die Eltern selbst zu Hauß nit bedürfftig seynd/ von jhnen hinweggenommen: vnd in einige Dienst gethan: oder in anderweg zur arbeit angestellt werden.

Folgt nun der Ehehalten Lohn in Stätt: vnd Märckten.

HernDiener.

Erstlichen/ einem Reitknecht neben einem Klaid/ doch ohne Seist vnd Mantel/ er diene dann dem Herrn zwey Jahr auff welchen fall jhme alsdann der Mantel gebüre/ in Gelt von 18. in	22. fl.
Einem Laggey oder Schneider neben einem Klaid vnnd Mantel/ wie dem Reitknecht/ von 17. in	20. fl.
Einem Gutschier/ neben einem Gutschenrock ohne Seist 15. in	18. fl.
Häfftelgelt/ von 36. in	45. kr.
Einem Vorreiter auch ohne Seist/ von 10 in	12. fl.
Häfftlgelt/ 24. in	30. kr.
Einer Köchin bey einer Herrschafft/ wo nit sonderbare grosse Haußhaltungen/ von 8. in	10. fl.
Häfftlgelt/ von 40. kr. auff	1. fl.
KindsMagd auch von 8. in	10. fl.
HäfftlGelt wie der Köchin.	
Beschliesserin von 8. in	10. fl.
Häfftlgelt wie der Köchin.	
Kindsmägdl/ 4. in	6. fl.
Häfftlgelt von 24. in	30. kr.
Einer Schopperin oder Kranckenwarterin die Wochen/ von 24. in	36. kr.
Häfftlgelt/ von 30. in	36. kr.

Einer Vichmagd/ 6. in	7. fl.
Häfftlgelt/ von 24. in	30. kr.
Einer Naderin deß Tags/ 2. in	3. kr.
Vnd einem Sterer deß Tags	10. kr.

Bey den Wirth vnd Gastgeben.

Einem Kellerer/ von 10. in	12. fl.
Vnd HaußKnecht/ 3. in	6. fl.

[illegible]

Einem Prewknecht/ 14. in	15. fl.
Mitter Knecht/ von 10. in	11. fl.
Kellerin/ 5. in	6. fl.

Darbey aber ist zuwissen/ das weder die Diener noch die Mägd jhnen den Trunck Bier/ oder das Gelde darfür außdingen/ sondern gleichwol der Herrschafft guten Willen geleben/ auch weder der Ehehalt/ noch die Herrschafft denen Hindingerinen mehr nit als jedes den dritten Theil von dem Häfftlgelt geben: Vilweniger sie die Hindingerinen ein mehrers begehren: oder die Ehehalten darzu vermögen vnd anstrengen sollen/ vnd zwar bey vermeydung vnaußbleiblicher Schandstraff/ wol auch nach Beschaffenheit deß falls mit würcklicher einhengung der Tafel vnd auffhebung der verlyhnen HindingerinStell.

Ehehalten auff dem Landt.

Einem Bawmeister/ deme ein gantzer Hof anvertrawt würdet/ sambt seinem Weib/ von 20. in 22. fl. Häfftlgelt/ 1. fl. Klains/ jedem 1. baar Steisl/ 1. baar Schuech/ vnd 1. Pfundt Schmer.

Einem Ober Knecht/ Bawmann/ Anschaffer/ oder wie sie sonsten möchten genennt werden/ 12. in 14. fl. Häfftlgelt/ 40. kr. Ein baar Steisl/ 1. baar Schuech vnd ein Pfundt Schmer.

[illegible] Häfftlgelt/ [illegible] kr. Zwey baar Schuch/ ein halb Pfundt Schmer.

DrittlKnecht/ 5. in 6. fl. Häfftlgelt/ 20. kr. Zwey baar Schuch/ ain halb Pfundt Schmer.

Einem Bueben so Möhnen vnd Roßhüten kan/ 3. in 4. fl. Häfftlgelt/ 12. kr. Ein baar Schuech/ ain Vierling Schmer.

Einer Oberdirn/ von 5. in 6. fl. Häfftlgelt/ 30. kr. Zwey baar Schuech/ 6. Eln härben: vnnd 6. Eln rupfen Leinwath/ ain halbs Pfundt Schmer.

Mitterdirn/ 4. in 5. fl. Häfftlgelt/ 20. kr. 2. baar Schuch/ 5. Elen rupfen vnd 5. Eln härben Leinwath/ ain halbs Pfundt Schmer.

Einer schlechten Dirn/ biß in 3. fl. Häfftlgelt/ 15. kr. Ein baar Schuech/ 4. Eln härben: vnd 4. rupfen Leinwath.

Einem Mägdl/ ein Gwändl/ oder darfür 2. fl. Sechs Eln Leinwath/ 1. baar Schuech.

Bestraffungen.

DEr Jenige/ so einem Knecht/ Magd/ oder andern Ehehalten/ oder wer sonsten in diser Ordnung begriffen/ mehr als obbeschribner Tax zulaßt/ in einem vnd anderm/ es sey gleich zu Lohn oder Häfftlgelt/ dingen oder geben wurde/ soll nach Beschaffenheit der Sachen vmb doppelt Gelt/ sovil als er obbesagten Lohn überschritten/ oder sonst Exemblarisch: der Ehehalt aber/ so er zuvil eingenommen/ oder von jhme außgedingt worden/ vnd dahero/ vmb den jetzigen Zeit vnd Leüffen nach bestimbten billichmessigen Lohn nit dienen wollen/ nitweniger doppelt: vnd noch darzu mit einschlagung in die Schandsäulen oder Geigen/ auch in anderweg nach gestaltsame jhrer Beharzlich: vnd Widersessigkeit/ vnnachlessig gebüst: Im fahl auch müssiggehendes Gesindl vnd Stationirer/ oder doch solche Ehehalten/ welche ehe feyren/ als vmb dergleichen bestimbten Lohn arbeiten/ sich betretten lassen/ oder sich an die Herbergen begeben/ vnd allein dem Tagwerchen obligen wollen: selbiges Gesindl vnd Stationirer ebenfalls nit nur mit erstgemelter Straff/ sondern auch verweisung deß Gerichts vnd wol gar deß Lands angesehen: die Ehehalten aber der jenigen Herrschafft/ so sie begehrt/ vmb den bestimbten Lohn zu dienen/ von jedes Orts Obrigkeit mit betrohung jetztangedeuter Straff alles ernsts eingeschafft: dann den jenigen/ welche wegen höhern Solds/ sich an andere: sonderlich ausser Lands gelegne Ort/ da man doch jhrer im Land vnd der Refier/ allwo sie Ansessig/ vonnöthen/ begeben wurden/ selbige ebenfalls nit allein mit obiger Straff angesehen: sondern jhnen/ zum fall sie sich zur Schuldigkeit nit bequemen wurden/ noch darzu jhre Erbthail vnd Geburtsbrieff auffgehalten: wol auch nach gestaltsamb der Vmbständ/ derselben Vermögen gar Confiscirt werden.

Damit aber diser Ordnung ain vnd anderer Orten sowol in Stätt: vnd Märckten als auff dem Land dises Renntambts München nachgelebt/ vnd ein anders oder widriges dann hierinnen specificè begriffen/ nit vorgehe/ noch verstattet vnd zugesehen/ sondern vilmehr durchgehend observirt, vnd darob mit sonderbar angelegenen Fleiß vnd Eyfer gehalten werde/ solle sowol jenigen/ so dergleichen straffbare Fähl anzaigen/ ain Drittl/ als auch dem Churfürstl. Beambten vnter welchem sich solche begeben vnd zugetragen/ nitweniger ain Drittl von der Straff zugelassen: die Hindingerinen aber/ oder auch andern so die Ehehalten verlaiten/ abspennig machen vnd wol gar heimblich oder offentlich auffhalten/ exemplarisch punctirt: vnd zugleich jhnen denen Hindingerinen die Tafeln genommen werden/ Gestalten sie auch schuldig seyn sollen/ alle der Ehehalten in einforderung übermessigen Lohns vnd in anderweg gebrauchende Excess der ordenlichen Obrigkeit anzuzaigen.

Dise Ordnung solle von nechstverschinene Liechtmessen an verstanden werden/ vnd wann ain oder andern Orts in Stätt: vnd Märckten oder auff dem Land/ den Knechten/ Mägden/ oder andern Ehehalten allbereit ein mehrers were gedingt vnd versprochen worden/ keiner ein mehrers/ dann was in diser Ordnung jedem Knecht/ Magd/ oder andern Ehehalten zu Lohn bestimbt worden/ zugeben schuldig seyn/ vnd zwar bey vermeydung der ain vnd anderm Theil darauff gesetzten Straffen.

Vnd damit sich niemand mit der Vnwissenheit entschuldigen kan/ solle dise Ordnung nit allein in Stätt: vnd Märckten/ vnd auff dem Land alsobalden offentlich publicirt vnd angeschlagen: sondern auch Jährlich vnd eines jeden Jahrs/ zu jeder Zihlzeit/ als Liechtmessen/ Georgi/ Jacobi/ vnd Michaeli offentlich verlesen: vnd was gestalt es geschehen/ auch was für straffbare Fähl sich begeben/ vnd wie selbige von jedes Orts Obrigkeit gebüst worden seynd/ es die Hofmarchs Inhabere/ Stätt vnd Märckt/ von halben zu halben Jahren/ zu denen Churfürstl. Pfleg: vnd LandGerichtern überschreiben/ dise aber darauß ordenliche Extráct machen/ vnd neben denen in gemelten Pfleg: vnd LandGerichtern sich zugetragnen straffbaren Fählen/ an den Churfürstl. Hofrath berichten/ Welch alles dann jedes Orts Obrigkeiten Jhrer Pflicht vnd Schuldigkeit nach in acht zunemmen/ vnd darob dergestalt mit einem guten effect vnd nachtruck zuhalten: obbeschribene Straffen gegen denen Vbertrettern vnd Verbrechern vnnachlessig zu vollziehen: vnd nit vrsach zugeben wissen/ das in entstehung eines widrigen vnd verspürung einiger/ auch der geringsten Conniventz, saumbsal vnd Nachlässigkeit (allermassen bißhero über die vorig ergangene Mandata mißfällig wargenommen worden/) gegen jhnen selbst mit empfindlicher Straf vnd wol gar entsetzung jhrer Dienst verfahren werden müsse. Geben zu München/ den 14. Martii/ Anno 1660.

Mägde wollten bald nicht mehr wie verhärmte Kraxnträgerinnen daher kommen. Zunehmend imitierten sie die Mode ihrer Herrschaften. Prompt hagelte es restriktive Bestimmungen. Der Putz mit Borten und Seide schickte sich nicht für sie.

Zwey Weibs Personen in Regentuch, dabey eine Magd mit einem Trag-korb, wie sie einge-
marcket, auch einen Fisch-Keßel träget.
Duæ foeminæ Sexus personæ, penulis circumdatæ, quibus in forum prodiunt et ancilla
Corbe a tergo portatili, ahenoq; cui includuntur pisces.

Der Dienstbote verpflichtete sich, seine gesamte Arbeitskraft nur einem Dienstherrn zur Verfügung zu stellen. Als Dienstbote konnte sich jede Person ohne Unterschied des Geschlechts verdingen, die rechtswirksam einen Vertrag schließen konnte. Minderjährige und unter Vormundschaft stehende Personen bedurften der Zustimmung ihres gesetzlichen Vertreters, das heißt des Vaters oder Vormunds; Ehefrauen brauchten die Genehmigung ihres Ehemannes. Der Dienstbotenvertrag konnte mündlich oder schriftlich geschlossen werden. Detailregelungen wie Kost, Logis und Lohn bestimmten die Parteien selbst. Das Vertragsverhältnis wurde rechtskräftig, sobald der Dienstbote das sogenannte Darangeld angenommen hatte. Beim Darangeld handelte es sich nicht um eine Lohnvorauszahlung. Als Empfehlung wurde vorgegeben, dass es den 20. Teil des Lohns nicht übersteigen

sollte. Bei der Verdingung sollte sich kein Dienstbote „erkühnen“, mehr als den „gewöhnlichen billigen Lohn, und etwa wohl herkömmlichen Naturalien, an Flachs, Leinwand, Leder und dergleichen“ zu fordern.

Bei Ausscheiden aus dem Dienst hatten Dienstboten das Recht, ein Arbeitszeugnis zu verlangen. Im 19. Jahrhundert waren aufgrund einer eigenen Instruktion Dienstbotenbücher zu führen, vergleichbar mit den Wanderbüchern der Handwerker. Die Dienstbotenbücher wurden vom jeweils zuständigen Gericht oder der städtischen Polizeibehörde gegen Bezahlung von 12 Kreuzern ausgestellt.

Rechtlich war das Gesinde deutlich schlechter gestellt als andere arbeitende Bevölkerungsgruppen. So war noch im 19. Jahrhundert die Bestrafung durch den Dienstherrn fester Bestandteil des Arbeitsrechts. Im Codex Maximilianeus Bavaricus Civilis von 1756 heißt es dazu: „Annebst ist dem Haus-Vater eine mäßig und vernünftige Züchtigung in kleinen und das Haus=Wesen betreffenden Sachen gegen sie [die Dienstboten] nicht verwehrt.“ Die Erfüllung der arbeitsvertraglichen Pflichten sollte so erzwungen und die Frechheit des Gesindes gebrochen werden.

Am meisten konnten Dienstboten während der Ernte (hier auf dem Jexhof) Druck auf ihre Arbeitgeber ausüben. Allerdings war das eine Gratwanderung: Schnell konnten sie auch wegen Faulheit, oder weil sie andere aufwiegelten, hart bestraft werden.

Geselliges Schwatzen mit Kollegen im Münchner Hofbräuhaus: Das war laut Gesindeordnung nur möglich, wenn der Arbeitgeber es erlaubte. An Werktagen war es ohnehin verboten.

Die Dienstbotenordnung verpflichtete die Dienstherrschaft gleich in Art. 1, einseitig und „unberechtigt" aus dem Dienst ausgeschiedene Dienstboten „der Polizei=Behörde zum Zwecke der Strafeinschreitung anzuzeigen". „Entlaufene" Dienstboten wurden von der Polizeibehörde wieder zwangsweise in den Dienst eingewiesen. Deutliche Strafen folgten, wenn ein Dienstbote seinem Arbeitgeber wiederholt davonlief. Mit einer besonderen Bestrafung hatten die landwirtschaftlichen Dienstboten zu rechnen, wenn sie „ohne genügenden Rechtfertigungsgrund" zur Ernte oder zur Saatzeit den Dienst verließen. Es waren auch jene Dienstboten vom Arbeitgeber zu bestrafen, die sich an Werktagen weigerten zu arbeiten, andere von der Arbeit abhielten oder sie bei der Arbeit störten. Bei Widerstand und Aufsässigkeit drohte gar ein Jahr Arbeitshaus.

Bis weit in das 19. Jahrhundert versuchte man an den gemäß Verordnung von 1803 abgeschafften Feiertagen festzuhalten und nicht zu arbeiten. Im 19. Jahrhundert gab es noch 16 feste Feiertage: Neujahr (1. Januar), Heilige Drei Könige (6. Januar), Lichtmess (2. Februar), Joseph (19. März), Mariä Verkündigung (25. März), Ostermontag, Fronleichnam, Johannes der Täufer (24. Juni), Peter und Paul (29. Juni), Mariä Himmelfahrt (15. August), Mariä Geburt (8. September), Allerheiligen (1. November), Mariä Empfängnis (8. Dezember), Weihnachten (25. Dezember), Stephanus (26. Dezember) sowie das Patrozinium einer jeden Pfarrkirche. Das Kirchweihfest wurde auf den dritten Sonntag im Oktober für alle Pfarrkirchen gelegt und gleichzeitig in den Neben- und Filialkirchen abgeschafft. Aber auch an Sonn- und Feiertagen war das Gesinde verpflichtet, die ihnen übertragenen Aufgaben zu erfüllen. Von besonderer Bedeutung war dies in der Landwirtschaft während der Ernte. Vor allem in dieser Zeit größter Arbeitsbelastung kam es nicht selten vor, dass sich Knechte und Mägde „ungehorsam, unfleißig und widerspenstig" erwiesen, um höheren Lohn oder eine bessere Verköstigung zu erhalten.

Dienstboten durften nicht länger als drei Wochen ohne Beschäftigungsverhältnis sein. Andernfalls hatten sie die Gründe dafür der Obrigkeit mitzuteilen und anzugeben, wo sie wohnten und womit sie ihren Lebensunterhalt bestritten. Die Person, die einen nicht arbeitenden Dienstboten bei sich aufnahm, hatte dies ebenfalls der Obrigkeit zu melden. Beide machten sich bei Nichtbeachtung dieser Vorschrift strafbar. Die Polizeibehörden hatten die jeweiligen persönlichen Umstände zu überprüfen und für einen möglichst umgehenden Diensteintritt zu sorgen.

Die Gesindeordnungen reglementierten auch die Pflichterfüllung gegenüber dem Arbeitgeber und das persönliche Verhalten. So hatte das Gesinde die übertragenen Aufgaben mit Fleiß, Aufmerksamkeit und Gewissenhaftigkeit zu erfüllen, sich seinem Arbeitgeber gegenüber ehrerbietig und gehorsam zu erweisen und sich an die Hausordnung zu halten. Es war verboten, an Sonn- und Feiertagen ohne die Zustimmung des Dienstherrn auszugehen; wurde es gestattet, so hatten sich die Dienstboten „aller ungebührlichen Ausschweifungen [zu] enthalten". An Werktagen war es verboten, abends Wirtshäuser und Tanzveranstaltungen zu besuchen. In der Instruktion von 1858 wurde dieses Verbot noch einmal verschärft. Auch das „nächtliche Schwärmen", das „sogenannte Gässel = oder Kammerfenstergehen", der „Besuch von Kunkelstuben und unanständiger Verkehr beider Geschlechter" konnte mit Arrest bestraft werden. Wirte und

Wer Karriere als Köchin machen wollte, musste unbedingt lesen, schreiben und rechnen können. Einerseits, um sich beim Einkauf nicht über den Tisch ziehen zu lassen, andererseits, weil der Arbeitgeber eine genaue Buchführung über die Haushaltskosten verlangte.

Dienstherrschaften, die dergleichen nachsichtig gegenüberstanden, hatten mit einer Geldstrafe, im äußersten Fall mit Arrest zu rechnen. Auch Glücksspiele sowie alle Spiele um Geld, wie Kartenspiele, waren Dienstboten verboten. Die Obrigkeit, Obmänner, Dorfführer und Gerichtsdiener hatten auf die Einhaltung dieser Vorschrift zu achten.

Einer gerichtlichen Bestrafung unterlagen Dienstboten beiderlei Geschlechts, wenn sie sich während der Arbeitszeit in Wirtshäusern oder Winkelkneipen herumtrieben. Die Polizeibehörden waren befugt, „das Umhertreiben der Dienstboten in Wirtshäusern und deren nächtliches Ausschwärmen" durch vorläufige Festnahmen zu unterbinden. Auch in Bezug auf Tanzveranstaltungen an Feiertagen sah sich der Gesetzgeber zur Reglementierung veranlasst. So wurde verordnet, dass Tanzveranstaltungen auf dem Lande um ein Uhr nachmittags anfangen und in der Zeit vom 1. Mai bis 31. August um 22 Uhr und vom 1. September bis 30. April um 21 Uhr enden sollten. Wurde während dieses Zeitraums eine Vesper gehalten oder ein Rosenkranz gebetet, so war für diese Zeit das Tanzen zu unterlassen. Auch in den Städten und Märkten galt das Tanzverbot während der Vesper. Nicht getanzt werden durfte auch während der Erntezeit zwischen 1. Juni und 31. August. Ausnahmen waren nur gestattet bei Hochzeiten, Kirchweihfesten und an Markttagen.

Um zu verhindern, dass die Dienstboten ihren Lohn leichtsinnig verschwenden, war es der Dienstherrschaft verboten, einen Vorschuss zu gewähren oder mehr als einen Gulden zu borgen. Der Arbeitgeber hatte die Pflicht, die Dienstboten zur Sparsamkeit und Einfachheit anzuhalten. Damit in Verbindung stand das Anprangern der „Kleiderpracht" der Ehehalten in Städten und Märkten, was auch auf die Lohnsteigerungen zurückgeführt wurde. Bereits in der ersten Hälfte des 18. Jahrhunderts wurde geklagt, dass die Dienstboten in den Städten nicht mehr von ihrer Herrschaft zu unterscheiden seien. Deshalb erging 1730 ein Mandat, dass Dienstboten Kleidung nur aus in Bayern hergestellten Stoffen tragen durften. Vor allem die Verwendung von Gold- und Silberborten und -bändern, auch wenn diese „falsch" waren, stand in der Kritik. Ihre Verwendung wurde als „unnöthig" und als „unnütze Tandeleyen", die nur viel Geld kosten würden, verboten. So wurden die Dienstboten nachdrücklich ermahnt, „von solch übermäßigen Pracht und Ueppigkeit selbst abzustehen, nicht in Seide und mit Gold und Silber wider ihren Stand ferners unerträglichen Stolz zu zeigen". Sie sollten sich vielmehr eine „ehrbare Tracht vorzüglich aus Landesfabrikaten anschaffen."

Das berüchtigte Fensterln ist keine folkloristische Erfindung. Eine Instruktion für Dienstpersonal verbot 1858 ausdrücklich das „Gässel- oder Kammerfenstergehen" und den „unanständigen Verkehr beider Geschlechter".

Anreiz zur Sparsamkeit brachte das Gesetz über Ansässigmachung und Verehelichung von 1834. So war „solchen Dienstboten der Vorzug zu geben, welche ohne häufigen Dienstwechsel 15 Jahre hindurch mit Treue und Fleiß gedient, und durch langes Verbleiben in demselben Dienst sowie durch Anlegung namhafter Ersparnisse bei der Sparkasse, oder auf sonst fruchtbringende Weise, Beweise von häuslichem Sinne gegeben haben."

Dienstboten waren zu einem religiösen und sittlichen Lebenswandel verpflichtet. Der Arbeitgeber hatte darauf zu achten, wie auch bei schulpflichtigen Dienstboten, dass diese die Werktagsschule und die sich daran anschließende Sonntagsschule besuchten. Um den Schulbesuch kontrollieren zu können, durfte keines der Kinder außerhalb seines Schulsprengels einen Dienst antreten.

Das Gesinderecht stellte im 19. Jahrhundert einen Rest der feudalen Ordnung dar. Es war der einzige Teil des vorindustriellen Arbeitsrechts, in dem die Erbringung der Arbeitsleistung legal mit körperlicher Gewalt und mithilfe der Polizei erzwungen werden konnte.

Müller

Mahlmühlen sicherten die Lebensmittelversorgung. Ihre Betreiber standen aber lange Zeit im Ruf, ihre Kunden zu betrügen.

Christoph Bachmann

Mühlen waren im Mittelalter und in der Frühen Neuzeit sehr aufwendig gebaute und komplizierte technische Großeinrichtungen. Unter Ausnutzung der Wasserkraft wurde mit ihnen nicht nur Mehl gemahlen – sie taten ihren Dienst auch als Papier-, Walk-, Kugel-, Schleif-, Loh-, Pulver- und Sägemühlen. Hier soll es um die Mahlmühle gehen, die wohl gängigste und bekannteste Mühlentechnik. Wie arbeitsintensiv ihr Betrieb für den Müller war, lässt sich am besten beschreiben, wenn man den Weg des Getreides durch die Anlage verfolgt.

Das gereinigte Getreide musste zunächst mühsam auf den Dachboden, zumindest jedoch auf die Höhe des Einfüllstutzens, der „Gosse“, getragen oder durch einen Flaschenzug gezogen werden. Das Getreide benötigte eine gewisse Fallhöhe (Lageenergie), um den langen Weg bewältigen zu können. Unter der Gosse war der „Rüttelkasten“ angebracht; dieser erhielt seine Bewegung durch einen in den Läuferstein eingelassenen Eisenring mit vorspringenden Nocken, die gegen einen am Rüttelkasten angebrachten Stab schlugen.

Durch das gleichmäßige Schütteln rieselte das Getreide aus dem Rüttelkasten zwischen die Mühlsteine. Deren Abstand zueinander konnte mit der Aufhelfstange verstellt werden. Der obere Stein war der Läufer; er wurde mit dem „Mühleisen“ über mehrere Umsetzgetriebe, die vom Mühlrad ausgingen, angetrieben. Seine Oberfläche hatte im äußeren Bereich radial verlaufende Erhöhungen („Mahlbalken“) und Vertiefungen („Schlenzen“), wodurch die Getreidekörner aufgebrochen und zerrieben wurden.

Durch die Zentrifugalkraft wurden die Körner nach außen geschleudert und von der hölzernen Ummantelung der Steine, der Zarge, aufgefangen. Über den Ablauf gelangten sie in den Beutelkasten. Hierbei handelt es sich um einen schrägliegenden, feinmaschigen „Beutelstrumpf“ aus Seidengaze, der in der Mitte an der Beutelstrumpfgabel befestigt war. Diese reichte am anderen Ende an das Mühleisen und wurde durch die bereits erwähnten Nocken in gleichmäßige Rüttelbewegungen gebracht. Dadurch entstand ein lautes Geräusch – das Klappern der Mühle.

Beim ersten Zermahlen gab es zunächst Schrot und in geringen Mengen feines Mehl, das aus dem Beutelstrumpf fiel. Erst durch mehrere Mahlgänge und anschließendes Sichten im Beutelkasten entstanden die unterschiedlichen Mahlprodukte Mehl, Schrot oder Kleie. Sie

Wasser liefert nicht nur die nötige Energie, um das Mühlrad anzutreiben, sondern auch manchen Unrat. Damit der das Rad nicht blockiert, müssen der Müller oder sein Gehilfe immer den Rechen parat haben.

konnten, nachdem sie erneut durch den Beutelstrumpf auf das Rüttelsieb gefallen waren, voneinander getrennt werden. Die Arbeitsgänge Mahlen und Sichten mussten bis zu sieben Mal wiederholt werden. Für zwei Zentner Weizen brauchte der Müller einen ganzen Tag.

Seit dem Frühmittelalter war die Mühle aufgrund ihrer wichtigen Funktion zur Versorgung der Bevölkerung durch einen eigenen Sonderfrieden, den Mühlfrieden, geschützt. Zu dieser Zeit waren die Mühlen noch Eigentum der Müller. Im Hochmittelalter wurden sie dagegen zunehmend ein Element der Grundherrschaft, verfügten doch nur die weltlichen und geistlichen Herren über das notwendige Kapital zur Errichtung der technisch immer aufwendigeren Mühlen. Die Müller gerieten so in die grundherrschaftliche Abhängigkeit eines Obereigentümers: Sie mussten für die Überlassung der Mühle ertragsunabhängige Abgaben leisten; den meisten Müllern blieb jedoch ein gutes Auskommen.

Als sich im 12. Jahrhundert ein königliches Regal an allen schiffbaren Flüssen im Reich entwickelte, das dann vom König auf die Landesherren oder die reichsfreien Städte übertragen wurde, ent-

Rechte Seite: Maschinenbaukunde einst – 1735 erschien aus Jacob Leupolds großem Enzyklopädieprojekt der reich bebilderte Band über den Bau und die Technik von Mühlen. Das Werk erschien posthum – der 1674 geborene Mechanicus und Instrumentenbauer war 1727 gestorben.

THEATRUM MACHINARUM MOLARIUM,

Oder

Schau-Platz der Mühlen-Bau-Kunst,

Welcher allerhand Sorten von solchen Machinen, die man Mühlen nennet, so wohl historisch als practisch, nebst ihren Grund- und Auf-Rissen vorstellet, und zwar wird in selbigen gehandelt:

Von Untersuchung des Gefälles, der Quantität des Wassers, so ein Fluß in gewisser Zeit schüttet, Wassertheilungen und Wägen, Wehr- und andern nöthigen Wasser-Bau, von Grund-Werck und dem Unterscheid, so zwischen Staber-Strauber- und Panster-Zeug ist, von Oberschlächtigen und Schiff-Mühlen, samt ihren Vorgelegen und sämtlich gangbaren Zeuge, Räderwerck und Mühl-Gerüste;

Ingleichen auch von Wind- Hand- Roß- und Feld-Mühlen, über dem auch von allerhand impropie so genannten Mühlen, als:

Oehl- Graupen- Hierse- Gewürtz- Loh- und Pulver-Mühlen, ferner von Papier- Walck- Glaß- und Eisen- Schleiff- Polier- Bohr- Säge- und Steinschneide- Dresch- und Heckerlings-Mühlen, u. a. m. auch was insonderheit mit jeglicher besonders vor Vortheil geschaffet werden kan.

Welchem am Ende beygefüget

Ein Real-Register aller und jeder bey gesagten Machinen vorkommender Terminorum technicorum oder Kunst-Wörter.

In dem Andern Theile dieses Wercks

Sind allerley in- und ausländische Mühlen- und dahin gehörige Ordnungen und Befehlige, nebst dem Kern des Mühlen-Rechts, welches mit auserlesenen Responsis erläutert ist, ingleichen allerhand Berichte und Gutachten in streitigen Wasser-Bau-Sachen, sammt nochmahligen Register darüber, enthalten.

Ein Buch, welches im gemeinen Wesen mit gar besondern guten Nutzen, und als

Der Neundte Theil

von des seel.

Herrn Jacob Leupolds

Theatro Machinarum sehr wohl wird können gebrauchet werden.

Ausgefertiget und zusammen getragen von

Johann Matthias Beyern und Consorten.

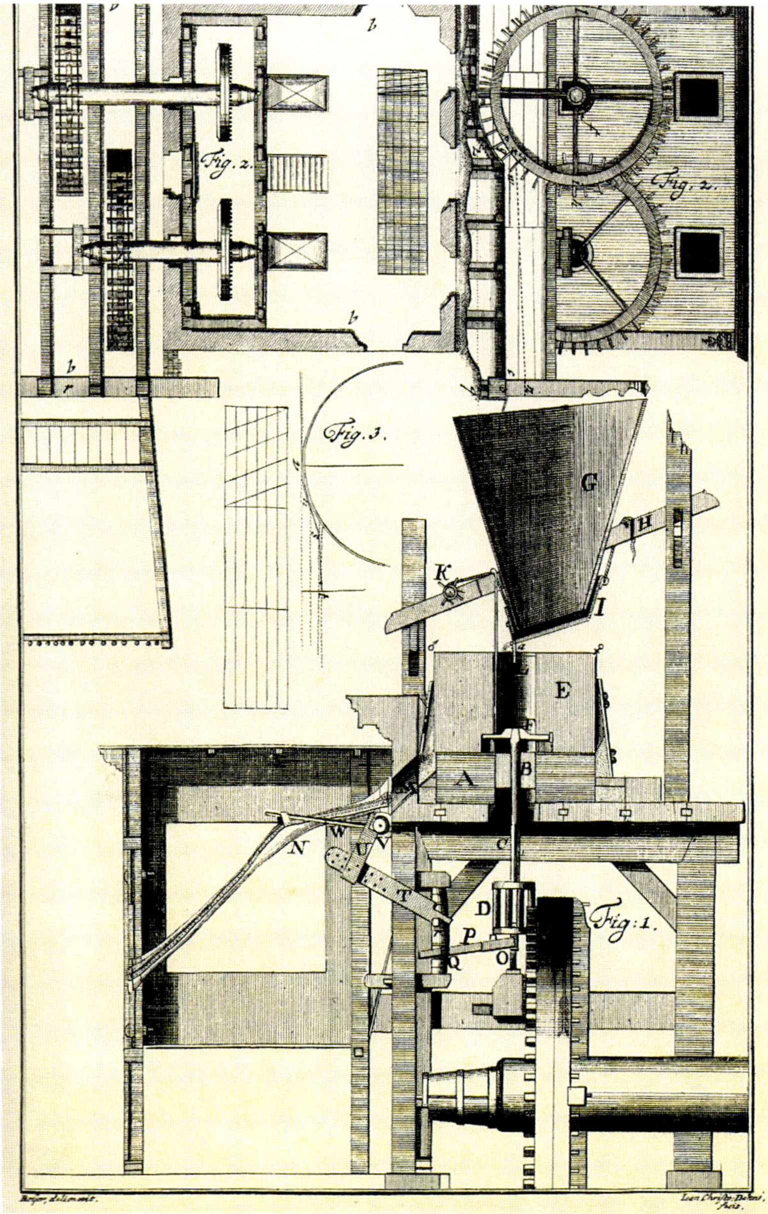

Mühlenaufbau mit Gosse, Mühlgerüst, Bodenstein, Läufer, Kammrad, Wellenbaum mit Beutelkasten und Beutelstrumpf.

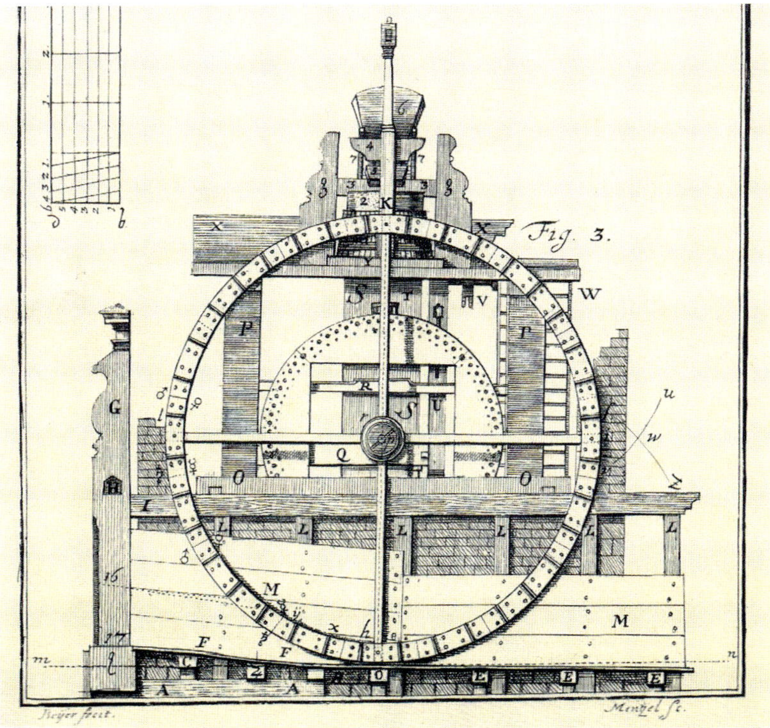

Detailliert beschrieben und illustriert ist in dem Mühlenfachbuch von Jacob Leupold auch das Prinzip eines unterschlächtigen Wasserrads. Hier ist es samt Gerinne im Querschnitt vor dem Kammrad und dem Mühlgerüst zu sehen.

stand daraus das „Mühlregal". Dieses beinhaltete grundsätzlich zwei Rechtstitel: den Mühlenbann und den Mahlzwang.

Der Mühlenbann besagt ganz allgemein, dass zum Bau einer Mühle die Genehmigung des Landesherren einzuholen war. In Bayern war dies so geregelt, dass nur zur Errichtung einer Mühle an öffentlichen Gewässern die Genehmigung des Herzogs bzw. des Pflegrichters nötig war. Im Übrigen stand es den Grundherren frei, Mühlen an den ihnen gehörigen Bächen zu errichten – vorausgesetzt, sie verletzten nicht das Recht einer bereits bestehenden älteren Mühle. Zur Errichtung einer Ehaftmühle, also einer Mühle mit Zwing- und Bannrechten, war jedoch auch bei Privatgewässern eine landesherrliche Genehmigung erforderlich.

Der Mahlzwang bedeutete, dass die Untertanen eines Grundherren ausschließlich dessen Mühle benutzen durften – allerdings konnte man sich in Altbayern von dieser Verpflichtung loskaufen. Im Gegensatz zu Brandenburg, wo der Mahlzwang für König Friedrich Wilhelm I. eine so hohe Einnahmequelle darstellte, dass die militä-

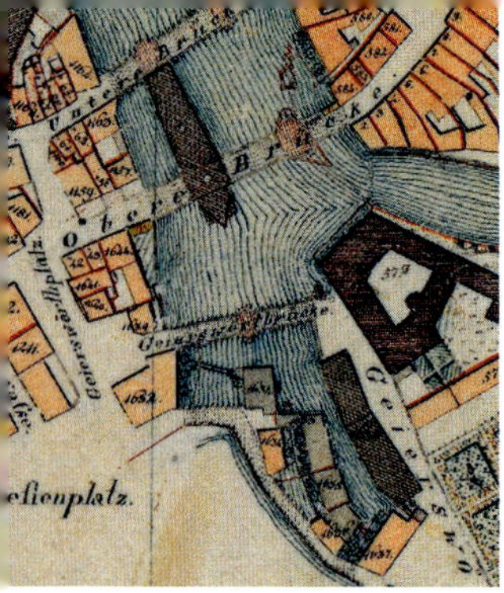

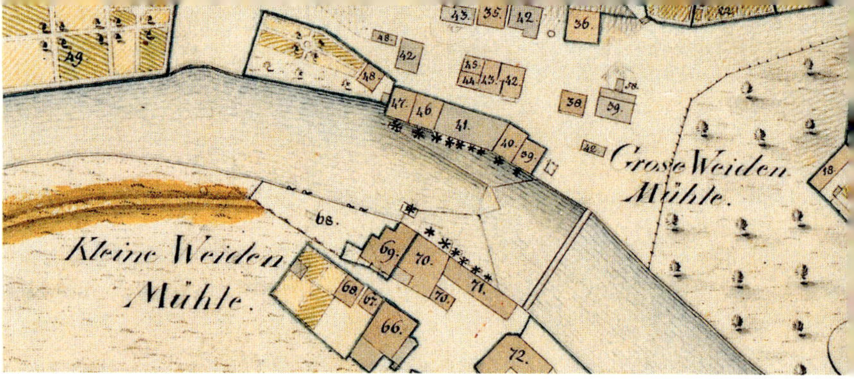

Mit kleinen Sternchen zeichneten Kartografen in Plänen die Mühlräder ein. In Bamberg (links) muss es tagein, tagaus geklappert haben, so viele Mühlen sind in Nachbarschaft zum historischen Inselrathaus zu sehen. Heute leben dort viele Studenten. Der Plan stammt aus dem Jahr 1822. Rechts ein Ausschnitt aus einem Nürnberger Stadtplan von 1811.

rische Aufrüstung davon bezahlt werden konnte, behandelte man in Bayern den Mahlzwang eher locker. Bereits weit vor der gesetzlichen Aufhebung der Ehaftmühlenrechte am 23. Februar 1863 durch die neue Gewerbeordnung, hieß es in der Mühlordnung von Dachau aus dem Jahr 1759: Die „Ehaftmühlle, welche über Mannsgedenken und jeziger Zeit verhanden seynd, sollen fleißigist zuegericht und besuecht werden, damit kein ehehafft Müll nit zugrund gehe oder verderbe".

Geregelt war der Mühlbetrieb in eigens ausgetüftelten Mühlordnungen. Die älteste im heutigen Bayern bekannte Mühlordnung stammt aus dem Jahr 1412 und regelt die Arbeiten auf den „Newen Muln zu Wurtzburg". Die älteste bisher bekannte Mühlordnung aus dem altbayerischen Raum stammt aus dem Jahr 1437 und regelte den Mühlbetrieb in der Stadt Ingolstadt.

Wie alle mittelalterlichen und frühneuzeitlichen Mühlordnungen sind diese sehr knapp gehalten und regeln überwiegend technische Details, die Mühlbeschau und die Entlohnung der Müller. Die späteren Mühlordnungen beschäftigen sich fast ausschließlich mit der Zunftverfassung der Müller und regeln die Zulassung zum Handwerk sowie die Details der Gesellen- und Meisterprüfung. So behandelt die Mühlordnung von Wasserburg aus dem Jahr 1776 fast ausschließlich die Zunftstatuten und schweigt sich über die Bezahlung der Müller aus, die in allen vorausgegangenen Ordnungen einer der Hauptpunkte gewesen war.

Kontrolliert wurde die Einhaltung der jeweiligen regionalen Bestimmungen durch die Mühlbeschau, deren Durchführung im Zuständigkeitsbereich der Pfleggerichte lag. Dabei inspizierte eine Gruppe von Pflegern, Amtmännern, Gerichtsschreibern, Mühlgrafen, Wassergrafen, Handwerkern und ähnlichen Honoratioren einmal oder öfter im Jahr sämtliche Mahlmühlen des Pfleggerichts. Wurden Verstöße gegen die Artikel der Mühlordnungen festgestellt, drohten empfindliche Strafen.

Eine solche Mühlbeschau kam der Staatskasse allerdings teuer zu stehen. 1691 kosteten die Überprüfungen im Rentamt München 341 fl (Gulden), im Rentamt Straubing 281 fl, im Rentamt Burghausen 223 fl. Es stellte sich die Frage nach der Rentabilität. Betrachten wir zum Beispiel die Mühlbeschau des Jahres 1614 im Pfleggericht Griesbach genauer: Das Beschauerkollegium bestand aus dem Pfleger, dem Gerichtsschreiber, zwei geschworenen Wassergrafen, dem Amtmann, zwei Knechten und einem Diener mit zwei Pferden. Die Beschau dauerte zehn Tage, für jedes der fünf Ämter des Pfleggerichts benötigte man zwei Tage. Der Pfleger erhielt täglich 3 fl, der Gerichtsschreiber 1 fl, die Wassergrafen und der Amtmann je 24 hl (Heller). Die Gesamtkosten der Beschau beliefen sich auf 64 fl 36 hl. Bei der Beschau der 40 Mühlen des Pfleggerichts wurden insgesamt 14 Mühlen straffällig, das entspricht einem Prozentsatz von 35. Die eingenommenen Strafen betrugen 35 Pfund Pfennige. Hinzu kam noch das von den straffällig gewordenen Müllern eingenommene Deputat für die Beschau, sodass summa summarum 65 fl eingenommen wurden. Es handelte sich hier also rein buchhalterisch gesehen um ein Nullsummenspiel.

Doch die Mühlbeschau hatte sicherlich einen anderen als einen monetären Hintergrund: Es ging um ein staatliches Herrschaftsinstrument zur Überprüfung und Einhaltung der festgelegten gesetzlichen Bestimmungen und damit um eine frühe lebensmittelrechtliche Gesetzgebung.

Dass diese Beschauen auch dringend notwendig waren, belegen beispielsweise die in der Herrschaft Hohenaschau durchgeführten Kontrollen: Von den insgesamt neun in der Herrschaft vorhandenen Mühlen wurden durchschnittlich sechs bis sieben Mühlen straffällig. Dabei stellte Unsauberkeit in Form von Spinnweben noch den geringsten Mangel dar.

Auffällig ist auch die in der doch recht kleinen Herrschaft Hohenaschau große Zahl von Mühlen; das war aber kein Einzelfall. 1771 kam im ländlichen Bereich ein Müllermeister auf 268 Personen. In den Märkten lag das Verhältnis bei 390 : 1 und in den Städten bei 790 : 1. In den vier bayerischen Rentämtern München, Landshut, Straubing und Burghausen gab es insgesamt 2.946 Mühlen. Dass Altbayern mit Mühlen offenbar reichlich versehen war, rührte möglicherweise von der Konkurrenz zahlreicher Grundherren her; jeder

Nächste Seite: Beim Preis waren die Müller an landesherrliche Direktiven gebunden. Die Getreidepreise wurden ständig in „Intelligenzblättern" veröffentlicht – es waren die Vorläufer der heutigen Bayerischen Staatszeitung.

ters prioritätmäßig Verfahren werden solle, so fort ad formandum processum edictalem, et quidem ad producendum, et liquidandum, der 31te August, ad excipiendum der 30te September: dann endlich ad concludendum der 30te October angesetzt worden ist. Man will also die Herr von Stromerische Gläubiger hierzu peremptorie et sub poena praeclusi kraft dieß dergestalten vorberufen haben, damit sich niemand der Unwissenheit entschuldigen, sondern für Schaden und Nachtheil hüten möge. Geschehen in der Churfl. Haupt und Residenz-Stadt München den 20ten Brachmonaths im Jahre 1778. Churfl. Hofkanzley. Max. Jos. Lueger Churfl. Hofrathssecretär.

Artic. IV a) Schrannenpreis in München den 25ten July 1778.

Schäffel.	Vom Besten. fl.	kr.	Mittern. fl.	kr.	Geringern. fl.	kr.	Verkauf. Schäf.
Weitzen.	12	30	12	—	11	—	733
Korn.	7	30	7	—	6	—	482
Gerste.	7	—	6	30	6	—	136
Haber.	4	—	3	30	3	15	231

b) Mitterer Getreid-Kauf in Augsburg den 17 July 1778.

Weitzen. 13 fl. 37 kr. Kern. 14 fl. 20 kr.
Roggen. 8 fl. 46 kr. Gersten. 8 fl. 23 kr.
Haber. 4 fl. 4 kr.

Artic. VI. Polizey-Nachrichten.

Auszug

wie hoch seit Anno 1637. bis 1777. das Getreid in allen vier Sorten, und zwar nach dem monathlichen Durchschnitt des mitteren Preises berechnet, auf hiesiger Münchner Getreid-Schranne im Ankauf gestanden.

Jahr.	Weitz das Schäffel im mitteren Preise. fl.	kr.	Korn das Schäffel im mittern Preise. fl.	kr.	Gersten das Schäffel im mitteren Preise fl.	kr.	Haber das Schäffel im mitteren Preise. fl.	kr.
1637	12	25¼	6	46	5	17¼	4	27½
1638	9	31¼	4	36¼	4	4¼	3	35¼
1639	7	13¾	3	46½	3	48¾	2	46
1640	5	20¾	2	31¾	3	1¾	2	2¼
1641	5	36	3	45½	3	43¾	2	48¾
1642	7	10¾	5	39	4	54½	3	27¾
1643	6	13	4	42½	3	37½	2	19
1644	6	19¾	3	42¼	3	26¾	2	2
1645	4	19¼	2	35¾	3	13¼	2	2¾
1646	5	7¼	3	5	3	50½	2	39¼
1647	8	5½	4	39	4	20½	2	57½
1648	9	40¾	6	26¾	5	¼	3	6¼
1649	18	9¾	16	4½	12	54½	5	36
1650	13	32¼	11	8½	8	36½	5	5½
1651	7	8	4	22¼	3	34	2	40
1652	6	56	4	21½	3	54¾	2	45¼
1653	5	56½	3	41¾	3	40½	2	22¾
1654	5	35½	3	6½	3	24¼	2	8
1655	5	20½	2	49¾	3	2¾	1	50¼
1656	4	53¾	3	4	2	56¼	1	41
1657	4	52	3	32¼	2	59¾	2	5¾
1658	3	53¼	2	48¼	2	25½	1	55½
1659	3	36½	2	26½	2	15¾	1	40¾
1660	5	28¼	3	18	2	57¾	1	44¼
1661	8	18¾	5	58¾	5	35¼	2	35¾
1662	11	19¾	8	27¼	6	41¼	3	15
1663	9	54¾	6	28¾	4	39	2	18¾
1664	8	51¼	5	52	5	21¾	2	58¾
1665	7	46¾	5	2¾	4	47½	3	17
1666	5	32¼	4	5	3	52	2	42¼
1667	5	29¼	3	1	3	18¾	2	3½
1668	4	59¾	2	22¾	2	39	1	32¼
1669	4	33	2	28¾	2	49¾	1	33½
1670	4	½	2	20¾	2	33¼	1	47½
1671	4	11	2	13¼	2	29½	1	48½
1672	3	41¼	2	12½	2	9¾	1	25¼
1673	3	51	2	3½	2	12¾	1	27¼

1674

Jahr.	Weitz das Schäffel im mitteren Preise		Korn das Schäffel im mitteren Preise.		Gersten das Schäffel im mitteren Preise.		Haber das Schäffel im mittleren Preise.	
	fl.	kr.	fl.	kr.	fl.	kr.	fl.	kr.
1674	5	36¾	3	33½	4	3¼	2	7¼
1675	7	16¾	6	2¼	5	3¼	2	49¾
1676	7	21¾	6	9	5	9½	2	49¼
1677	6	33½	4	13¼	3	34½	2	35
1678	6	33½	3	30¼	4	3½	2	45¾
1679	7	51½	5	54½	5	15	3	8
1680	7	36¾	5	55	5	23½	2	52
1681	7	48¼	5	40¾	4	46½	2	59½
1682	5	47½	3	26½	3	28¼	2	27½
1683	5	19¾	3	6¼	3	22¾	2	20½
1684	5	40¾	3	33	3	51¼	2	55¼
1685	5	45¾	3	48¼	3	38¼	2	42
1686	5	34¾	2	55¼	3	12¼	1	56½
1687	6	5½	3	26½	3	56½	2	35¾
1688	5	47¼	4	18	3	45¾	2	44½
1689	8	13¾	6	22	5	23¼	3	22½
1690	7	25½	5	51½	4	53¼	3	¼
1691	8	—	5	23½	5	2½	2	59
1692	12	44¼	10	44½	7	46¼	4	2½
1693	13	52¾	10	39¼	8	43¾	4	5⅓
1694	14	52½	11	13¾	9	50	5	57¼
1695	10	5	6	29½	5	23⅓	4	13⅓
1696	7	47	4	34¼	4	37½	3	33⅓
1697	7	4½	4	8¾	3	25	2	29½
1698	8	45½	5	36½	4	39¼	3	16¼
1699	11	13¾	9	30½	7	57¼	3	50½
1700	13	25	10	40	9	3¾	4	17½
1701	12	22½	8	12¾	7	20	4	20½
1702	11	27½	7	12¾	7	20½	5	16¼
1703	8	38¾	5	42¾	5	15¾	4	39¼
1704	9	33¾	5	36¼	5	6¼	4	15½
1705	9	42½	4	38¾	4	30	3	27½
1706	7	20	3	50¾	3	52½	3	2½

Jahr.	Weitz das Schäffel im mitteren Preise		Korn das Schäffel im mitteren Preise		Gersten das Schäffel im mitteren Preise		Haber das Schäffel im mitteren Preise.	
	fl.	kr.	fl.	kr.	Z.	kr.	fl.	kr.
1707	6	6⅔	3	22⅔	3	38¾	3	1⅔
1708	6	27¾	4	7½	4	¾	3	7
1709	7	52½	5	35	4	27¾	3	¾
1710	9	1¼	6	30	5	35½	3	6¼
1711	9	8¾	7	16¼	6	12½	3	43¾
1712	11	15	8	35	6	52½	4	23¾
1713	14	22½	11	31¼	9	28¾	4	58⅔
1714	9	38¾	6	8⅓	5	4¼	3	27
1715	8	38¾	5	23¾	4	42	3	22½
1716	9	31¼	6	45½	5	43⅓	4	10¾
1717	9	42¼	7	8½	6	4	4	2¼
1718	7	42¼	5	4½	4	40½	2	55
1719	8	47½	4	40½	4	41¼	3	25
1720	9	50	5	30	6	—	3	42
1721	9	38¾	5	37¾	5	40	3	21⅔
1722	7	16¼	4	36¼	3	47½	2	40½
1723	6	37½	4	30	3	31¼	2	29¾
1724	8	7½	4	51¼	4	10	3	17¾
1725	8	47½	5	40	4	33¾	3	30½
1726	9	52½	5	35	4	45	3	6¼
1727	9	16¼	6	26¼	5	2½	3	4¼
1728	7	40½	5	10½	4	57¾	3	26¼
1729	8	27½	5	24¼	5	21¼	4	12½
1730	7	38¾	4	32	4	26¼	3	24½
1731	9	45	7	8⅓	5	8⅓	2	52½
1732	8	2½	5	51⅔	3	54½	2	13¾
1733	6	55	4	19¼	3	41¼	2	2¾
1734	7	2½	4	5¾	3	19¼	2	51¼
1735	6	50	4	29½	4	20½	3	3
1736	8	32½	6	28¾	5	53¾	3	47
1737	9	47½	7	25¾	5	53¾	3	43
1738	10	20	7	54½	7	36¾	3	54¼
1739	10	55	8	1¼	7	27½	4	38

Dd 2 1740.

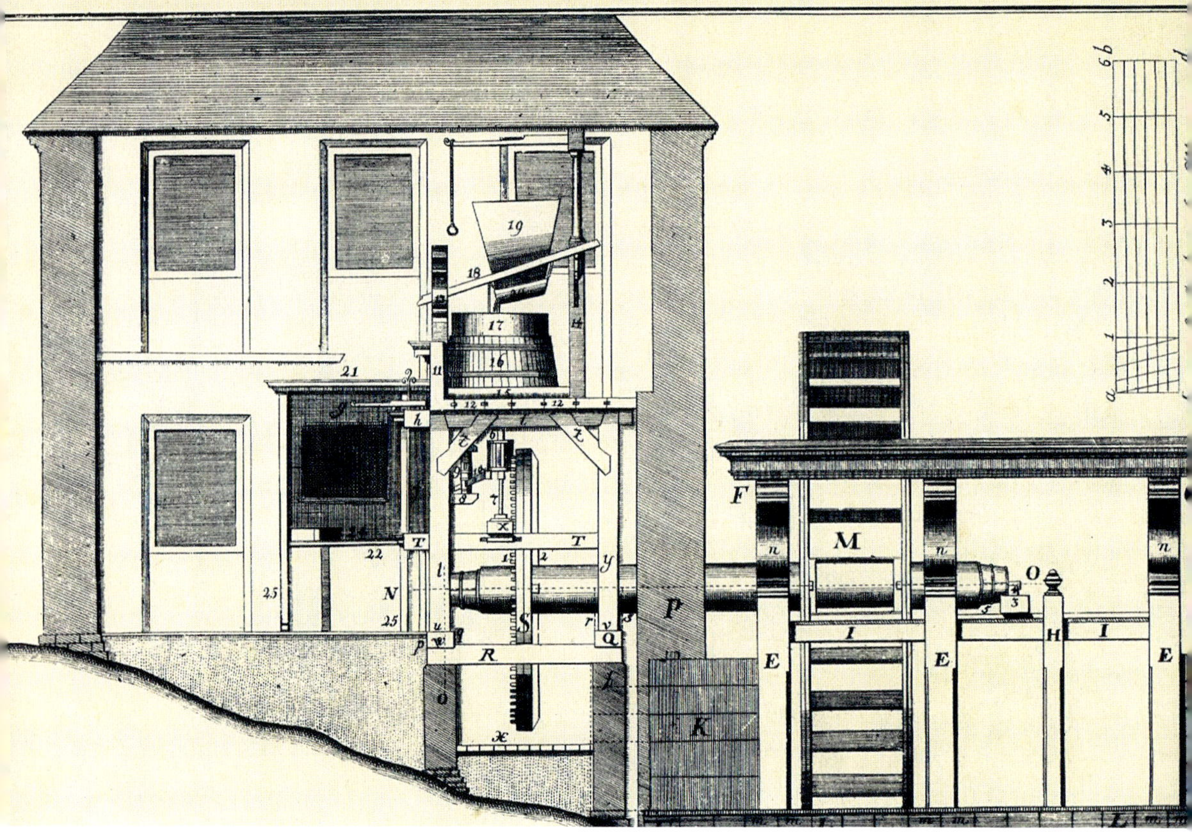

Die Mühlentechnik wurde immer ausgefeilter, entsprechend wandelte sich die Architektur.

legte Wert auf eine eigene Mühle. Die Müller standen an der sechsten Stelle in der Häufigkeit aller Gewerbe. Es galt, der Überbesetzung des Handwerks vorzubeugen. Das begann schon bei der Ausbildung der Lehrjungen. Um ihre Zahl zu begrenzen, mussten sie eine ehrliche Geburt nachweisen und ein hohes Lehrgeld bezahlen. Darüber hinaus beschränkten die Mühlordnungen die Zulassung zur Meisterprüfung an verschiedene, schwer zu erfüllende Bedingungen: etwa an die Heirat mit einer Meisterswitwe oder Meisterstochter.

Dass das Müllerhandwerk so beliebt war, lag wohl an dem offensichtlich guten Einkommen, das sich in Altbayern aus zwei unterschiedlichen Entlohnungsarten zusammensetzte. Beim Mahlen „auf Muss“ erhielt der Müller den dreißigsten Teil des Getreides, das zum Mahlen auf die Mühle gebracht wurde. Die andere Art war das Mahlen „auf Maß“. Hier musste aus einer bestimmten Menge Getreide eine gewisse Menge Mehl herausgemahlen werden, meist ein Drittel mehr. Der überschüssige Rest gehörte dem Müller. Bei dieser Art der Entlohnung kam es häufig zu Streitereien mit den Mahlgästen. Dann ging es um die mangelnde Qualität des Getreides: Aus schlechtem Getreide konnte weniger Mehl abgemahlen werden. Dann waren entweder die Müller benachteiligt oder die Mahlgäste, aus deren Getreide die erforderliche Mehlmenge nicht heraus gemahlen werden konnte. In Bayern stand es jedermann frei, auf „Muss“ oder auf „Maß“ mahlen zu lassen.

Das Getreide, das die Müller zur Entlohnung erhielten, mussten sie auf der Schranne verkaufen – es konnte aber auch abgemahlen und dann zu Brot gebacken werden. Beides erlaubte bzw. bestätigte die Landes- und Polizeiordnung von 1616. Nur der Mehlhandel blieb ausschließlich den „Melbern“ vorbehalten.

Bleiben wir bei der Qualität des Mehls: Die hing ab von den Mahlsteinen. Besonders wichtig war bei Einrichtung der Mühle das Einpassen der beiden Steine, also des fest eingebauten Bodensteins und des Läufers. Beide Steine mussten in der Waage liegen – da war handwerkliche Präzisionskunst gefragt. Die Passgenauigkeit hatte entscheidende Bedeutung für die Laufruhe, Mahlleistung und Lebensdauer des Steins. Für dessen Haltbarkeit war seine Herkunft ausschlaggebend. Der bekannteste Mühlsteinbruch in Altbayern lag in Neubeuern (Lkr. Rosenheim). Dort existiert dicht an den Innufern ein sehr stark zusammenhängender Nagelfluhstein von mittelgrober Struktur, der zu Mühlsteinen gebrochen wurde. Die Qualität dieser Steine war so gut, dass sie auf dem Inn und dann weiter auf der Donau innerhalb Bayerns gehandelt wurden. Weitere Mühlsteinbrüche, allerdings nur mit regionaler Bedeutung, gab es im Lahngraben und am Schwaigenberg bei Aschau i. Chiemgau sowie im Ramsauer Achental am Kunderweg (Lkr. Berchtesgaden). Die besonders haltbaren und festen Mühlsteine kamen indes aus dem Sächsischen. Der bekannteste Mühlstein von dort war der „Krawinkler“, der aus Krawinkel bei Halle kam.

Die Belastung der Mühlsteine durch das Abmahlen des Getreides war erstaunlich hoch. So nutzte sich selbst der Krawinkler innerhalb eines Jahres allein durch das Abmahlen des gröberen Getreides für Bauern um etwa 2,5 Zentimeter ab. Die Steine aus Neubeuern hatten einen jährlichen Abrieb von etwa einer Handbreite.

Mühlen lagen in der Regel außerhalb des Dorfetters, also der Dorfbebauung, und gehörten nicht zur Dorfgmain. Das gab immer wieder Anlass zu Klagen der Dorfbewohner gegen die Müller: Vor allem Bäcker und Müller gerieten aneinander, wenn es um die Verarbeitung des Getreides auf „Muss" ging.

Den Müllern wurde sehr oft Unehrlichkeit unterstellt. So schreibt der Rechtswissenschaftler Wiguläus Kreittmayr in seinen Anmerkungen zum „Codex Maximilianeus Bavaricus Civilis" (1756), dass „das Müllerhandwerk (...) überhaupt für ein verstohlenes Volk gehalten wird, und ist dem Sprichwort nach kein Müller ehrlich und redlich, der nicht Haar auf der Zung und in der Hand hat". Die Unehrlichkeit der Müller stellte sie fast auf eine Stufe mit den Henkern. Dies hängt vielleicht auch damit zusammen, dass die Müller häufig beim Bau einer neuen Richtstätte den Galgen aufstellen oder die Galgenleiter liefern mussten. Ferner war es den Müllern in einigen Gegenden erlaubt, über Mehldiebe zu richten. Zu dieser Bestrafung gehörte der Haargalgen: Man wurde an den Haaren an einen Galgen gehängt, durfte sich aber nach einiger Zeit losschneiden. Diese Selbstjustiz machte die Müller suspekt. Ohnehin hatten sie den Ruf, gewiefte Betrüger zu sein. Man verdächtigte sie, dass ihre Melhkästen doppelte Böden hätten, dass sie mit schönem weißen Mehl das schlechte schwarze bedeckten, dass sie das Mehl mit Sägespänen versetzten. Andere Vorwürfe galten der Verwendung von falschen Maßen, dem Abspenstigmachen von Mahlgästen, der Übervorteilung und der Gewinnsucht.

Doch nicht nur Betrug soll in den einsam gelegenen ländlichen Mühlen vorgekommen sein, sondern auch Raub, Mord, Spuk und vor allem Ausschweifungen. Ganz so von der Hand zu weisen, scheint dies nicht zu sein. Erinnert sei beispielhaft an die Schachermühle der Kneißls im Dachauer Hinterland, einem bekannten Treffpunkt von Kleinkriminellen und Hehlern. Darüber hinaus erscheint die Mühle seit dem Mittelalter als heimlicher Ort, der auch erotische Abenteuer verspricht. Diese Verbindung wird noch heute in dem am Place Pigalle in Paris stehenden Vergnügungslokal „Moulin Rouge" bewahrt.

Der technische Fortschritt veränderte das Mühlwesen grundlegend. Hier sind vor allem die bedeutenden Neuerungen des Thomas Ellikot zu nennen, der ab dem Jahr 1785 in seiner „Kunstmühle" viele Handarbeiten von Fördergeräten verrichten ließ. Bei gleichbleibendem oder sogar sinkendem Personalbedarf erzielte er eine Steigerung des Ertrags und der Mehlqualität. Ermöglicht hatte dies vor

allem die Verwendung von eisernen Wellen und Zahnkränzen, die wesentlich belastbarer waren als die hölzernen Teile.

Mit ihren neuen technischen Anforderungen benötigten diese Mühlen auch einen neuen Zweckgebäudetyp: Dieser hatte mehrere Stockwerke und bereits fabrikmäßigen Charakter. Die Mühle als Architekturträger im großen Rahmen war damit etabliert. Parallel dazu machten die Verbesserungen in der Maschinentechnik den kommerziellen Einsatz von Dampfmaschinen als Treibkräfte anstatt der Wasserräder rentabel. Die erste Mühle, die mit Dampfkraft betrieben wurde, entstand 1786 in London. Auch die Anforderungen an die Mühlsteine änderten sich – die beste Qualität Europas kam nun aus den Steinbrüchen von La ferte sous Jouarre in der Nähe von Paris.

In den frühen Jahren des 19. Jahrhunderts begann sich auch die deutsche Mühlenbauerzunft für die moderne Mahlmühle zu interessieren. Das galt besonders für das Königreich Bayern, das sich selbst als eines der getreidereichsten Länder Europas bezeichnete.

Die Reismühle bei Gauting ist seit 1314 belegt. Sie ist ein „sagenhafter", amouröser Ort: Angeblich wurde in ihr Karl der Große gezeugt. Aber diese „Adelung" beanspruchen auch andere Mühlenorte.

Mühlsteine waren das A und O, wenn der Müller beste Mehlqualität liefern wollte. Zum einen mussten sie exakt eingebaut sein, zum anderen entschied ihre Qualität über den Mahlgrad. Der mechanische Abrieb war enorm, die Steine mussten oft ausgetauscht werden.

Der Getreidehandel war für das nur schwach industrialisierte Land von besonderer Bedeutung und der technologische Rückstand in der Mühlentechnik wäre deshalb kaum zu kompensieren gewesen. Wegen der enormen Investitionskosten, die ein einzelner Müller kaum aufbringen konnte, entwickelte sich in Bayern eine besondere Form des Betriebs: die Aktienmühle.

Die Modernisierung der Mahltechnik war nicht möglich ohne höhere Energieeinspeisung. An langsam fließenden Flüssen taten nun meist Francis-Turbinen ihren Dienst und verdrängten die Mühlräder. Parallel dazu setzten sich eiserne Walzen zur Vermahlung des Getreides durch: Die Vermahlungskapazitäten stiegen enorm – die Mühle wandelte sich vom Handwerks- zum Industriebetrieb. Die erste derartige Mühle mit Walzenstühlen wurde 1836 in München errichtet.

Als sich zu Beginn des 20. Jahrhunderts für die Sortierung der Mahlprodukte der Plansichter durchsetzte, der durch mehrere übereinander angeordnete Kästen mit unterschiedlicher Bespannung das Mahlgut sortierte, war eine technische Reife erlangt, an der sich bis heute vom Prinzip her wenig geändert hat. Daneben traten zu Beginn des 20. Jahrhunderts Müller häufig auch als kleine Elektrizitätsunternehmer auf: Der erste elektrische Strom, der auch im Dorf die Elektrifizierung ermöglichte, kam häufig aus der Mühle. Freilich erlaubte das nur, Glühbirnen zum Aufleuchten zu bringen. Der vermehrte Bedarf an Strom vor allem für Kraft (Elektromotoren) in der Landwirtschaft in den zwanziger Jahren des 20. Jahrhunderts, oft erst nach dem Zweiten Weltkrieg, überstieg die Leistung dieser regenerativen Energiequelle. Die Mühle als Elektrizitätswerk blieb zwar nur eine kurze Episode – an die man sich aber im Zuge der vermehrten Nutzung regenerativer Energien zunehmend wieder erinnert.

Goldgrübler

Ihre Berufsbezeichnungen waren über Jahrhunderte recht beschönigend, denn das Geschäft der Kanalarbeiter blieb anrüchig.

Christoph Bachmann

Die Geschichte der Hygiene und Sauberkeit mittelalterlicher, frühneuzeitlicher und frühmoderner Städte ist eng mit den Stadtbächen verknüpft. Kaum jemand kann sich heute noch vorstellen, dass beispielsweise am Münchner Färbergraben oder an der Roßschwemme in der Nähe des Viktualienmarktes Bäche durch die Innenstadt flossen. Sie trieben Mühlen an – beispielsweise lieferte der Pfisterbach in der heutigen Sparkassenstraße die Energie zum Betrieb der Pfistermühle. Die Bäche hatten zudem eine eminent wichtige Bedeutung für die Beseitigung der Abfälle und Fäkalien. Es war daher kein Zufall, dass der Rat der Stadt München, nachdem König Ludwig der Bayer (1314 bis 1347) die Fleischbänke vom Marktplatz verwiesen hatte, diese am Petersbergl, direkt über dem später so benannten Roßschwemmbach ansiedelte, damit von dort aus die Schlachtabfälle direkt abtransportiert werden konnten.

Wichtig für die Unratbeseitigung waren auch die „Einschütt" am Katzenbach, in der Nähe der heutigen Hochbrückenstraße, in der die Nachtkönige oder auch Goldgrübler, also die genossenschaftlich organisierten Aborträumer, Unrat und Fäkalien aus privaten und öffentlichen „Prifets" oder „heimlichen Gemächern" entleerten. Die Menschen, die diese Arbeit übernahmen, hatten unterschiedliche Bezeichnungen: In München hießen sie eben Goldgrübler, in der Reichsstadt Nürnberg Pappenheimer, auch Sekretgräber und -feger, sonst häufig Nachtarbeiter. In Nürnberg sind die Pappenheimer erstmals im 14. Jahrhundert nachgewiesen. Der Name soll sich von den Hilfskräften der Grafen von Pappenheim herleiten; diese waren bei Königsbesuchen als Reichserbmarschälle unter anderem für die seuchenpolizeilichen Schutzmaßnahmen zuständig. Unter den konzessionierten Kärrnern wählte der städtische Rat vier Pappenheimer aus, die mit ihren normierten Pferdekarren durch die Stadt zogen und die Abortgruben reinigten – allerdings nur zwischen Gallus und Ambrosiustag (16. Oktober bis 4. April) und nur nachts. Man wollte die allzu starke Geruchsbelästigung vermeiden.

Die Pappenheimer stellten selbst die Pferdekarren und das Handwerkszeug, kümmerten sich um die Organisation und versahen die Aufsicht über Hilfskräfte, die für die eigentliche Arbeit zuständig waren: die Führer, Grundfahrer, Haspler, Ausrichter und Stengleinläuferinnen. Die Arbeit ging diesen frühen Stadthygienikern nicht aus. Jedoch war es bis weit ins 19. Jahrhundert hinein ein vergeb-

Das Plumpsklo in der Nähe vom Misthaufen war noch bis weit ins 20. Jahrhundert hinein ein vertrauter Anblick. Es war im Prinzip eine Weiterentwicklung des Stehklos: Man konnte sich auf einen Holzbalken setzen.

licher Kampf gegen den städtischen Unrat, weil sich am System der städtischen Müll- und Fäkalienbeseitigung über Jahrhunderte hindurch so gut wie nichts änderte – trotz wohlgemeinter Mandate, Verordnungen und Ratschläge.

In offenen, teils gepflasterten, teils ungepflasterten Straßengräben leitete man einen Großteil des anfallenden Haus- und Niederschlagswassers direkt in die Stadtbäche. Dort, wo keine Fließgewässer in der Nähe waren, wurden Versitzgruben für das Abwasser und Gruben zur Aufnahme der Fäkalien und des Hausmülls angelegt. In regelmäßigen Abständen waren die Gruben zu leeren. Das übernahmen die Goldgrübler, Pappenheimer oder Nachtarbeiter. Sie verkauften den Unrat als Dünger. Die meisten Gruben blieben jedoch sich selbst überlassen und verseuchten das umliegende Erdreich. Der fehlende

Rechte Seite. Das erste Wasserklosett in Deutschland wurde 1860 auf Schloss Ehrenburg bei Coburg installiert. Wie unterschiedlich bis dahin der Gang aufs Örtchen aussah, skizziert eine Karikatur des 18. Jahrhunderts.

English Convenience _ the Water Closet.
Scotch Convenience, _ the Bucket.
French Convenience, _ le Commodités.
Dutch Convenience, _ the Lake.

1881 begannen in München die Arbeiten an einem umfassenden neuen Kanalisationssystem. Überall wurden Straßen aufgerissen, Schuttberge türmten sich auf – noch 1887 mokierten sich die „Fliegenden Blätter" in ihrer Karikatur über die umwälzenden Neuerungen im Stadtbild.

Abfluss von Niederschlagswasser führte zur Aufweichung des Straßenpflasters und machte die Straßen im Winter oft unpassierbar.

Im 19. Jahrhundert formierte sich eine zarte Gegenbewegung, die für eine Abwasserbeseitigung über Kanäle plädierte. In Nürnberg gab es vereinzelt „Dohlen", flache unterirdische Kanäle von rechteckigem Querschnitt und meist unbefestigter Sohle und einer Sandsteinabdeckung. Durch sie gelangten die Abwässer in die Pegnitz, den Fischbach und den Stadtgraben. Allerdings erfolgte der Bau solcher Kanäle ohne planerisches Gesamtkonzept. 1810 erreichten diese Dohlen eine Länge von 2,7 Kilometern.

Auch in Teilen der Altstadt Münchens gab es zu Beginn des 19. Jahrhunderts ein derartiges System. Diese Kanäle mit einer Höhe zwischen 0,73 und 1,76 Metern und einer Breite von 0,58 bis 0,87 Metern waren dazu vorgesehen, durch vergitterte Abflüsse alles Regen- und sonstige Abwasser aufzunehmen. Allerdings besaßen die Kanäle untereinander keine Verbindungen und führten auf dem kürzesten Weg zum nächsten öffentlichen Wasserlauf. Sie hatten zu-

Wie hier am Auer Mühlbach in München war es in den meisten Städten üblich, seine Abwässer direkt in die Bäche und Flüsse zu entsorgen.

Die entscheidende Neuerung: Die Kanäle waren gemauert und dicht, sodass das angrenzende Erdreich nicht mehr verunreinigt werden konnte.

dem ein geringes Gefälle und ein für das Abschwemmen fester Stoffe ungünstiges Profil (flache Sohle, steile Seitenwände). Also sammelten sich dort die Abfallstoffe an, gingen in Fäulnis über und sickerten über das undichte Mauerwerk in den Boden. Trotz dieses gravierenden Mangels wurde das unsystematisch ausgeführte Konzept weiter verfolgt. Ab 1820 wurde mit dem „Kanalkonkurrenz-Beitrag", der je Fuß/Häuserfront erhoben wurde, dieser Kanalbau finanziert. Bis zur Neukanalisation Münchens im Jahr 1881 erstreckte sich dieses System über eine Länge von 21,3 Kilometer.

Die Effizienz dieser Kanalsysteme war gering. Die Verseuchung und Verunreinigung des Trinkwassers aus Fließgewässern, öffentlichen Brunnen oder privaten Hausbrunnen ging weiter. Wie andere europäische Städte wurde München im 19. Jahrhundert von der Cholera heimgesucht. Das war der Auslöser für die Verbesserung der Stadthygiene. Bei der ersten Epidemie in den Jahren 1836/37 stand die Medizin dieser neuen Seuche vollkommen hilf- und ratlos gegenüber. Wenn auch bereits einzelne Stimmen die „überfüllten Wohnungen (...) Unreinlichkeiten und Demoralisation gewisser Einwohnerklassen" dafür verantwortlich machten, wie beispielsweise der Münchner Arzt A.F. Spring, so vermerkt der amtliche Generalbericht jedoch, dass „vorzugsweise die bemittelte und höhere Klasse der Bewohner es war, die am häufigsten und heftigsten von der Seuche befallen wurde". Erst während der zweiten Epidemie im Jahr 1854 gelang es dem Arzt und Apotheker Max von Pettenkofer durch systematische Forschungen einen Zusammenhang zwischen Bodenbeschaffenheit, Grundwasserspiegel und Cholera zu belegen. Er legte beispielsweise ein Grundbuch über die Verteilung der Todesfälle an. Er erkannte, „dass die Cholera durch Entwicklung eines Gases bei Zersetzung flüssiger Exkrementtheile in feuchtem, porösem Erdreich verursacht wird".

Man musste dringend handeln: Allein im Stadtgebiet gab es 2.700 Gruben für den Hausabfall – die Abortgruben gar nicht mitgezählt. Es wurden Sofortmaßnahmen angeordnet: Alle Gruben sollten abgedichtet werden, neue Abortgruben mussten gemauert ausgeführt werden. Bereits 1855 forderte die Regierung von Oberbayern die Stadt auf, systematische Pläne für eine Kanalisation vorzulegen. Das galt vor allem für die neu hinzugekommenen Stadtviertel, wie die Max- und Ludwigsvorstadt, in denen die

Abwasserbeseitigung noch immer durch meist offene, an beiden Straßenseiten geführte Rinnen erfolgte. 1862 begannen dort die Kanalisationsarbeiten nach den Plänen des Bauingenieurs Arnold Zenetti, der sich vor allem an der Hamburger Lösung der Sielnetze orientierte. Diese Siele hatten ein eiförmiges Profil, besaßen Ventilations- und Spüleinrichtungen sowie ein für die Abschwemmung fester Stoffe günstiges Gefälle.

Meter um Meter wurden durch München Kanalrohre verlegt – um 1900 waren 78 Prozent der Einwohner ans Netz angeschlossen.

Erlaubt war aber zunächst nur die Einleitung von Regen- und Wirtschaftsabwässern – verboten war das Einleiten von Fäkalstoffen. Die Versitzgruben blieben weiterhin in Gebrauch. Um sich die Kosten für deren Entleerung zu sparen, schwemmte dann doch mancher nachts die Grubeninhalte einfach in die Siele. Und da diese nicht für die Abschwemmung fester Stoffe ausgelegt waren, waren erhebliche Geruchsbelästigungen die Folge.

Erst nach der dritten Choleraepidemie 1873/74 setzten sich die Befürworter einer umfassenden Bodensanierung durch. 1881 begannen die Arbeiten für ein das ganze Stadtgebiet umfassendes Kanalisationssystem – allerdings nicht als Schwemmkanalisation. Grund dafür war, dass sich die Landwirte der umliegenden Dörfer um ihren Dünger betrogen sahen, der aus den Abortgruben stammte und den sie den Goldgrüblern abkauften. Für die „anrüchige“ Arbeit hatte sich in erster Linie der Landwirtschaftliche Verein stark gemacht. Weil er aber dann doch zu wenig Unterstützung bekam, erledigte sich das Problem von selbst. Der von den Landwirten organisierte

Jahrzehntelang mussten Kanalarbeiter regelmäßig das mannshohe Kanalsystem abgehen und auf Schäden überprüfen. Größtes Augenmerk galt undichten Stellen. Das war kein unbedenklicher Job: Schon früh wurden speziell für Kanalarbeiter Arbeitsschutzmaßnahmen entwickelt.

Abtransport mit der Eisenbahn betrug in den Jahren 1886 bis 1889 lediglich 1.800 Tonnen und war damit unrentabel. Auch häuften sich die Beschwerden über die unregelmäßige Reinigung der Gruben und über den Gestank. Also wurde dann doch im Jahr 1890 die Schwemmkanalisation eingeführt. Und damit setzte sich auch das Spülklosett durch.

Danach ging alles schnell: Um die Jahrhundertwende gab es bereits 225 Kilometer Kanäle und 78 Prozent der 480.000 Einwohner waren an das Münchner Kanalnetz angeschlossen. Seit 1912 konnten die begehbaren Kanäle auch gereinigt werden. Heute gibt es in der Landeshauptstadt 1.200 Kilometer begehbare Kanäle und 1.146 Kilometer Rohrkanäle.

In Nürnberg hatten die Bauarbeiten an der Kanalisation schon eher, nämlich 1874 begonnen und konnten 1912 abgeschlossen werden, sodass das damalige gesamte Stadtgebiet mit Hauptkanälen versorgt war. Neben Betonrohrkanälen verlegte man für größere Querschnitte auch vierteilige Fertigkanäle aus Beton im Eiprofil.

Wer noch nicht ans Kanalnetz angeschlossen war, musste seine Versitzgrube immer wieder leeren lassen. Auch sie musste dicht sein – zur Überprüfung blieb den Arbeitern der Sprung in die Grube nicht erspart.

Cementwaarenfabrik Fritzlar

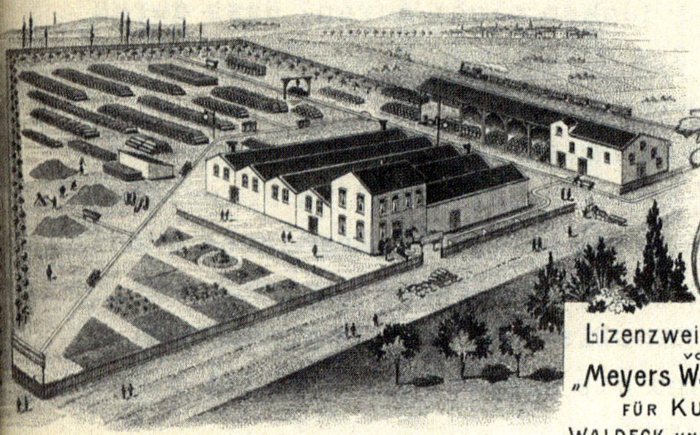

Bechtel & Biedendorf
Ges. m. b. H.

CEMENTROHRE
kreisrund & oval.

Brunnenringe, Krippe
Treppenstufen.

Spez.: GLATTE & GEKUPPTE TROTTOIRPLATT

Lizenzweise Fabrikation
von
„Meyers Wandplatten"
FÜR KURHESSEN,
WALDECK UND HANN. MÜNDEN.

FRITZLAR
R.-B.-Cassel.
Telefon No 9 · Nebenschluss n. Wohnun

Comptoir in CASSEL, Holländische Strasse No 32,
FERNSPRECHER No 3440.

Fritzlar, 29 Dezember 1907.

Tit. Staatsministerium des Innern

München.

K. Bay. Staatsministerium
des Innern.
präs: 31. DEZ. 1907
No 29953

Sobald ein neues Gebäude oder Denkmal errichtet wird, sofort ist jeder, bevor überhaupt der Bau fertiggestellt ist, mit seiner Kritik zur Stelle, mag er nun Kunstverständnis besitzen oder nicht. Es gibt ein Diskutieren hin und her, es werden manche praktische Vorschläge, aber auch mancher Unsinn zu Tage gefördert. Der Hochbau ist immer der Kritik ausgesetzt, weil man das geschaffene Werk stets vor Augen hat.

Anders beim Tiefbau.

Überall tiefes Geheimnis, ein Schleier liegt über der ganzen Arbeit, man sieht tiefe Kanäle und hohe herausgeworfene Erdmassen; um sich jedoch nicht schmutzig zu machen, wagt man sich nicht zu nahe heran. Man flüstert, man sieht das bergwerksmässige Arbeiten und jeder sagt sich: Davon verstehst du doch nichts! und ist still.

Nach kurzer Zeit ist die ganze Arbeit fertiggestellt, kein Huhn und kein Hahn kräht dann mehr danach, alles ist vergessen, man nimmt an, dass alles tadellos funktioniert.

Und doch sollte die Öffentlichkeit mehr Interesse für den Tiefbau spez. Kanalisationen zeigen, weil hier das Allgemeinwohl, die Gesundheit unseres Volkes in Frage steht. Wir lesen jedes Jahr über Cholera und Typhus und sonstige ansteckenden Erkrankungen, wir lesen über die Massnahmen, die die Regierung ergreift,

M. d. Innern No 29953

Heute hat das Nürnberger Kanalnetz eine Länge von rund 1.410 Kilometern. Nahezu alle Einwohner (99,9 Prozent) haben einen Anschluss an die Kanalisation.

Die begehbaren Kanäle und Rohrkanäle bedürfen einer ständigen Überprüfung, Wartung und Reinigung. Und so entwickelte sich parallel zum Ausbau der modernen Kanalinfrastruktur ein neuer Berufszweig: der des Kanalarbeiters. Diese Fachkräfte erledigten bis vor wenigen Jahren ihre Arbeit fast ausschließlich händisch und durch Begehungen – deshalb kam es schon kurz nach Errichtung der Kanäle zu ersten Arbeitsschutzmaßnahmen für die Kanalarbeiter. So wurde ihnen in München ab 1909 Schutzkleidung einschließlich Wasserstiefel gestellt. Und ein Jahr später installierten die Betriebsstationen eigene Brausebäder, damit sich die Arbeiter gründlich reinigen konnten.

Das Berufsbild hat sich weiter stark gewandelt: Zahlreiche Arbeitsgänge können heute von Robotern und mit Hochdruckdüsen erledigt werden, die durch die Kanaldeckel in die gemauerten Kanäle eingelassen werden. Am Bildschirm wird der Arbeitsverlauf verfolgt und überprüft. Freilich: Wenn die Maschinen nicht weiter kommen, muss man immer noch in den Kanal hinabsteigen. Auch die Bezeichnung hat sich geändert und vor allem die geforderte Qualifikation: Heute ist die Fachkraft für Rohr-, Kanal- und Industrieservice ein dreijähriger Ausbildungsberuf mit der Möglichkeit zur Weiterqualifikation zum Meister für Rohr-, Kanal- und Industrieservice, zum Städtereinigungsmeister oder zum Techniker/Fachrichtung Wasserversorgungstechnik.

Ende 1907 sandte die Firma Bechtel & Biedenkopf aus Fritzlar an das bayerische Innenministerium einen Werbebrief: Es stellt darin den von ihm entwickelten fugenlosen Kanal vor. Mit ihm soll das Versickern von Abwässern vollständig verhindert werden. Der Zeitpunkt des Schreibens war gut gewählt: Der Kanalbau boomte – zumindest in Bayerns größeren Städten. Und Erfahrungen mit den schon seit Jahren betriebenen Systemen hatten Probleme mit der Dichtigkeit der Kanäle offenbart. Allerdings war der Adressat, das Innenministerium, falsch gewählt: Seit der Gemeindeordnung von 1869 verwalteten sich die Städte selbst und waren damit auch zuständig für die Entwässerung in ihrem eigenen Wirkungskreis.

Köhler

Sie lebten weit außerhalb von Dörfern und waren oft rußschwarz. Um die Betreiber von Meilern machte man lieber einen Bogen.

Elisabeth Weinberger

Im Jahr 1568 sah sich der bayerische Herzog Albrecht gezwungen, in der „Bayerischen Vorstordnung“ die Nutzung der Wälder seines Herzogtums zu regeln. Dabei wurde auch die Anweisung von Stammholz für die Erzeugung von Holzkohle reglementiert. Denn ohne Holz ging bis zum Ende des 18. Jahrhunderts nichts. Energieintensive, holzfressende Gewerbe wie Salinen, Glashütten, Ziegeleien und Bäckereien, Brauereien und Färbereien benötigten riesige Mengen an Brennholz. Zur Verhüttung von Erzen und zur Verarbeitung von Eisen war Holzkohle unverzichtbar. In der Summe führte dies bereits zu Beginn der Frühen Neuzeit zu einem ersten regionalen Holzmangel. Um der drohenden Holznot entgegenzuwirken, wurden landesherrliche Ordnungen erlassen und die Nutzung der Wälder strikt geregelt.

Mit dem Passus über die Köhlerei erschwerte der bayerische Landesherr das harte und entbehrungsreiche Leben der Köhler zusätzlich. Die Forstordnung legte nämlich fest, welches Holz die Köhler als Kohlholz verwenden sollten: „(…) wiewol man das Kollen nit abschaffen kan, inn bedenckung, das die Handwerchsleut bey Stetten und Märckten dessen gar nicht manglen können, sol doch den Vorstern und Knechten, hiemit ernstlich und bey unnachläßlicher straff bevolhen sein, das sie den Kollern nur wintwürff, abgestanden und dergleichen holtz, dardurch den Wälden und Gehültzen am wenigisten schaden geschehen mag, umb ein gebürlich gelt abgeben, damit von des Kholens wegen des stehenden schönen holtz, so mit mehrerm nutz gebraucht werden kan, verschont, und nit wie bißher one underschied unnd abscheuch beschehen, abgeschwendt, auch das gelt, so durch die Vorster von den Kolern eingenommen, uns trewlich verrechnet werd“. Die Köhler sollten das Holz verwenden, das als Bau- oder Werkholz unbrauchbar war. Gute Holzkohle ließ sich aber nur aus guten, luftgetrockneten Holzscheiten herstellen. Die landesherrliche Vorschrift blieb daher auch weitestgehend Theorie.

Für die Gewinnung von Holzkohle wurden, vor allem in den Bergbaugebieten und in den Schmiedezentren, wie in Dießen am Ammersee, wo hauptsächlich der Klosterforst schwer unter der Köhlerei litt, ganze Wälder abgeholzt und Meiler um Meiler zu Holzkohle gebrannt. Die Holzkohle, die heute für einen Großteil der Bevölkerung nur mehr als Grillkohle oder als Kohletabletten Bedeutung hat, war tatsächlich auch in Bayern bis Mitte des 19. Jahrhun-

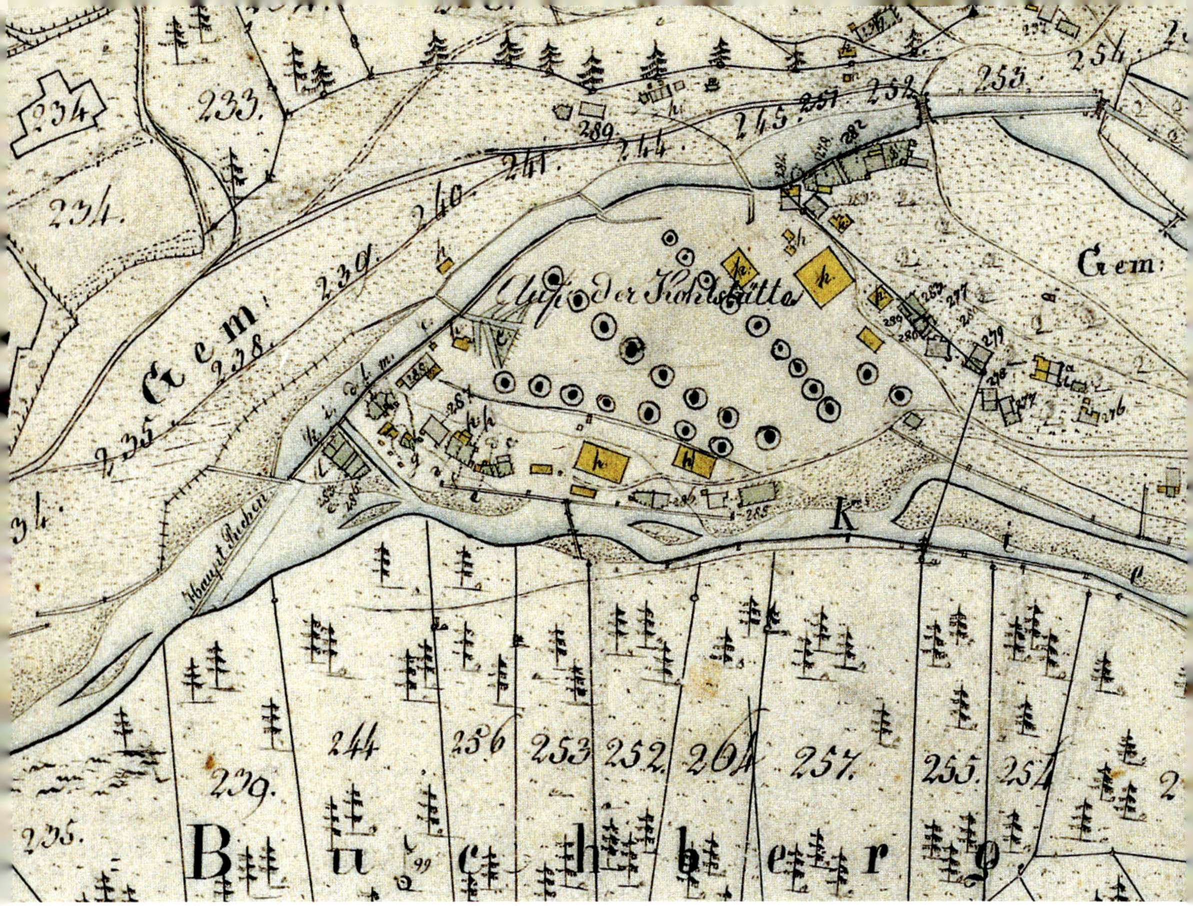

Kohlstatt heißt noch heute ein Ortsteil in Kiefersfelden. Die Karte von 1815 zeigt dort eine große Zahl von Meilern.

derts als Brennstoff bei der Erzverhüttung unentbehrlich. Steinkohle wurde zwar bereits abgebaut, ließ sich aber in der Metallurgie nicht einsetzen, da der Schwefel der Steinkohle die Schmelze verdarb.

Man sollte meinen, dass die Köhlerei, die ein unentbehrliches, in riesigen Mengen benötigtes Produkt hervorbrachte, ein angesehenes und ehrenwertes Gewerbe gewesen sein müsste. Genau das Gegenteil war der Fall. Die Köhler gehörten wegen ihres schmutzigen, rußigen Gewerbes, wegen ihrer oft nicht sesshaften Lebensweise fernab der bäuerlich-dörflichen Bevölkerung zu den „unehrlichen" Leuten.

Das Gewerbe war in Bayern nicht organisiert, es gab keine regelrechte Ausbildung. Das Können und die Erfahrung der Köhler wurden daher in den Familien von Generation zu Generation direkt weitergegeben. In einigen Fällen haftete das Gewerbe an einer Hofstelle und wurde im Nebenerwerb ausgeübt. Das Weißenbachgütl aus Rottau im Landkreis Traunstein ist ein typisches Beispiel. Die Köhlerei leistete dort vom ausgehenden 17. bis Ende des 19. Jahrhunderts einen wichtigen Beitrag zum Lebensunterhalt. 100 Klafter (etwa 300 Ster) Holz

Mancherorts konnten die Meiler-Anlagen regelrecht industriellen Charakter annehmen. Während es aus dem einen schwelte, wurde der nächste vorbereitet.

wurden dort jährlich verkohlt. Das Forstamt Marquartstein wies genau an, welches Holz verwendet werden durfte. Die Kohlen mussten an das Berg- und Hüttenamt Bergen verkauft werden. Im Durchschnitt brannte der Weißenbacher Köhler zwei Meiler pro Saison. Heute gibt das Weißenbachgütl im Freilichtmuseum Glentleiten Auskunft über die Köhlerei als bäuerlichen Nebenerwerb. Die meisten Köhler ernährten sich jedoch ausschließlich von dieser Tätigkeit.

Ausgeübt wurde die Köhlerei als Länd , Wald oder Wanderköhlerei. Wanderköhler zogen ihrem Rohstoff hinterher und legten immer wieder neue Meilerplätze an. Länd- oder Waldköhler wählten den Meilerplatz so, dass das Kohlholz mit erträglichem Aufwand auf dem Land- oder Wasserweg gebracht werden konnte und der Absatzmarkt ebenfalls gut erreichbar war. Neben dem Zentrum der

Nächste Seiten: Vor allem in Regionen mit Bergbau und Montanindustrie drohte im Spätmittelalter die Ausplünderung der Wälder. Die Landesherren mussten reagieren. Fortan hieß es: „Sparen, und nochmals sparen!" Genaueres regelten Forstordnungen. Die bayerische von 1568 hatte bis 1852 Bestand.

Das den Gebaurßleuten vmbs gebürg / wölche nit aigens holtz / vnnd sich des Floßwerchs zuegebrauchen / nicht macht haben / jr zimliche haußnotturfft an den gebürgen zuschlahen / nit verwört sein soll.

Es sitzen etliche paurßleut / vmb das gebürg / die selbst nit aigne gehültz haben / den soll jhr gebürliche haußnotturfft / an den gebürgen zuschlahen vnuerwört / Aber denen die das Floßwerch / vermüg des 71. vnd 72. Articls zu gebrauchen nit befugt sein / soll wenig oder vil zuuerfürn oder zuuerkauffen hiemit gentzlich verboten sein / sie sollen auch an den orten / da sie das gehültz schlagen / das abholtz (so es anderst außzubringen ist) fleissig auffraumen / vnd bey ainer benanten straff mit dem Floßwerch oder gestrick herauß füren.

Was die Vorster / Holtzmaister vnnd Knecht / für holtz zu dem Kollen abgeben sollen.

Zum ailfften / wiewol man das Kollen nit abschaffen kan / inn bedenckung / das die Handwerchßleut bey Stetten vnd Märckten / dessen gar nit manglen können / sol doch den Vorstern vnd Knechten / hiemit ernstlich / vnd bey vnnachläßlicher straff beuolhen sein / das sie den Kollern nur wintwürff / abgestanden vnnd dergleichen holtz / dardurch den

Wälden vnnd Gehültzen am wenigisten schaden geschehen mag/vmb ein gebürlich gelt abgeben/damit von des Kholens wegen/des stehenden schönen holtz / so mit mehrerm nutz gebraucht werden kan/verschont/vnd nit wie bißher one vnderschied vnnd abscheuch beschehen/abgeschwendt/auch das gelt/so durch die Vorster von den Kolern eingenommen/vns trewlich verrechnet werd.

Von den scherper Schmiden/vnd andern/ die sich in vnserm Gericht Aurburg/auch mehr orten/ vmb die gebürg des Khollens gebrauchen.

Vnd nach dem sich die scherper Schmid/auch andere inn vnserm Gericht Aurburg/vnnd vmb die gebürg(deren arbait maist thails auß dem Landt verfürt werden)bißher vnderstanden haben / nach jrem willen vnd gefallen / ain grosse anzal Holtz zu dem verkolen zuschlagen / dardurch sie den hoch Wälden vnd gehültzen erödigung vnd grossen schaden zugefüegt / Jst größlich von nöten/einsehung zuthun/auff das solche vngebürliche verschwendung des holtzs/dauon wir bißher kain billichen nutz gehabt/ abgestelt/vnd ordnung fürgenommen werd / wie es mit angeregten Kolen hinfüran zuhalten sey/Nemblich soll gedachten Scherperschmiden/vnnd andern/die sich des Kholens gebrauchen / durch die Vorster/Holtzmaister/vnnd Knecht/nechstgemeltem Artickel gemäß/holtz abgegeben/vnd fürgezaigt / also das von ainem Veichten oder Tennen paum vier kreutzer/zu Vorstzinß oder stamrecht eingenommen werden soll/in bedenckung/ das angeregts

Ist schon das Aufschichten und Bedecken eines Meilers eine Kunst für sich, so will erst recht das Wiederabdecken gelernt sein: Im Inneren des Meilers entstehen Temperaturen von bis zu 400 Grad Celsius. Der Köhler muss sich langsam und Schicht für Schicht vorarbeiten. Das Ganze droht immer noch in Flammen aufzugehen. Wie aufwendig, schweißtreibend und gesundheitsgefährdend die Köhlerei ist, können Besucher im Freilichtmuseum Glentleiten erleben, wo noch immer Meiler zu Schauzwecken aufgerichtet werden.

Eisenverhüttung in der Oberpfalz gab es auch in waldreichen Gegenden Oberbayerns Zentren regionaler Montanindustrie. In Dießen am Ammersee, in Bergen, Siegsdorf und Aschau im Chiemgau wurden Hammerwerke betrieben und Roheisen verarbeitet.

Anders als das bäuerliche Leben, dessen Rhythmus durch die Jahreszeiten und die kirchlichen Feste strukturiert war, orientierte sich das Leben der Köhler an der Dauer des Meilerbrandes. In der Regel brannte ein Meiler fünf bis sieben Wochen. Während dieser Zeit musste er ununterbrochen beobachtet und betreut werden. War ein Meiler gar und die Kohlen abtransportiert oder gelagert, dann hatte der Köhler einige Tage Pause bis zur Errichtung des nächsten Meilers.

Bereits die Vorarbeiten waren aufwendig. Vor Aufbau des Meilers musste der Platz vorbereitet werden: Auf einem Durchmesser von sechs Metern trug der Köhler die Grasnarbe und die oberen zehn bis 20 Zentimeter Erde ab. Die Mitte des Kreises markierte die sogenannte Quendelstange. Um diese wurden kreisförmig die etwa einen Meter langen Kohlholzscheite angeordnet. Die langen und dicken Scheite kamen unten in der Mitte zu stehen, die dünneren außen. War die Grundfläche bedeckt, kam die zweite Lage darauf. In der Regel hatte ein Kohlenmeiler eine Höhe von circa vier Metern.

Der fertig aufgeschichtete Meiler wurde luftdicht mit der abgetragenen Erde und mit Grassoden bedeckt. Der Bereich um die Quendelstange diente als Kamin und blieb offen. Die Kunst des Kohlenbrennens bestand darin, das Feuer im Inneren so zu regulieren, dass das Holz nur schwelte und nicht brannte. Deshalb stach der Köhler mit einer Stange Luftlöcher zur Sauerstoffversorgung in die Abdeckung und verschloss sie wieder. An der Farbe des Rauchs erkannte er den Stand des Brandes im Inneren des Meilers. Drohte der Schwelbrand außer Kontrolle zu geraten, musste der Köhler sofort eingreifen, ohne Rücksicht auf Tages- oder Nachtzeit. Seine Schlafstätte befand sich häufig in einer einfachen Hütte in unmittelbarer Nähe. Durch ein Guckloch in Höhe der Liegestatt hatte er den Meiler immer im Blick und konnte im Fall eines aufflackernden Feuers, das zeigte, dass der Meiler zu brennen anfing, sofort reagieren. Schlaftrunken musste er auf einer Leiter den übermannshohen Meiler besteigen und die Brandstelle verschließen. Es kam dabei immer wieder vor, dass Köhler strauchelten und sich Verbrennungen zuzogen.

Holzkohle hat heute keine industrielle Bedeutung mehr – allenfalls als Grillkohle wird sie noch verwendet.

Dies war allerdings nicht das einzige Gesundheitsrisiko, das mit der Köhlerei verbunden war. Durch den Schwelbrand entstand in großen Mengen Kohlenmonoxid, das in der freien Natur zwar nicht lebensbedrohlich, aber doch gesundheitsschädlich ist. Der permanente Schlafmangel, die ständige Anspannung, Rauchvergiftungen, dauernder Wechsel zwischen Hitze und Kälte gehörten ebenfalls zum ungesunden Alltag.

War der Meiler durchgeglüht, wurde die Abdeckung etappenweise und langsam entfernt. Zu schnell durfte der Köhler dabei nicht vorgehen, denn im Inneren des Meilers herrschten immer noch 300 bis 400 Grad Celsius und der Meiler konnte auch in diesem Stadium noch in Flammen aufgehen. Die Kohlen wurden mit Wasser begossen, abgekühlt und anschließend trocken gelagert.

Der Transport zum Verbraucher erfolgte in Körben auf Fuhrwerken oder Schlitten. Die Kohlen sollten nicht in kleine Stücke zerbrechen. Hammerwerke und Eisenhütten waren die Hauptabnehmer. Der Huf- oder Nagelschmied in der näheren Umgebung versorgte sich mit Kohlen direkt an Ort und Stelle. Oft musste er sich mit den zerbrochenen und kleinen Kohlen zufriedengeben.

Die abgeschiedene, einsame Lebensweise und die Fertigkeit, mit dem gefährlichen Feuer umzugehen, die das mühsame schwarze Handwerk kennzeichneten, trugen dazu bei, dass sich Sagen und Legenden um den Köhler entwickelten, die ihm übernatürliche Fähigkeiten zuschrieben. Die bekannteste Erzählung dürfte das 1827 erschienene Märchen „Das kalte Herz“ von Wilhelm Hauff sein, das die Geschichte des Kohlenmunk Peter erzählt. Dieser litt so sehr unter dem schlechten Leumund seines Standes, dass er sich mit übernatürlichen Kräften einließ, um Zugang zur ehrbaren Gesellschaft zu finden. Erst in dem Moment, in dem Peter erkennt, dass er auch als Köhler redlich leben kann, findet er sein Glück.

Kumpel

Harte Arbeit unter Tage – bescheidener Wohlstand über Tage. Wie sich der Staat um Wohnraum für seine Bergarbeiter kümmerte.

Renate Herget

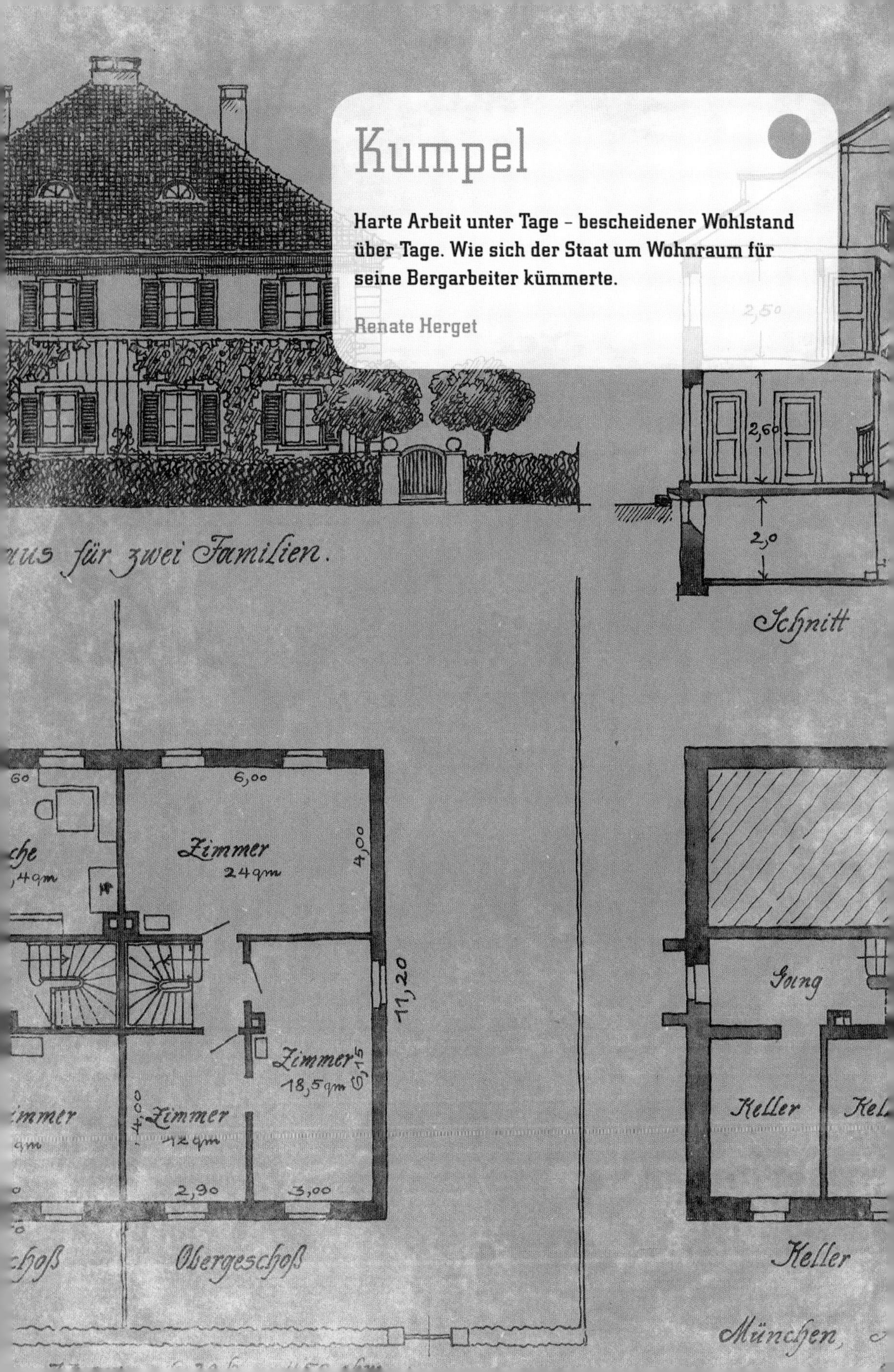

Er musste gehörig schuften – nicht nur unter Tage und vor allem auf eigene Kosten: Das Holzhaus („Schächenhäuschen") galt es wohnfähig zu machen, er musste sich um zwei Kühe kümmern, das Futter für sie „fünf bis sechs Stunden herholen (...) lassen, weil in der dortigen Gegend sonst keine Milch zu kaufen wäre". Und die brauchte er dringend: Zehn Kinder hatte er zu versorgen. Nein, Landwirt war Heinrich Bauer keineswegs – er war vielmehr Steiger.

1837 war er vom Hüttenamt Sonthofen nach Oberbayern gekommen, um zusammen mit vier Bergknappen die Kohlenvorkommen am Hohen Peißenberg zu untersuchen. Tatsächlich waren diese so ergiebig, dass dort bis 1971 Pechkohle (eine schwarz glänzende Braunkohle mit hohem Heizwert) abgebaut wurde – und zwar im größten staatlichen Bergwerk Bayerns. Während Heinrich Bauer wenige Jahre später nach Bergen bei Traunstein versetzt wurde, wo er das Amt eines Obersteigers antrat, fanden immer mehr Einheimische Arbeit im Bergbau. Sie wohnten zunächst in kleinen bescheidenen Häusern, die die Bergleute noch eigenständig bauten. Später wurde der gestiegene Wohnungsbedarf der Bergleute durch die Vergabe von billigem Baugrund und Baudarlehen bzw. durch den Bau von Werkswohnungen staatlicherseits gefördert.

Zuständige Behörde für den staatlichen Bergbau war seit Beginn des 19. Jahrhunderts die General-Bergwerks- und Salinenadministration mit Sitz in München. Sie war zur Verwaltung der Bergwerke, Hüttenwerke und Salzwerke des Staates eingerichtet worden, wurde 1909 in Generaldirektion der Berg-, Hütten- und Salzwerke umbenannt und erhielt 1927 die Form einer Aktiengesellschaft.

Wegen Krisen im Bergbau und wirtschaftlichen Verlusten im Mischkonzern mussten im Laufe der Jahre verschiedene Hüttenbetriebe und Bergwerke schließen. Schließlich wurden 1991 die Aktien für 122 Millionen DM an das Chemieunternehmen SKW Trostberg AG, einer Tochter des VIAG-Konzerns, verkauft.

Auch wenn inzwischen die meisten Bergbau- und Hüttenanlagen abgebaut wurden und an den ehemaligen BHS-Standorten neue Industriezweige entstanden sind, so wohnen viele der dort Beschäftigten noch in den ehemaligen Bergarbeiterhäusern. Die Baugeschichte dieser großen und kleinen Siedlungen dokumentieren zahlreiche Pläne und Akten im Bayerischen Hauptstaatsarchiv.

Heute ist das Mundloch des Theresienstollens vergittert – früher fuhren dort täglich viele Bergleute in den Amberger Erzberg ein. Ein Teil der Kumpel auf diesem Foto (1925) trägt Grubenlampen und Bergbaugezähe (bergmännisches Arbeitsgerät) bei sich. Der Theresienstollen, benannt nach der damaligen bayerischen Königin, wurde 1842 aufgefahren – am 19. Juni 1964 fuhr die letzte Schicht ein.

1905 waren 3.948 Arbeiter bei den staatlichen Berg-, Hütten- und Salzwerken beschäftigt, nur ein Jahr später waren es bereits 4.433. Zu dieser Zeit entstanden in Peißenberg, Obereichstätt, Weiherhammer und Bodenmais Neubauten für die Bergbaubeamten und Mehrfamilienhäuser für die Arbeiter in Obereichstätt, Berchtesgaden und Reichenhall; in Rosenheim baute man das Sackmagazin aus dem Jahr 1890 zu einem Arbeiterwohnhaus mit zwölf Wohnungen um. Außerdem erfolgte die Sanierung von Arbeiterwohnungen in Obereichstätt und Rosenheim und die Auszahlung von 40 Bauprämien (durchschnittlich 570 Mark) für Eigenheimbauten in Peißenberg, Bodenwöhr, Weiherhammer und Bodenmais. Die BHS versprach Reinlichkeitsprämien für die Instandhaltung von Arbeiterwohnungen – diese Initiative scheiterte jedoch an formellen Bedenken und dem geringen Interesse der Mieter.

Trotz aller Maßnahmen blieb die angespannte Wohnraumsituation der BHS-Arbeiter kritisch. In der von ihnen im November 1909 im Bayerischen Landtag eingereichten „Denkschrift über die wirtschaftlich soziale Lage und Wünsche der Arbeiter in den königlich

Rechte Seite: Die Bergarbeiter trugen zu festlichen Gelegenheiten ihre Paradeuniform. Der Obersteiger links ist bekleidet mit einer aus dem 19. Jahrhundert stammenden Knappschaftsuniform, zu der eine sogenannte Puffjacke gehörte. Der Steiger daneben hat den für diese Zeit üblichen Grubenkittel an. Beide tragen einen mit Rosshaar bzw. Federn verzierten Schachthut und an der linken Seite einen halblangen Säbel. Die Aufnahme stammt aus dem Jahr 1912.

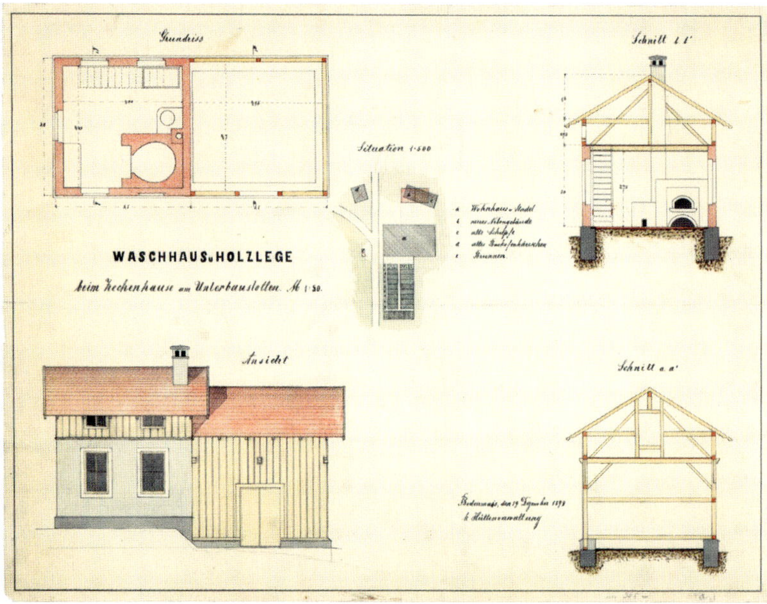

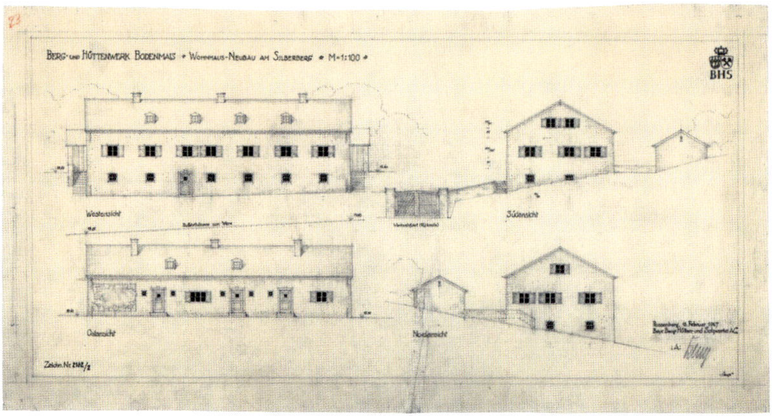

Pläne vom Dezember 1898 für ein Waschhaus und eine Holzlege beim Zechenhaus in Bodenmais (oben). Das direkt beim Unterbaustollen gelegene Zechenhaus diente als Verwaltungsgebäude, Materiallager, Gezähekammer, Werkstatt und häufig auch als Wohnung für den Obersteiger. Waschhaus und Holzlege befanden sich im Nebengebäude. Darunter der Plan aus der Zeit nach dem Zweiten Weltkrieg für einen Neuhausbau am Silberberg, dem Hausberg in Bodenmais. Mit dem Bau wollte die BHS für gute Wohngelegenheiten sorgen, an denen es in dieser Gegend fehlte. Das Wohnhaus des Grubenpersonals beschreibt die BHS in dem Vierjahresbericht über ihre Bautätigkeit zwischen 1946 und 1949 als „ansehnlich und massig, wie die alten Bergwerksbauten". Doch das Ende der über 500 Jahre währenden Bergbautradition am Silberberg nahte schon: 1952 war es dann soweit.

bayerischen Berg-, Hütten- und Salinenwerken" heißt es zum Beispiel: „Für den Bau von Arbeiterwohnungen bitten die Arbeiter um Gewährung der Mittel. In Rosenheim und Berchtesgaden sind solche in ungenügender Zahl vorhanden, in Amberg, Stockheim und Bodenmais überhaupt keine. In Bodenwöhr machte sich durch den Abriss der älteren bisher von 20 Arbeiterfamilien bewohnten Häuser der Mangel sehr fühlbar. In Weiherhammer herrscht Wohnungsnot. Eine siebenköpfige Arbeiterfamilie muss z.B. in einer Stube und kleinen Dachkammer hausen." Auch die Amberger Bergarbeiter beklagen in ihrer Petition an die Kammer der Abgeordneten vom 22. Februar 1910, „dass mit der Vergrößerung des Werkes (Neuanlage), die eine größere Belegschaft erfordert, nicht zugleich für Arbeiterwohnungen Sorge getragen wird. Durch die Heranziehung von mehreren hundert Arbeitern wird der Kleinwohnungsmangel vergrößert, und durch die gesteigerte Nachfrage die Mietpreise höher, so dass dieselben nicht mehr im Einklang mit dem niederen Verdienst der Arbeiterschaft stehen." Der Erste Weltkrieg verschärfte die schlechte Wohnungslage: Viele Werksarbeiter zogen in den Krieg. Wenn sie überhaupt zurückkehrten, dann oft als Invaliden – viele Werkswohnungen waren also durch nicht arbeitsfähige Männer bzw. Kriegerwitwen belegt.

Besserung der Wohnungsnot versprach ein 1919 erlassenes Berggesetz zur Förderung des Wohnungsbaus. Dazu wurde die Staatsregierung ermächtigt, der BHS drei Millionen Mark für die Errichtung von Arbeiterwohnungen vor allem in Peißenberg zur Verfügung zu stellen. Das reichte für zwei Familienhäuser mit acht Steigerwohnungen und zwei Familienhäuser mit zwölf Arbeiterwohnungen; außerdem verwendete man die Mittel für Baudarlehen, Bauprämien, Überteuerungszuschüsse und Vorschüsse an Baugenossenschaften. Sehr aktiv war die 1920 gegründete „Bayerische Treuhandgesellschaft für Bergmannssiedlungen m.B.H." 1937 unterhielt die BHS in Peißenberg für ihre etwa 2.300 Beamten und Beschäftigten über 115 Wohnungen und 20 Häuser, die mit einer Ausnahme von Werksangehörigen bewohnt wurden. Die meisten Wohnungen verfügten über zwei Zimmer, eine Küche und einen Keller-, Speicher- und Holzlegenanteil. Auch das Hüttenwerk Sonthofen baute für seine Belegschaft eine ansehnliche Werkssiedlung.

Neben dem Werkswohnungsbau und dem Wohnungsbau durch gemeinnützige Unternehmungen errichteten sich auch die Bergleute

Noch vor 1464 entstand ein Eisenhammer in Bodenwöhr, dem 1693 ein Schmelzofen beigegeben wurde. Nach starkem wirtschaftlichen Aufschwung durch die fortgesetzte Verbesserung der Anlagen im 19. Jahrhundert wurde der Betrieb 1971 stillgelegt. Er produzierte hauptsächlich emaillierte Gussbadewannen und Ölöfen. In den 1920er Jahren wurden mehrere neue Beamten- und Arbeiterwohnhäuser sowie auf der Klausenhöhe (oben) und am Hammerweiher Siedlungen für die Bediensteten des Werks errichtet. Es handelte sich um „bescheidene Eigenhäuser der Arbeiter", bei denen die Familie und deren Verwandte den Bau überwiegend in Eigenleistung schafften. Dabei passte man sich der Bauweise der jeweiligen Landschaft an. Entwurf und Gestaltung der Siedlungen lagen in Händen der Bauabteilung der BHS, bei der die sogenannten Grundtypen für Siedlungshäuser entwickelt wurden, z. B. der Haustyp „Oberpfalz".

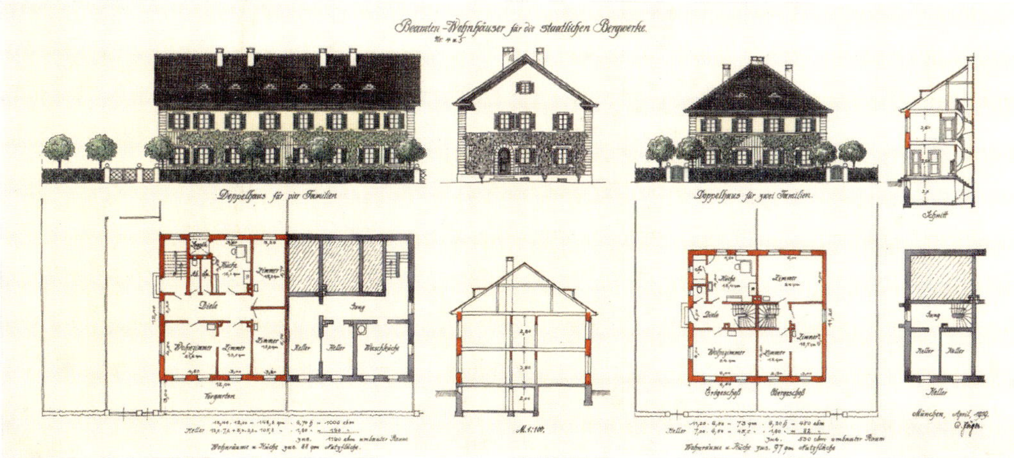

Pläne zu 1919 errichteten Häusern für die Peißenberger Bergbaubeamten. Deren Wohnungen waren etwas größer als die der einfachen Bergleute.

selbst zahlreiche kleine Häuser. Diese Bergmannshäuser finden sich in den älteren Teilen der Bergwerksorte. Nicht nur in Peißenberg, sondern zum Beispiel auch beim Hüttenwerk Bodenwöhr entstanden bescheidene Eigenhäuser der Arbeiter. Interessant sind dort die Klausensiedlung und die Hammerweihersiedlung: In ihnen gab es nicht nur Häuser für die Hüttenarbeiter, sondern auch Wohngebäude für den Friseur, den Schneidermeister, den Metzger, den Schlosser, den Eichmeister, eine Postagentur sowie eine katholische und eine protestantische Kirche. Die Planung der Siedlungsbauten erfolgte durch die Generaldirektion der BHS.

In den Jahren vor dem Zweiten Weltkrieg und schließlich während des Krieges kam der Wohnungsbau zum Erliegen. Für Werksangehörige, die durch Fliegerangriffe obdachlos geworden waren, entstanden zwar 1944 durch das Deutsche Wohnungshilfswerk Behelfsheime in Holzbauweise angesichts der krassen Wohnungsnot war das aber nur ein Tropfen auf den heißen Stein.

Nach dem Krieg kamen neue, fremde Arbeitskräfte – das machte rasche Hilfe beim Wohnungsbau dringlich. Bereits im Herbst 1945 wurde auf Anregung von Bayerns Wirtschaftsminister Ludwig Erhard ein Programm zum Bau von Bergmannssiedlungen aufgestellt. Mit Hilfe von Wohnungsbaugesellschaften – vor allem der Wohnungsbaugesellschaft bayerischer Kohlenbergwerke – entstanden in den folgenden vier Jahren 1.850 Wohnungseinheiten, wobei der Anteil der BHS bei 467 Wohnungen lag (Peißenberg 364, Boden-

Das Salzbergwerk Berchtesgaden wurde 1517 aufgefahren. Über Jahrhunderte befand sich die Anlage in Staatsbesitz; 1927 wurde sie in die BHS überführt, der Freistaat blieb einziger Aktionär. 1991 kaufte die SKW Trostberg die staatlichen Aktien. Die Aufnahme aus der Zeit um 1961 zeigt das 1834 errichtete Betriebs- und Verwaltungsgebäude, wo sich auch der für die Bergwerksbesucher zugängliche Stollen befindet.

Die Generaldirektion der Berg-, Hütten-und Salzwerke war in einem eigens für sie errichteten Gebäude in der Münchner Ludwigstraße untergebracht (Aufnahme um 1920). Architekt war Friedrich von Gärtner. Die dem Finanzministerium nachgeordnete „General-Bergwerks- und Salinen-Administration" war Anfang des 19. Jahrhunderts zur Verwaltung der Bergwerke, Hüttenwerke und Salzwerke eingerichtet worden. Die Bezeichnung „Generaldirektion der Berg-, Hütten- und Salzwerke" erhielt sie 1909. Nach den Zerstörungen des Zweiten Weltkriegs begann die Bayerische Berg-, Hütten- und Salzwerke AG (BHS) 1958/60 den Wiederaufbau des Gebäudes und trat dabei die Nordhälfte an die Universitätsbibliothek ab. Heute sind dort verschiedene Seminare der Ludwig-Maximilians-Universität untergebracht.

mais 10, Berchtesgaden 8, Bad Reichenhall 1, Raubling 10, Weiherhammer 32, Bodenwöhr 25, Sonthofen 17). Die Werkswohnungen in Ziegelbauweise waren einfach und schlicht, aber funktional gestaltet. Für die in der Oberpfalz um die Jahrhundertwende üblichen Wohnverhältnisse („enges Zusammenleben in warmdunstigen Stuben und Schmutz") bedeuteten diese Häuser für die Hüttenarbeiter und ihre Familien ein großes Plus an Wohnqualität.

Unter dem Dach der Bayerischen Berg-, Hütten- und Salzwerke AG (BHS) waren folgende Werke vereinigt: Kohlebergwerk Peißenberg, Luitpoldhütte Amberg, Berg- und Hüttenwerk Bodenmais, Hüttenwerk Bodenwöhr, Hüttenwerk Bergen, Hüttenwerk Obereichstätt, Hüttenwerk Sonthofen, Hüttenwerk Weiherhammer, Salzbergwerk mit Saline Berchtesgaden, Salinen in Reichenhall und Rosenheim, Torfwerk Raubling.

Für die von der BHS geförderten Eigenhausbauten, die zum größten Teil auf Werksgrund errichtet wurden, galten bestimmte Richtlinien. Wohnhäuser von Bergleuten und Hüttenarbeitern in ländlichen Gebieten sollten sich architektonisch einem kleinen ländlichen und bürgerlichen Haus anpassen. Die BHS-Bauabteilung lieferte dazu entsprechende Musterzeichnungen. Bei der Gestaltung wurden regionale Aspekte berücksichtigt: Es gab verschiedene Bautypen für Oberbayern, das Allgäu und die Oberpfalz.

Eine steilere Dachform machte den Dachausbau für größere Familien oder zur Vermietung an ledige Bergleute möglich. Die Größe und der Zuschnitt der Wohnungen entsprachen dem damaligen sozialen Wohnungsbau: Im Erdgeschoß einer etwa 48 Quadratmeter großen Wohnung befanden sich eine Wohnküche, ein Schlafzimmer, ein weiteres Zimmer, eine Speise und ein Abort sowie ein abgeschlossenes Treppenhaus. Häufig war die Holzlege, in der man neben dem Holz zum Heizen auch Geräte und Kleintiere unterbrachte, in den Baukörper des Einzel- oder Doppelhauses einbezogen. In der Regel genügte den Siedlern ein kleiner Garten.

Bader

Wein, Weib und Wanne: Wie die „Ärzte fürs Grobe" über die Runden kamen und welchen Sonderstatus sie in der Gemeinde hatten.

Christoph Bachmann

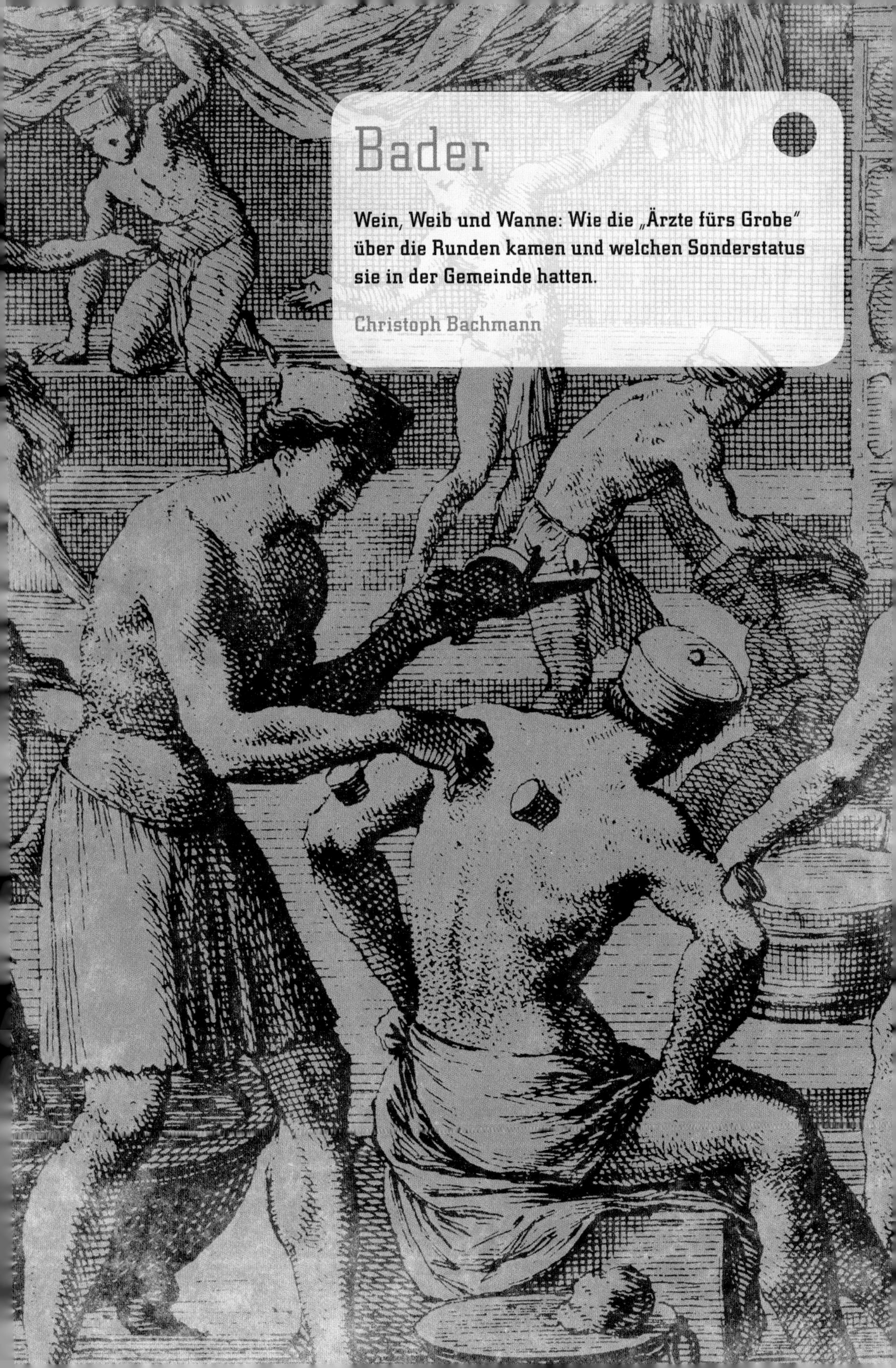

Badstuben und Bader hatte es während des Mittelalters, dem Zeitalter der ausgeprägten Bäderkultur, wohl in allen Städten gegeben: Die Badstube war oft die einzige Möglichkeit, ein warmes Bad zu nehmen und die Annehmlichkeiten der Wannen- oder Schwitzbäder sowie der Ruhebetten zu genießen. Wer wollte, konnte auch oft noch mehr bekommen: Frauen, Glücksspiel und Alkohol. Das war kein Problem, war der Besuch der Badstube doch nach Geschlechtern getrennt: Man(n) war unter sich.

Dieses Bild ist meist das einzig bekannte, wenn wir uns heute mit dem Beruf des Baders sowie den mittelalterlichen und frühneuzeitlichen Badstuben beschäftigen. Doch die Beheizung der Badstube und die Bewirtung der Gäste war nur ein Teil der vielfältigen und sich häufig wandelnden Aufgaben des Baders. Gerade die Angebote, die über das Badewesen hinausgingen – Wein, Weib und Würfel –, bewirkten, dass der Bader oder die Baderin, denn auch Frauen konnten diesen Beruf ausüben, zu den Unehrlichen der Gesellschaft zählten: Außerhalb der Badstube kannte man sie besser nicht.

Doch so ganz schlüssig ist diese Einstellung keinesfalls: Die Badstuben unterstanden nämlich einem besonderen Rechtsfrieden, ja, sie waren teilweise sogar exempte Rechtsbezirke, in denen die Badenden nur unter besonderen Vorkehrungen von offiziellen Stellen belangt werden konnten. Besonders deutlich wird diese Diskrepanz bei den ländlichen Badstuben. Dort zählten die Bader im Mittelalter und in der Frühen Neuzeit zusammen mit dem Schmied, dem Wirt und dem Müller zu den Ehaften, das sind Gewerbe, die für das Funktionieren eines Dorfes von entscheidender Bedeutung waren und die deshalb auch unter einer besonderen Rechtsform standen. Beim Badergewerbe sah dies meist so aus, dass die Dorfgemeinschaft, die die Infrastruktur nutzte, auch gemeinsam zum Unterhalt dieser Einrichtung beitragen musste, beispielsweise in Form von Holzlieferungen. Dies war meistens so geregelt, dass innerhalb eines festgesetzten Sprengels (Bann), wobei dieser sich durchaus über mehrere Gemeinden erstrecken konnte, jedes Anwesen seinen festgesetzten Beitrag zu leisten hatte – im Gegenzug die Leistungen entweder umsonst oder gegen eine geringe Gebühr in Anspruch nehmen konnte.

Und Leistungen bot der Bader viele an, wohl auch differenziert nach dem Einsatzort und dem Ausbildungsstand. Zunächst war

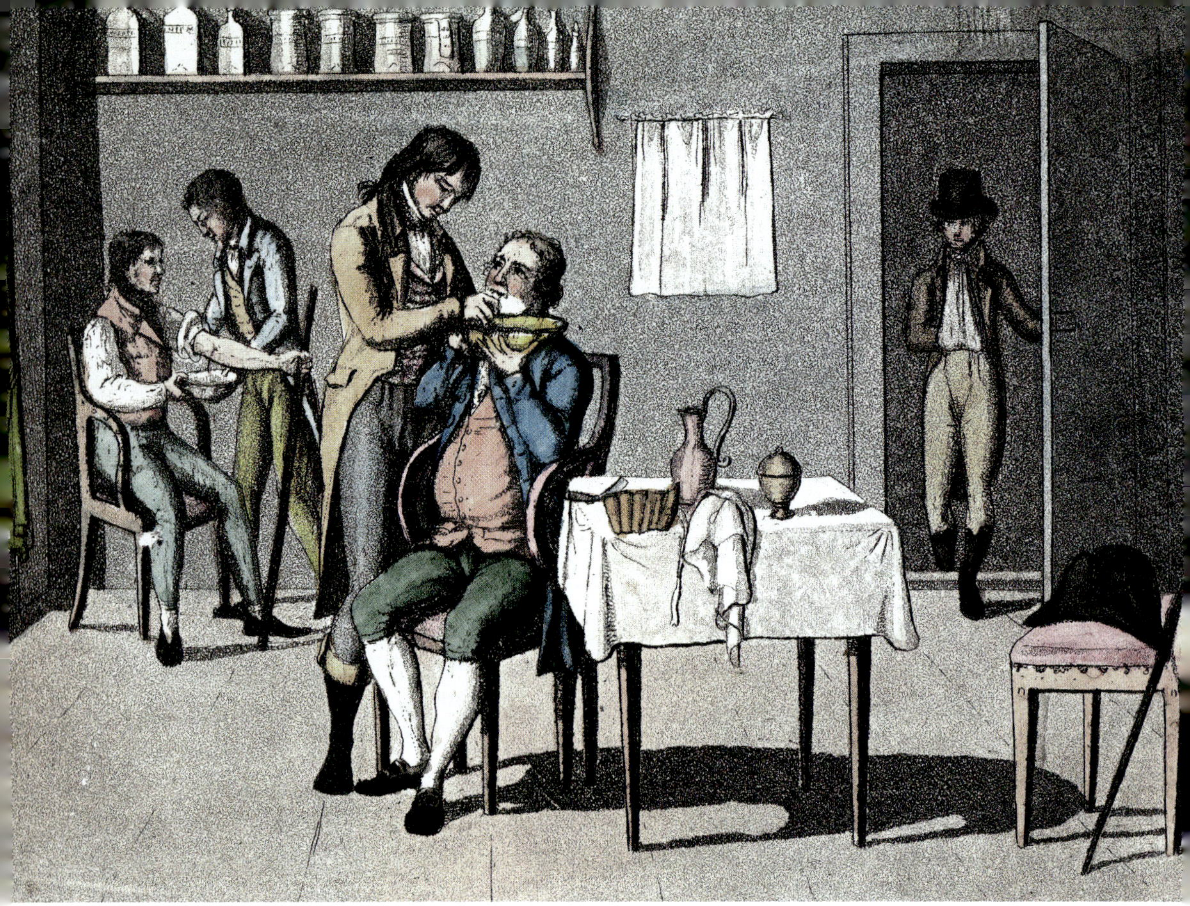

Obwohl das Gewerbe mitunter einen zweifelhaften Ruf hatte, war der Beruf des Barbiers bzw. Baders doch so bedeutend, dass er Eingang fand in die „Gallerie der vorzüglichsten Künste und Handwerke", ein „lehrreiches und unterhaltendes Bilderbuch für die Jugend" (1820).

seine vornehmste Aufgabe, das Bad zu versorgen und den Badebetrieb aufrechtzuerhalten. Bei den üblicherweise herrschenden mangelhaften hygienischen Verhältnissen war das eine zentrale Tätigkeit. Gebadet wurde nur zu festgesetzten Tagen, denn die Beheizung und Warmwasserzubereitung waren aufwendig. Sonn- und Feiertage waren grundsätzlich badefrei. Regionale Einzelheiten regelten die Weistümer, das sind herrschaftliche Dorfordnungen, aber auch eigens erlassene Baderordnungen. Auch wer sich die Haare schneiden lassen wollte, war beim Bader richtig, der damit dem Friseur Konkurrenz machte.

Doch die wichtigste Nebenleistung bestand in der ärztlichen Versorgung der Bevölkerung. Vor allem die Wundversorgung stand ganz oben, aber auch Knochenbrüche schiente der Bader. Er entfernte außerdem Warzen und Hühneraugen, schnitt mit dem Skalpell Geschwüre auf, verabreichte Klistiere, zog Zähne. Er war also der Arzt fürs Grobe – wohingegen sich die akademisch gebildeten Ärzte eher selten die Hände blutig machten: Sie stellten ihre Dia-

Der Bader.
Auff Angst und Schweiß, folgt Ruh und Preiß.

Im Badhaus ging es nicht nur ums Waschen. Der Bader durfte früher auch schröpfen und schwang obendrein öfters die Klistierspritze. Der Nürnberger Christoph Weigel soll für seine Kupferstiche vor Ort recherchiert haben. Der Stich zum Baderwesen stammt aus seinem berühmten Buch „Abbildung der Gemein-Nützlichen Haupt-Stände", das 1698 in Regensburg erschien.

gnosen lieber anhand der Literatur und der Katamnese und schrieben Rezepte aus.

Lassen wir doch einen Autor aus dem ausgehenden 17. Jahrhundert, der sich mit den Aufgaben der Bader auskannte, selbst zu Wort kommen: „Nebst dem Baden/Waschen und Reinigen ist auch denen Badern das Schrepffen anvertraut / ein sonderliches Artzney-Mittel / das zwischen Fell und Fleisch steckende und öfters stockende Geblüt und sogenannte Flüsse herauszuziehen / und davon den kränckelnden Cörper zu entledigen“ (Christoph Weigel, „Hauptstände“, Regensburg 1698). Genau diese medizinischen Nebenleistungen sicherten dem Bader das Überleben, als die öffentliche Badekultur im 18. Jahrhundert zunehmend unbedeutender wurde.

Der Berufsstand der Bader entwickelte sich dann vor allem im 19. Jahrhundert zum medizinischen Hilfspersonal, das die praktische medizinische Erstversorgung der Landbevölkerung übernahm. Die Wurzel dafür lässt sich auf die napoleonischen Kriege zurückführen: Die Ärzte taten größtenteils Felddienst und konnten sich nicht mehr ausreichend um die Zivilbevölkerung kümmern. Vorübergehend sprangen Landärzte ein, die rasch auf landärztlichen Schulen ausgebildet wurden. Als jedoch die Feldärzte heimkamen, sorgten diese für die Einschränkung landärztlicher Tätigkeitsbereiche. So wurden die Schulen aufgelöst und 1836 durch Baderschulen ersetzt. Bedingung für die Aufnahme und das viersemestrige Studium dort waren eine dreijährige Lehr- und einjährige Servierzeit bei einem Landarzt, Chirurgen oder Bader. Der Erfolg blieb allerdings aus, denn durch weitere zwei Semester konnten die zukünftigen Bader den chirurgischen Magistergrad erwerben, der zu sehr viel ausgedehnteren medizinischen Tätigkeiten befugte.

Erst die Baderordnung vom 21. Juni 1843 schuf eine klare Trennung zwischen Bader auf der einen sowie Chirurg und Arzt auf der anderen Seite. Die zweijährige Ausbildung beschränkte sich nunmehr auf die rein praktische Tätigkeit und konnte bei einem Chirurgen, Landarzt oder Bader absolviert werden. Voraussetzung war ein Mindestalter von 14 Jahren und der Nachweis von Kenntnissen im Lesen, Schreiben und Rechnen. Nach der Gesellenprüfung erfolgte eine dreijährige Gesellenzeit, die mit einer Prüfung endete.

Da die theoretische Ausbildung an den Baderschulen weggefallen war, verringerten sich auch die medizinischen Befugnisse. Die ge-

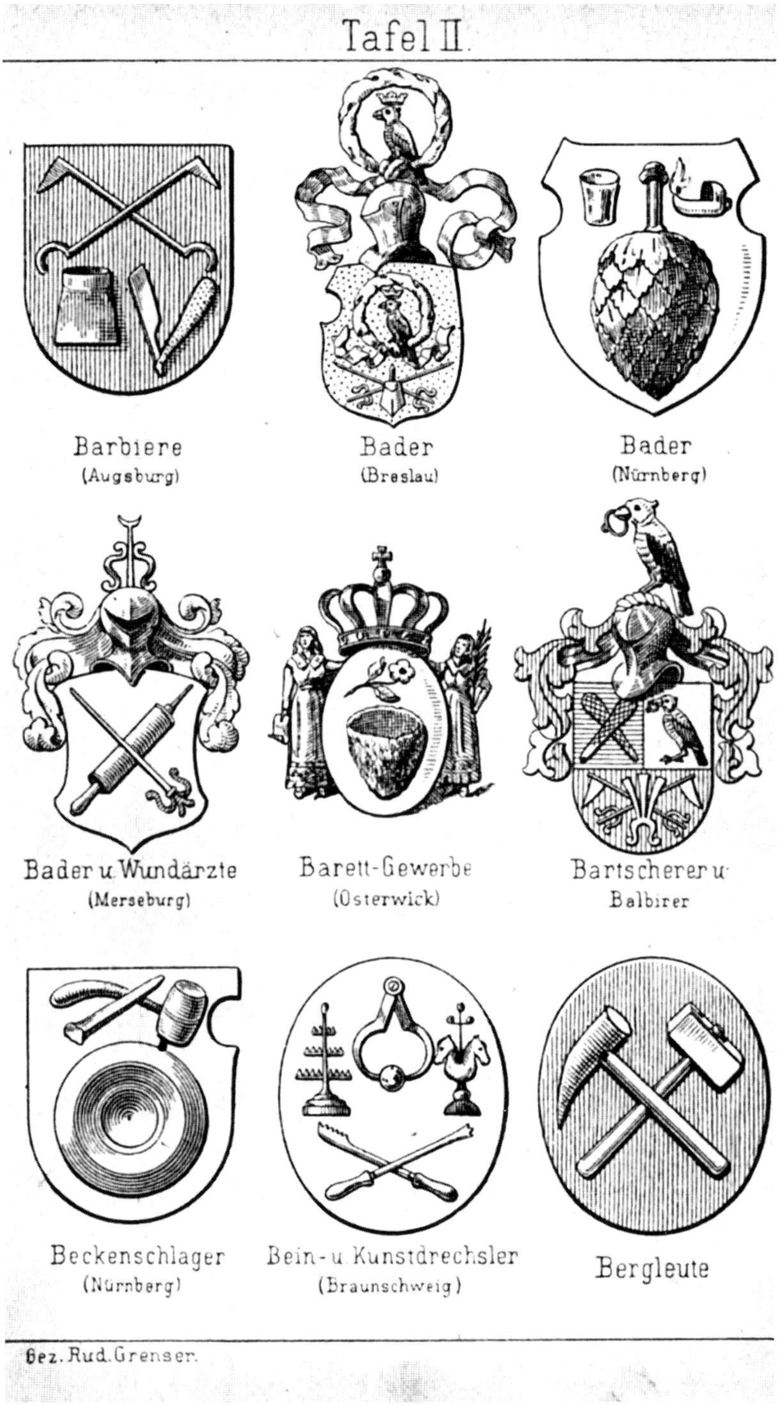

Zunftzeichen einiger Bader und Wundärzte aus verschiedenen Städten.

Erfahrung.

Das Gjaidt zu Innernpichlpach betreff: eingeholt den 14. July ao: 1590.

·1· Wolf Maurer alter Amman zu Hern Wittibon, alters 69. Jahr. sagt, Er hab 14. Jar zu Obrendorf auf dem Leithentner güetl gehaust, hab Jerlich dem Pfarr zu Innernpichlpach 1. Metzen khorn, und ain khorn garb, auch alle Weichnacht bey 7. kr. in gelt geben, abwendlich aber dem Hauß khopf 1. pfening gereicht, Dagegen hab Er, und all seine haußgenossen das Gjai[dt] so oft sy gewelt, besuechen derffen, als das man durch gemaint vor ain Herschafft Gjaidt gehalten,

·2· Hanns Weisser auf dem Ostermayr güetl zu Innernpi[chl]pach, bei 70. Jahren alt. Er hab ieder mahln vernommen, das das Gjaidt alda ain Herschafft Gjaidt sey, dan man Jerlich ain gewanders dahin raichen müessen, Er hab auf dem Weisser güetl aldort ain halben Hof. 30. Jar gehaust, und Jerlich.

samte Chirurgie und die Geburtshilfe fielen weg, sodass den Badern nunmehr folgende Kompetenzen blieben: Haar- und Bartscheren, Bereitung einfacher Bäder, Behandlung einfacher oberflächlicher Wunden, Reinigen und Ziehen von Zähnen, Hühneraugenentfernung, medizinische Erstversorgung in Notfällen, zum Beispiel bei Unfällen, Krankenwärterdienst, Leichenbeschau und Assistenz bei der Leichenöffnung. Nur auf ausdrückliche ärztliche Anordnung waren Aderlass, Schröpfen und diverse kleinere subkutane Eingriffe bei eitrigen Wunden möglich.

Mit dem gesetzlich geregelten Eingriff in das bisherige Betätigungsfeld gingen parallel dazu auch die Verdienstmöglichkeiten zurück. Einzelne Bader mussten sich künftig mit Nebenbeschäftigungen, vor allem in der Landwirtschaft, über Wasser halten.

Da die rein praktische Ausbildung der Bader auf Dauer jedoch nicht befriedigte, wurde 1866 wieder ein fünfmonatiger Theoriekurs eingeführt; dafür verkürzte sich die Lehrzeit um ein Jahr auf zwei Jahre Praxis. Die Kurse fanden in jedem Regierungsbezirk an einem dazu bestimmten Krankenhaus statt, beispielsweise ab 1879 im Krankenhaus Rechts der Isar in München.

Einer weiteren Professionalisierung dienten auch die Bemühungen um die Einkommenshebungen der Bader. Staatlicherseits war man überzeugt, vor allem auf dem Land noch lange nicht auf das niedere ärztliche Hilfspersonal, eben die Bader, verzichten zu können. Aus diesem Grund und wegen der nunmehrigen Theorieausbildung, gestand man den Badern wieder ausgedehntere medizinische

Ausschnitt aus einem Antrag des Baders von Innerbittlbach, Balthasar Fröschl, bei der Hofkammer des Hochstifts Freising: Er bat, ihm die von seinem Vater in den Wirren der letzten Kriegstage des Jahres 1648 verloren gegangene Ehaftordnung eines Baders erneut auszustellen. Das war zu dieser Zeit eine ganz entscheidende Rechtsfrage, denn ein Ehaftbad verfügte über einen festgesetzten Einzugsbereich, in dem die Einwohner zu einer bestimmten Abgabe an das Bad verpflichtet waren und im Gegenzug dort günstig oder kostenlos bedient wurden. Eben um diese Abgaben ging es Balthasar Fröschl: Die Bewohner seines Sprengels hatten sich geweigert, die bisherigen Abgaben an ihn zu leisten, da sie seine Badstube nicht mehr als Ehaftbad ansahen. Um dies festzustellen, wurden zahlreiche Zeugen über den ihnen bekannten Rechtsstatus des Bades befragt. Gleich der erste Zeuge, Wolf Maurer, sagte aus, dass er aufgrund der regelmäßig zu erbringenden Natural- und Geldleistungen immer davon ausgegangen sei, dass es sich hier um ein Ehaftbad gehandelt haben müsse, zumal er ja auch das Bad jederzeit und so oft er wollte unentgeltlich besuchen durfte.

Wirkte die Therapie nicht, dann wurde ein Bader schnell mit dem Quacksalber auf eine Stufe gestellt: Der machte aus seiner „Heilkunst" gerne ein Spektakel, vor allem auf Wanderbühnen. Das Publikum konnte dann live miterleben, wie zum Beispiel ein Zahn gezogen wurde. In diesem Bild (1785) setzte Franz Anton Maulbertsch den Quacksalber neben den Hanswurst und einen Scharlatan.

Befugnisse zu, wie den Aderlass, das Schröpfen und kleinere chirurgische Eingriffe.

Doch alles half nichts: Die Bader bekamen Konkurrenz durch die sich immer stärker entwickelnden anderen medizinischen Berufe – und konnten letztlich nicht mehr mithalten. Dann kam auch noch die Gewerbeordnung von 1868, mit der die Kompetenz des Bart- und Haarscherens von den Badern auf die Friseure überging. Schließlich wurde obendrein der Zuzug nichtbayerischer Badergehilfen erlaubt und 1884 der Aderlass und das Blutegelsetzen für die Bader verboten. Da hingen viele ihren Beruf an den Nagel. Das Einkommen war zu mager geworden. Mit Einführung der Versicherungsgesetze verschlechterte sich die wirtschaftliche Lage noch weiter, denn die Krankenkassen schlossen Behandlungsverträge ausschließlich mit Ärzten ab und erkannten nur ärztliche Zeugnisse an.

So fristete das Badergewerbe im ausgehenden 19. Jahrhundert sein Dasein nur noch als Nebengewerbe. Nach dem Ersten Weltkrieg, den viele Bader in Lazaretten und im Sanitätsdienst miterlebten, brachte vor allem die Möglichkeit, sich als Zahntechniker anerkennen zu lassen, eine kurzfristige zahlenmäßige Zunahme der Bader. Der Hype erledigte sich jedoch wieder um 1929, als die Krankenkassen immer mehr Ärzte zur Kassenpraxis zuließen. Den eigentlichen Todesstoß erhielt dieser Berufsstand durch eine Verordnung vom 15. April 1938, mit der die Möglichkeit einer Approbation zum Bader aufgehoben wurde (im gleichen Jahr waren 1.254 Bader in Bayern registriert). Die nach dem Zweiten Weltkrieg noch verbliebenen 611 approbierten Bader gründeten zwar 1947 die „Vereinigung der approbierten Bader in Bayern", aber deren Bemühungen um die Erhaltung des Berufsstandes blieben erfolglos. Bis 1977 hatte sich die Zahl der Bader auf zwölf in ganz Bayern reduziert, da andere Berufe, wie Dentisten, Ärzte, Chirurgen und Friseure ihre Verdienstmöglichkeiten immer weiter eingeschränkt hatten.

Heute ist der Berufsstand komplett verschwunden und lebt nur noch umgangssprachlich in der Feststellung fort, dass man mal wieder zum Bader müsse, wenn man sich die Haare schneiden lassen will.

Henker

Züchtigen, foltern, hinrichten: Mit dem Scharfrichter als verlängertem Arm der Justiz wollte niemand etwas zu tun haben.

Christoph Bachmann

Obwohl seit der römischen Antike der Vollzug von Hinrichtungen dem carnifex oblag – meist waren das Soldaten –, hat das Amt des Scharfrichters, so wie wir es heute verstehen, damit wenig zu tun. Dieses bildete sich erst im 13. Jahrhundert heraus, als sich das Rechtssystem zu professionalisieren begann und das Inquisitionsverfahren den Akkusationsprozess verdrängte. Der Akkusationsprozess wird nur auf Betreiben des Geschädigten oder seiner Familie durchgeführt. Im heute üblichen Inquisitionsprozess hingegen wird die gerichtliche Strafverfolgung vom Staat betrieben, unabhängig von der Einschaltung des Geschädigten

So wird der erste Scharfrichter im Jahr 1276 im Augsburger Stadtrecht genannt. Das passt auch gut in das Gesamtbild zu anderen bayerischen Städten: In München ist der Henker erstmals 1318 erwähnt.

Zunächst stammten die Scharfrichter aus einem recht zwielichtigen Milieu. Es kam nicht selten vor, dass eine der ersten Amtshandlungen eines neuen Scharfrichters die Hinrichtung bzw. Verstümmelung seines Vorgängers war. So in München: Der erste namentlich bekannte Henker Haimpert musste 1321 seinen Vorgänger, in den Quellen nur als iugulus, also Halsabschneider belegt, hängen. Ähnliches wiederholte sich 1378, 1381 und 1408 als der Neue seinen Vorgänger entweder köpfen, ihm die Augen ausstechen oder ihn aus der Stadt hinausprügeln musste.

Bereits bei dieser kurzen Tätigkeitsaufzählung fällt auf, dass der Scharfrichter nicht nur die Todesstrafe vollstrecken musste, sondern auch für körperliche Züchtigungsstrafen aller Art zuständig war: Für die Strafen an „Haut und Haar", zum Beispiel das Ausstäupen (Ausstreichen mit Ruten) oder Auspeitschen, ebenso wie für die Strafen an „Hals und Hand", also die schweren Leibesstrafen wie Köpfen, Hängen, Rädern, Handabschlagen, Augenausstechen, Zunge ausreißen oder die Brandmarkungen mit glühenden Eisen. Darüber hinaus gehörte auch das Foltern von Beschuldigten zu seinem Aufgabenbereich.

Analog zu diesen Aufgaben schwankte der Berufsname: Es finden sich Bezeichnungen wie Meister oder magister, Züchtiger, Carnifex, Tortor oder Tormentarius, häufig Nachrichter, also der, der nach dem Richter richtet. Die immer wieder zu lesende Bezeichnung Freimann rührt allerdings nicht von seinem Handwerk her, sondern umschreibt den sozialen Stand des Betreffenden: Keiner wollte etwas

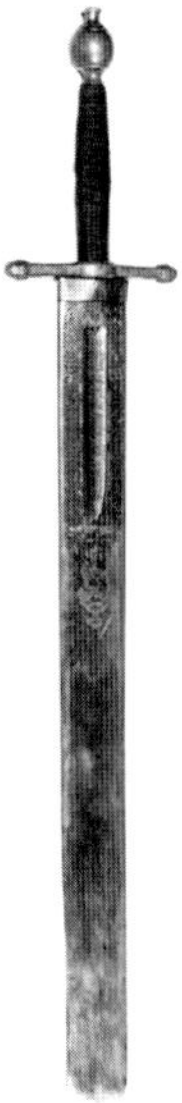

Das Richtschwert der Erlanger Scharfrichterfamilie Gassenmeyer (oben und unten) war überaus reich verziert. Geköpft wurde mit ihm niemand: Es gehörte Johann Michael Gassenmeyer, der am 4. Juli 1777 sein Amt antrat. In seiner Dienstzeit wurde in Erlangen jedoch keine einzige Hinrichtung vollzogen. Der Scharfrichter war vielmehr als Abdecker tätig.

mit ihm zu tun haben, galt der Henker doch als unehrlich; allein die Berührung konnte unehrlich machen.

Doch nicht allein der Strafvollzug machte unehrlich. Auch oder vor allem die Nebenbeschäftigungen brachten den Scharfrichtern ihren äußerst zweifelhaften Ruf ein. Sie bezogen kein festes Gehalt – es bemaß sich je nach Verrichtung und darauf abgestimmten Tarifen. Ihr Einkommen besserten sie auf: als Bordellbetreiber, Abdecker, Schinder oder Wasenmeister, deren Aufgabe darin bestand, herrenlose tote Tiere aufzusammeln, zu enthäuten und anschließend zu verscharren. Nicht selten arbeiteten sie auch als Goldgrübler, Pappenheimer oder Führer, also als Reiniger von Abortgruben. Außerdem hatten sie die unangenehme Aufgabe, die Gehenkten, die zur Abschreckung oft tage-, wochen-, ja sogar jahrelang bis zur Skelettierung an den Galgen blieben, von dort herunterzuholen und zu begraben.

Andererseits konnten sich einige Scharfrichter durch ihr Hantieren mit menschlichen Körpern durchaus solides anatomisches Wissen aneignen und sich deshalb als Rossärzte oder auch Chirurgen einiges hinzuverdienen. Weil sie die Produkte ihrer Abdeckereien selbst verwerten durften, hatten sie auch manch „magisches Heilmittel" zur Hand: Hundefett wurde gerne zur Salbung entzündeter Gelenke bei Pferd und Mensch verwendet. Besonders wertvoll und von besonderer Heilkraft sollte das Menschenfett sein, das auch als Armsünderfett im Umlauf war. Es diente bis ins 19. Jahrhundert hinein als Grundlage für Salben gegen Knochen- und Zahnschmerzen sowie gegen Gicht. Ohnehin galt es als Allheilmittel bei Krankheiten, die mit Gewichtsverlust einhergingen, wie zum Beispiel Tuberkulose. Totenhände waren aufgrund ihrer geringen Verfügbarkeit sehr begehrt, da die Volksmedizin den abgeschnittenen Händen Hingerichteter – besonders denen von Kindern – die

So wünsch Ich dem armen sünder das Ewige leben.

Wenn der Henker sein Richtschwert schwang, rollten nicht immer Köpfe. Oft sauste es auf Arme und Beine nieder, trennte Gliedmaßen ab.

höchste Heilkraft bei Geschwüren, Hautkrankheiten und Rheuma zusprach. Das Streichen mit der Totenhand über die entsprechende Stelle sollte die Krankheit auf die Totenhand übertragen und den Kranken heilen.

Auch wenn sich die Entstehung der Unehrlichkeit bei den Henkern nicht mehr zufriedenstellend erklären lässt, führte wohl die Summe all ihrer Tätigkeiten dazu, dass sie außerhalb der bürger-

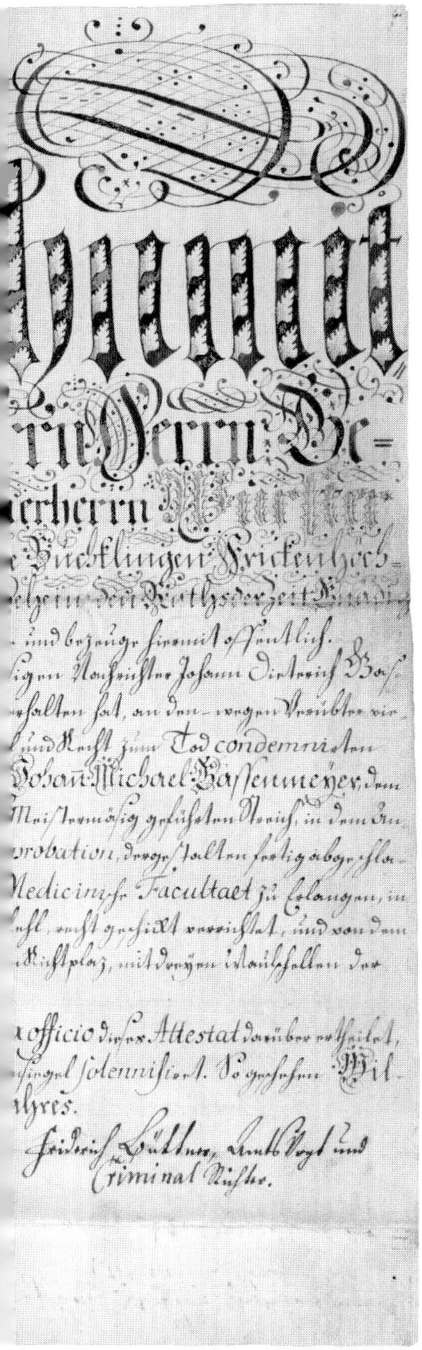

Auch Hinrichten will gelernt sein: Das grausige Amt durfte nur ausüben, wer seinen Ausbildungsabschluss mit einem „Henkerbrief" belegen konnte. Hier die Transkription des Dokuments von Johann Michael Gassenmeyer. Der Brief vom 9. November 1773 ist im Stadtarchiv Erlangen erhalten. Bei den genannten Orten handelt es sich um folgende Gemeinden: Wilhermsdorf/Lkr. Fürth, Buchklingen/Odenwald/Hessen, Rohensaas/Gde. Uhelfeld/Lkr. Neustadt a.d. Waldnaab, Frickenhöchstadt/Lkr. Erlangen-Höchstadt, Euerbach/Lkr. Schweinfurt, Walburgwinden/Lkr. Ansbach.

„Das Reichs ohnmittelbar hochwohlgebohrnen Freyherrn Herrn Georg Eraßmus, des heiligen römischen Reichs Frey- und Pannerherrn Wurster von Kreuzberg der Herrschaft Wilhermsdorf und derer Rittergüthere Buchklingen, Frickenhöchstätt und Rohensaas, Seiner hochfürstlichen Gnaden zu Fulda hochbetrautesten Geheimden Raths, derzeit gnädigst verordneter Ambtsvogt und Criminalrichter, ich Johann Friderich Büttner, uhrkunde und bezeuge hiermit offentlich, nachdem vorweisser dies Johann Michael Gassenmeyer von Walburgwinden des dasigen Nachrichter Johann Dietrich Gassenmeyers älterer Sohn die hoch-herrschaftliche Erlaubtnus auf sein unterthäniges supplicieren erhalten hat, an den wegen verübter vielen nächtlichen gewaltsamen Einbrüche und mehrmalig mörderischer Mißhandlung derer Leuthe durch Urtheil und Recht zum Tod condemnierten Johann Bändelein von Euerbach bey Schweinfurth gebürtig, sein Meisterstuck machen zu dörfen, daß besagter Johann Michael Gassenmeyer dem nur ermelten Maleficanten Johann Bändelein das Haupt anheut mit dem Schwerdt auf einen einzigen so meistermäßig geführten Streich in dem Angesicht einer sehr großen Menge Zuschauer zur vollkommensten Satisfaction der Justiz und jedermännglichens approbation dergestalten fertig abgeschlagen, dass der Rumpf so lange auf dem Stuhl sizen geblieben, bis solcher heruntergenommen und zum Transport an die Medicinische Facultaet zu Erlangen in den Kasten gelagert worden. Inmassen nun er, Johann Michael Gassenmeyer, sein Meisterstuck ohne allen Fehl recht geschickt verrichtet und von dem dermaligen Scharfrichter Johann Michael Gelhäußer von Schwabach sogleich nach vollzogener Execution auf dem Richtplatz mit dreyen Maulschellen, der alten Gewohnheit nach, zu einen Meister offentlich erklärt und gesprochen worden: So habe ich als Bann- und Blutrichter ihme, Johann Michael Gassenmeyer, auf sein geziemendes Bitten ex officio dieses Attestat darüber ertheilet und solches mit meiner eigenhandigen Nahmensunterschrift dann dem in einer Capsul angehängten hiesigen Ambtsinnsiegel solennifiert. So geschehen Wilhermsdorf, den 9ten Novembris des Eintausend Siebenhundert und Drey und Siebenzigsten Jahres.
Johann Friedrich Büttner, Amtsvogt und Criminalrichter"

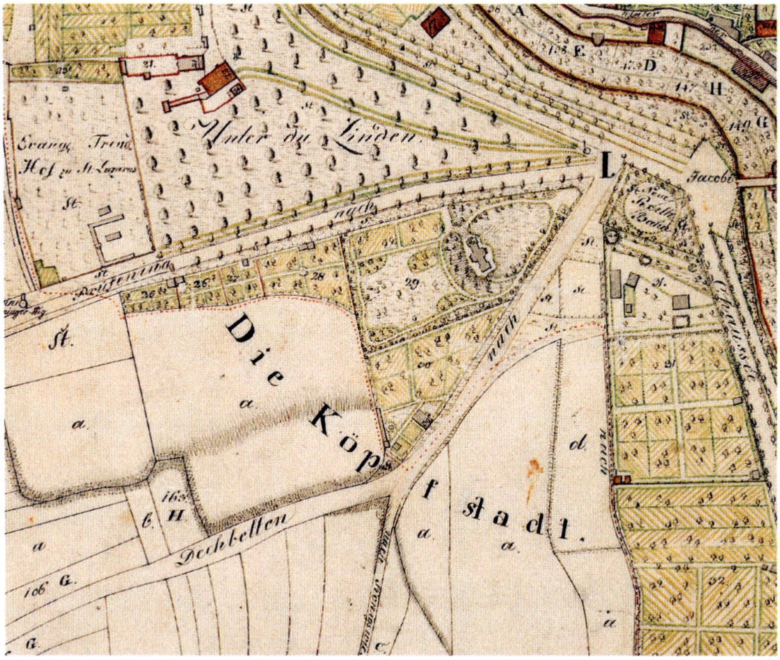
Die Köpf stadt.

Galgen

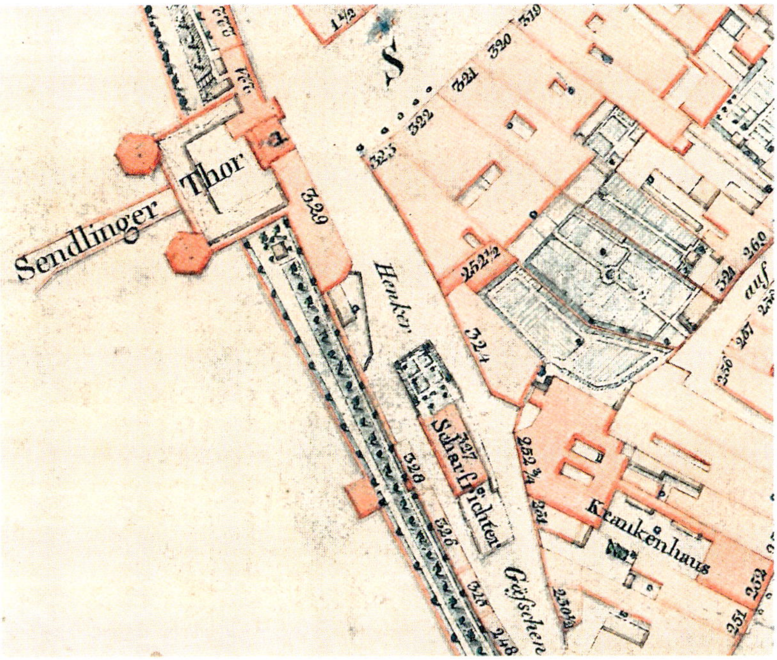

Galgen und Richtstätten waren den Landvermessern wichtige Wegmarken. Mancher Kartograph beließ es auch nicht nur bei der Ortsbezeichnung, wie etwa „Köpfstadt" in Regensburg (1811), sondern malte auch noch einen kleinen Galgen dazu, wie das Beispiel aus Waal bei Landsberg am Lech zeigt. 1318 wird das Sendlinger Tor in München erstmals urkundlich erwähnt, zwei Jahre später finden sich Einträge zum Scharfrichterhaus direkt an der Stadtmauer. Auf dem Stadtplan von Tobias Vollckmer aus dem Jahr 1613 ist das Anwesen ebenso zu sehen wie auf der detaillierten Karte des Kartographischen Büros von 1802. Die Henkergasse hieß ab 1819 Glockenbachgasse und ab 1874 Blumenstraße.

Qualvolles Ende eines Mörders: Mit dem Rad versetzte ihm der Augsburger Scharfrichter den Todesstoß. Der Weinhändler Klenckler aus dem Elsass war als Mörder überführt worden.

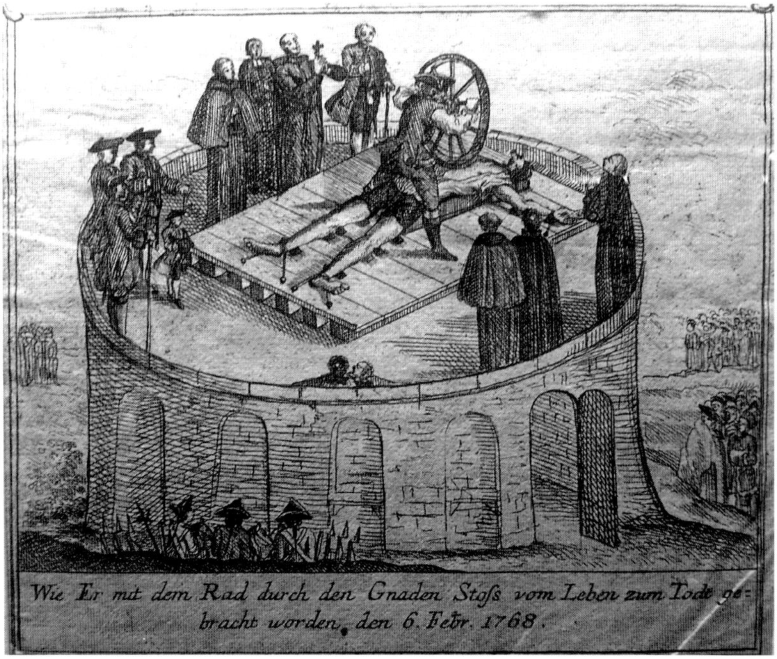

lichen Ordnung standen – wie auch die Bader und Müller. Das bedeutete: Den Unehrlichen war es verboten, sich in Zünften zu organisieren. Sie durften keine öffentlichen Bäder betreten, sich in Wirtshäusern zu anderen Gästen setzen. Sie konnten nicht in geweihter Erde bestattet werden und anderes mehr.

Wie Er mit dem Rad durch den Gnaden Stoß vom Leben zum Todt gebracht worden, den 6. Febr. 1768.

So nimmt es nicht wunder, dass auch die Wohnung des städtischen Henkers häufig weit an den Stadtrand gedrängt war, außerhalb des bürgerlichen Wohnbereichs. Als beispielsweise in Landsberg am Lech 1425 der Bau der neuen Stadtmauer abgeschlossen wurde, lag die Scharfrichterwohnung mitten im Burgfrieden der Stadt, was den Stadtoberen ein Dorn im Auge war: Der Scharfrichter musste ausziehen und sich eine Wohnung am Seelberg, außerhalb des Mauerrings nehmen.

Diese Isolation von der bürgerlichen Gesellschaft zwang die Henkersfamilien, untereinander regelrechte Heiratskreise zu bilden. Für sie ergab sich in der Regel keine Chance, das Stigma der Unehrlichkeit abzustreifen und Partner aus dem bäuerlichen oder bürgerlichen Milieu zu finden. In München bildete beispielsweise die Henkersfamilie Fahner eine regelrechte Henkersdynastie,

Die Feüerstraffe muſ ſich an dem Sünder rächen,
Der ſich erfrechet hat in Gottes Hauſ zubrechen.

Der Galgen im Hochgericht München befand sich im Bereich der heutigen Arnulfstraße. Als Strafverschärfung galt, wenn die Köpfe der Hingerichteten für jedermann sichtbar aufgesteckt wurden. Wie man auf dem oberen Stich sieht, wurden neben der Köpfstatt auch Hinrichtungen auf dem Scheiterhaufen vollstreckt.

Es decke ſich der Wolf mit einem Schaafekleid,
So gut er immer kann, es deckt ihn auf die Zeit.
Du magſt dich, Emeran! zu einem Schwanne färben,
Im Herze ſteckt der Rab, du muſt ja gleichwohl ſterben.
Der Henker, ſonſt ein Mann von vieler Höflichkeit,
Was ſeinen Mund betrift, treibt eine Handarbeit,
Die nicht kann gröber ſeyn, iſt ein belohnter Mörder,
Hat keinen Werkzeug ſonſt als Rade, Strick, und Schwerder:
Iſt einem Spillmann gleich, der aus der Taſche ſpielt,
Daß es der Delinquent bald an der Kehle fühlt.
Wirſt du dich aber heut als einen Büſſer zeigen,
So hänget (glaub es mir) der Himmel voller Geigen.

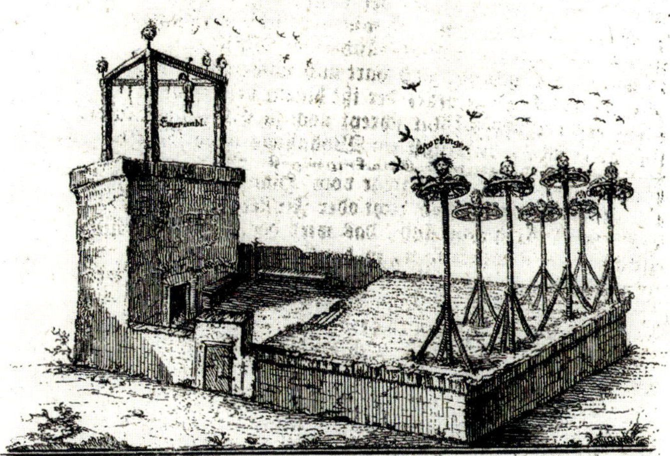

Fallschwert.

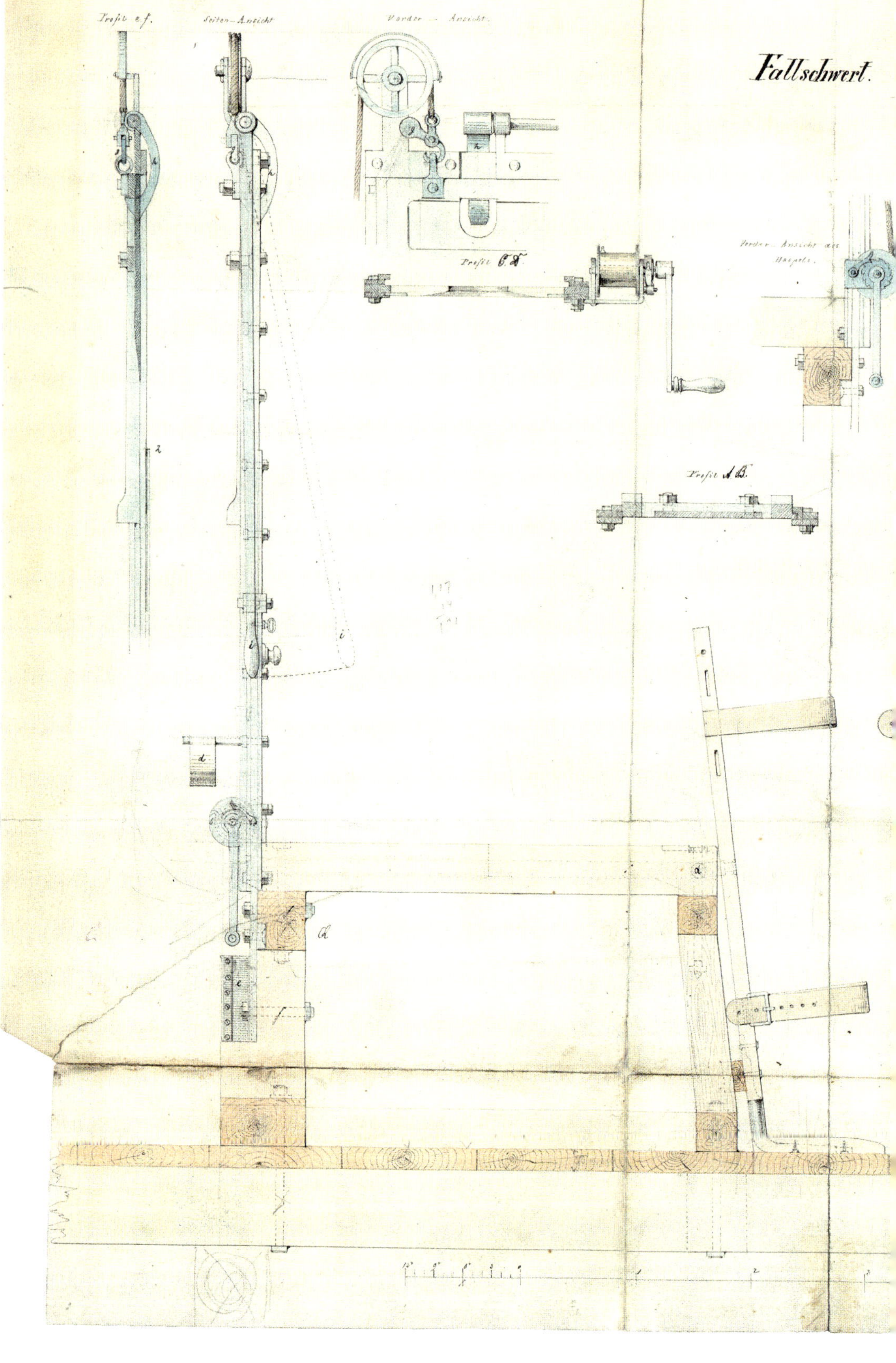

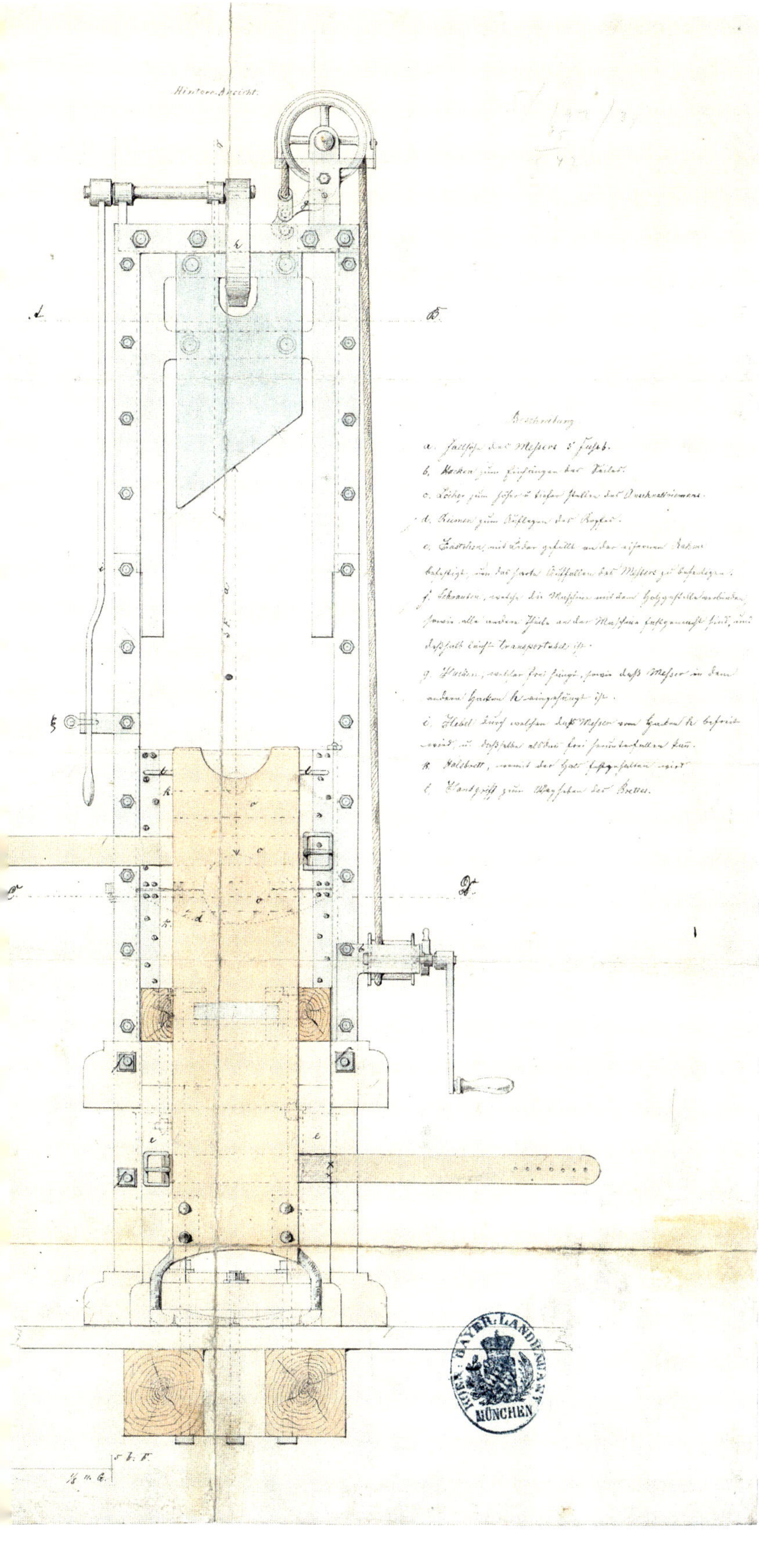

1854 fand in München eine tragische Hinrichtung statt: Über einen Sattlergesellen war die Todesstrafe verhängt worden, weil er seinen Lehrmeister ermordet und ausgeraubt hatte. Seine Hinrichtung mit einem einzigen Schwerthieb schlug fehl, man sagte, dass der Scharfrichter siebenmal zuschlagen musste. Nur wenige Monate später bestimmte eine königliche Verordnung, dass Hinrichtungen künftig nur noch mit dem Fallbeil zu vollziehen seien. Aus Württemberg wurde ein Fallbeil entliehen, getestet und verbessert. Die Baupläne zur bayerischen Variante sind im Staatsarchiv München erhalten. Im Vordergrund ist das Brett, auf dem der Todeskandidat festgeschnallt und nach hinten umgelegt wurde. Dahinter ragt der eiserne Oberbau mit dem Fallschwert auf, das nach oben gekurbelt und durch einen Hebelmechanismus ausgelöst wurde.

Unbescholtene Bürger wollten mit dem Henker nichts zu tun haben. Deshalb musste er wie die anderen „Unehrlichen" am Stadtrand wohnen. So auch in Nürnberg. Dort zog er um 1400 in einen Turm, der samt Steg eigentlich zur Überquerung der Pegnitz errichtet worden war.

in Schongau war es die Familie Kuisl. Besonders eindrucksvoll ist dies in Frankreich belegt: Die Sansons stellten über sechs Generationen hinweg (1688 bis 1847) die Scharfrichter von Paris sowie in einigen anderen Städten wie Tours, Auxerre, Melun, Versailles und Reims.

Konsequenterweise rekrutierte sich daher auch der Henkersnachwuchs häufig aus der eigenen Familie. Die Scharfrichtersöhne erhielten die berufsbezogene Ausbildung zunächst unter Regie des Vaters und setzten sie bei fremden Lehrherrn fort. Am Schluss der mehrjährigen Ausbildung stand die Meisterprobe: eine fachkundig vollzogene Enthauptung. Danach bekamen sie einen oft aufwendig gestalteten Meisterbrief, der zur Bewerbung auf Vakanzen notwendig war.

Der sozialen Ausgrenzung entsprechend, wollte man auch mit dem Henkerswerkzeug, vor allem dem Galgen, nicht viel zu tun haben. Der Galgen war im Alten Reich Ausdruck der Hochgerichtsbarkeit, verbunden mit dem Recht, auch die Todesstrafe verhängen zu können. Den Galgen stellen und den Henker bezahlen musste die Gemeinschaft, also die Städte mit Blutbann oder die Hochgerichte selbst. Um sich durch Errichtung des Galgens nicht unehrlich zu machen, erfolgte dessen Aufstellung entweder durch die gesamte Zimmererzunft oder den zum Scharwerk verpflichteten Gerichtsuntertanen: So setzte man sich nicht gegenseitig den Vorwurf der Unehrlichkeit aus.

Konsequenterweise wollte man die Richtstätten als solche nicht ständig vor Augen haben, weshalb diese häufig vor den Toren der Städte ausgewiesen waren. In München gab es zwei Richtstätten. Die innere Richtstatt, auch Köpfstatt oder Hauptstatt genannt, befand sich vor dem Neuhauser Tor in der Nähe des heutigen Hauptbahnhofs zu Beginn der Arnulfstraße. 1778 musste die Hauptstatt zwei Salzstädeln weichen und wurde an das Marsfeld verlegt, etwa gegenüber des heutigen Augustinerkellers in der Arnulfstraße. Die unmittelbare Nachbarschaft zur Köpfstatt war allerdings dem Umsatz abträglich, weshalb sich für die Bierkeller irgendwann keine Pächter oder Käufer mehr fanden. Trotzdem gab es dort weiterhin Hinrichtungen: die letzte mit dem Schwert am 12. Mai 1854, die letzte öffentliche, diesmal mit dem Fallbeil, am 9. November 1861. Erst danach wurde die Hinrichtungsstätte in den nichtöffentlichen Bereich verlegt, nämlich in die Fronfeste am Unteranger. Am 26. April 1895 wurde die erste Hinrichtung im damals neu errichteten Gefängnis Stadelheim vollzogen, das seitdem auch als Hinrichtungsstätte fungierte. Die zweite Richtstatt, auch aufgrund der dort üblichen Hinrichtungsart mit dem Galgen als Rabenstatt bezeichnet, befand sich auf einer einstmals weithin sichtbaren Bodenerhebung nördlich der Landsberger Straße auf Höhe der Hackerbrücke.

Die Verhältnisse waren in Nürnberg ähnlich gelagert. Dort gab es ebenfalls zwei Richtstätten, den Rabenstein für Hinrichtungen mit dem Galgen und dem Rad sowie die Hinrichtungsstätte bei den Holzstößen. Beide Lokalitäten waren außerhalb des Stadtkerns – wenn sich auch in Nürnberg die Henkerswohnung mit dem „Henkersteg“ direkt in der Stadtmitte befand.

Hinrichtungen waren immer Großereignisse, die sogar mit Flugblättern angekündigt wurden. Dementsprechend viele Schaulustige kamen, es wird häufig von mehreren tausend Menschen berichtet. Wichtig war für den Scharfrichter vor allem, die Hinrichtung sauber und ordentlich zu vollstrecken, also den Kopf gleich mit dem ersten Schwertstreich vom Rumpf zu trennen. Das war nicht leicht und gelang auch nicht immer. Selbst versierten Scharfrichtern konnte gelegentlich ein Fehler unterlaufen. Üblicherweise mussten sich die Delinquenten entweder hinknien oder auf einen Stuhl setzen. Der Scharfrichterassistent, häufig der Wasenmeister, hielt den Kopf fest und zog ihn gleichzeitig nach oben, um den seitlich hinter

dem Richtstuhl stehenden Scharfrichter den Schlag zu erleichtern. Misslang der Schlag, bestand die Gefahr, dass die aufgebrachte Menge den Scharfrichter verfolgte und sogar lynchte. 1641 wurde der Nürnberger Scharfrichter Valentin Deusser nach der missglückten Enthauptung der Margaretha Vöglin von der aufgebrachten Menge mit Steinen beworfen und schwer verletzt; seinen Dienst musste er anschließend quittieren.

Bei der letzten öffentlichen Hinrichtung in Wien (1868) wurden rund um den Galgen, an dem der Delinquent hing, Hunderte von Buden errichtet, Galgenbier und Armsünderwürstel verkauft; das Ganze endete in einer wüsten Schlägerei. Gerade der volksfesthafte Charakter, der die ernsthafte Hinrichtung von Schwerverbrechern geradezu verhöhnte, führte schließlich dazu, dass die Obrigkeit Hinrichtungen aus der Öffentlichkeit in geschlossene Räume mit nur wenigen Anwesenden verlagerte.

Damit änderte sich auch die Hinrichtungsart: Die Guillotine wurde gebräuchlich, eine Köpfmaschine, der man eine schnelle und schmerzfreie Tötung zusprach. Diese Maschine wurde in Bayern nach dem Modell der Fa. J. Mannhardt & Co in München seit 1854 verwendet. Im Unterschied zu den bis dahin üblichen Typen war diese Maschine vollständig aus Eisen. Mit ihr vollstreckte auch der letzte westdeutsche Henker, Johann Reichhart, etwa 3.000 von zivilen Strafgerichten verhängte Todesurteile; sein Kollege in Berlin-Plötzensee und Brandenburg-Görden, Wilhelm Röttger, brachte es auf eine ähnlich hohe Zahl. Zumindest in der Bundesrepublik Deutschland war nach Einführung des Grundgesetzes im Jahr 1949 die Todesstrafe abgeschafft – nicht jedoch in der Sowjetischen Besatzungszone (SBZ) und der späteren DDR. Dort wurden insgesamt 227 Todesurteile verhängt und 166 zunächst durch das Fallbeil, ab 1968 durch einen unerwarteten Nahschuss in den Hinterkopf auch vollstreckt. In der Zentralen Hinrichtungsstätte in Leipzig (Arndtstraße 48) erfolgte am 26. Juni 1986 die letzte Hinrichtung in Deutschland.

Strafen an „Haut und Haar" ebenso wie an „Hals und Hand": Dieser Stich zeigt beispielhaft, wie vielfältig das Handwerk des Scharfrichters war.

Betrüger

Nepper, Schlepper, Bauernfänger: Über Maschen und Manöver, andere um ihr Hab und Gut zu bringen.

Andreas Nestl

Betrügen und betrogen werden, nichts ist gewöhnlicher auf Erden": Lapidar formulierte der Sachse Johann Gottfried Seume in seinem Reisebericht „Spaziergang nach Syrakus" 1802 den allgegenwärtigen Betrug zwischen Menschen. Ebenso „gewöhnlich" sind auch schon immer die Betrüger und Betrogenen selbst gewesen. Wer von ihnen in den Akten auftaucht, entstammt zumeist den unteren Schichten der Gesellschaft: Es sind oft Bettler, fahrende Kaufleute, Kleingewerbetreibende.

Juristisch betrachtet, ist nicht jede Täuschung von strafrechtlicher Relevanz. Vom gesetzlichen Tatbestand des Betrugs werden und wurden nur solche Handlungen erfasst, bei denen es um die Gewinnerzielungsabsicht ging. Bereits der römische Diktator Sulla konkretisierte in seinen „Leges Corneliae" (etwa 80 v. Chr.) bestimmte Deliktgruppen, die als crimina falsi strafrechtlich geahndet wurden: Vor allem gehörte dazu das Fälschen von Urkunden, Münzen, Maßen und Gewichten.

Besonders in den aufstrebenden Städten und Märkten des deutschen Mittelalters waren Maß- und Gewichtsfälschungen häufig. Der „Sachsenspiegel", eine zwar unverbindliche, aber dennoch überregional angewendete Sammlung von Rechtssätzen aus dem Hochmittelalter, stellt den Betrug mit Maßen und Gewichten sogar dem Diebstahl gleich. Und für diesen sah Eike von Repgow, der rechtskundige Verfasser des „Sachsenspiegels", den Tod durch Erhängen vor. In der Regel wurde die Todesstrafe aber nicht vollstreckt, insbesondere wenn es um einen „minder schweren Fall" ging: Überstieg der verursachte Schaden eine bestimmte Summe nicht (im 13. Jahrhundert lag diese bei etwa drei Silberpfennigen), konnte die Strafe abgemildert werden; dann wurde der Übeltäter nur „an Haut und Haar gestraft". Aber auch von dieser Prügelstrafe samt Haarschur konnte er sich freikaufen – die Höhe der Geldbuße richtete sich nach dem verursachten Schaden. Arme oder unfreie Personen konnten sich das natürlich nicht leisten.

Im Laufe der Frühen Neuzeit versuchten die Landesherren das gesamte Wirtschaftsleben möglichst umfassend und genau zu reglementieren. Neben der Maß- und Gewichtsfälschung, als Teil des „peinlichen Rechts" (vom lateinischen poena, Strafe, abgeleitet) weiterhin mit Strafen an Haut und Haar, in schweren Fällen auch mit dem Galgen sanktioniert, wurden zahlreiche Gewerbe vom sich in

Bettler konnten auf die christliche Nächstenliebe hoffen – da ließ mancher Städter, wie hier in Stadtamhof/Regensburg, dem es besser ging, gerne eine Münze in den Hut fallen.

der Neuzeit entwickelten Recht der „guten Policey" regulativ erfasst. Vergleichbar mit dem heutigen Gewerbeordnungsrecht wurden für unterschiedliche Geschäftsbereiche spezielle Verordnungen erlassen. Landesgesetze oder herrschaftliche Allgemeinverfügungen, sogenannte Mandate, setzten für Metzger, Bäcker, Schmiede, Weber und weitere Berufszweige exakte Ausübungsbestimmungen fest. Normiert wurden insbesondere Größe, Gewicht, Qualität und teilweise auch Preis der feilgebotenen Produkte. Bei Verstößen wurden Geldbußen verhängt, die teilweise mit Arrest- oder auch Schandstrafen verbunden waren. Bei wiederholtem Verstoß verschärften sich die Sanktionen: Bei dreimaliger Missachtung drohte ein lebenslanges Berufsverbot.

Aktenkundig geworden ist zum Beispiel ein Vergehen des Bäckers Christoph Huber aus Aumühl in Übersee am Chiemsee gegen ein kurfürstliches Mandat: Er hatte 1646 zu kleine Wecken gebacken und verkauft. Gerichtsherren nahmen gerade Zuwiderhandlungen gegen Maßgaben, wieviel Brot wiegen und welches Getreide zur Herstel-

Rechte Seite: Herzogliche Bettelordnung von 1599. Unter anderem werden darin die Gemeinden angehalten, arme und bedürftige Gemeindemitglieder genau zu überprüfen. Außerdem sollen Listen über registrierte Bettler geführt und regelmäßig aktualisiert werden.

Von Gottes Genaden/

Wir Maximilian Pfaltzgraue bey Rhein/ Hertzog in Obern vnd Nidern Bayrn/ thun kundt aller menigklichen:

NAch dem vns vielfältigklich fürkomen/ ja auch die täglich erfahrung mitgebracht/ vnnd zu erkennen geben/ wie das betlen inn vnsern Landen vnnd Fürstenthumben/ Stätten vnd Märckten/ so wol von Inwohnern als außländischen frembden Personen/ dermassen vber hand genommen/ vnnd so vil mißbräuch eingerissen/ das schier nyemand hochen vnd nidern stands Personen/ wa man gangen vnd gestanden/ ja gar inn der Kirchen vnangeloffen nicht bleiben mögen/ darauß dann eruolgt/ das sich schier jederman auff den Betel gelegt/ die Arbayt geflohen/ vnd die junge Leuth/ so sonsten wol arbayten mögen/ verführt vnnd verderbt worden/ auch inn alle Vnzucht vnd Laster gerathen. Wann wir vns aber wegen des von Gott vns anbefolhenen Landsfürstlichen Ampts vnnd Hocheit/ auch gewissens halb/ schuldig erkennen/ vngebür abzestellen/ vnnd solche Ordnung fürnemmen zulassen/ damit allen Armen dürfftigen das heylig Almusen/ der notdurfft nach/ vnd so vil es sein kan/ geraicht werde/ haben wir solche auff versuchen vnnd widerruffen/ inn nachuolgende Ordnung vnnd form verfassen/ auch allen vnsern Stätten vnnd Märckten getruckt hiemit zustellen lassen. Mit disem angehencktem gnädigisten beuelch/ das nicht allein sie selbsten solcher Ordnung würcklich geleben/ vnnd nachkommen/ sonder gleichsfals bey allen den jhrigen/ denen deßhalb ämpter vnd verrichtung auffgetragen/ dise ernstliche verfügung thun sollen vnnd wöllen/ auch deßhalb inn sonderbare pflicht nemmen/ vnnd die Verbrecher ernstlich straffen.

A Erstlich

26. IX. 1599

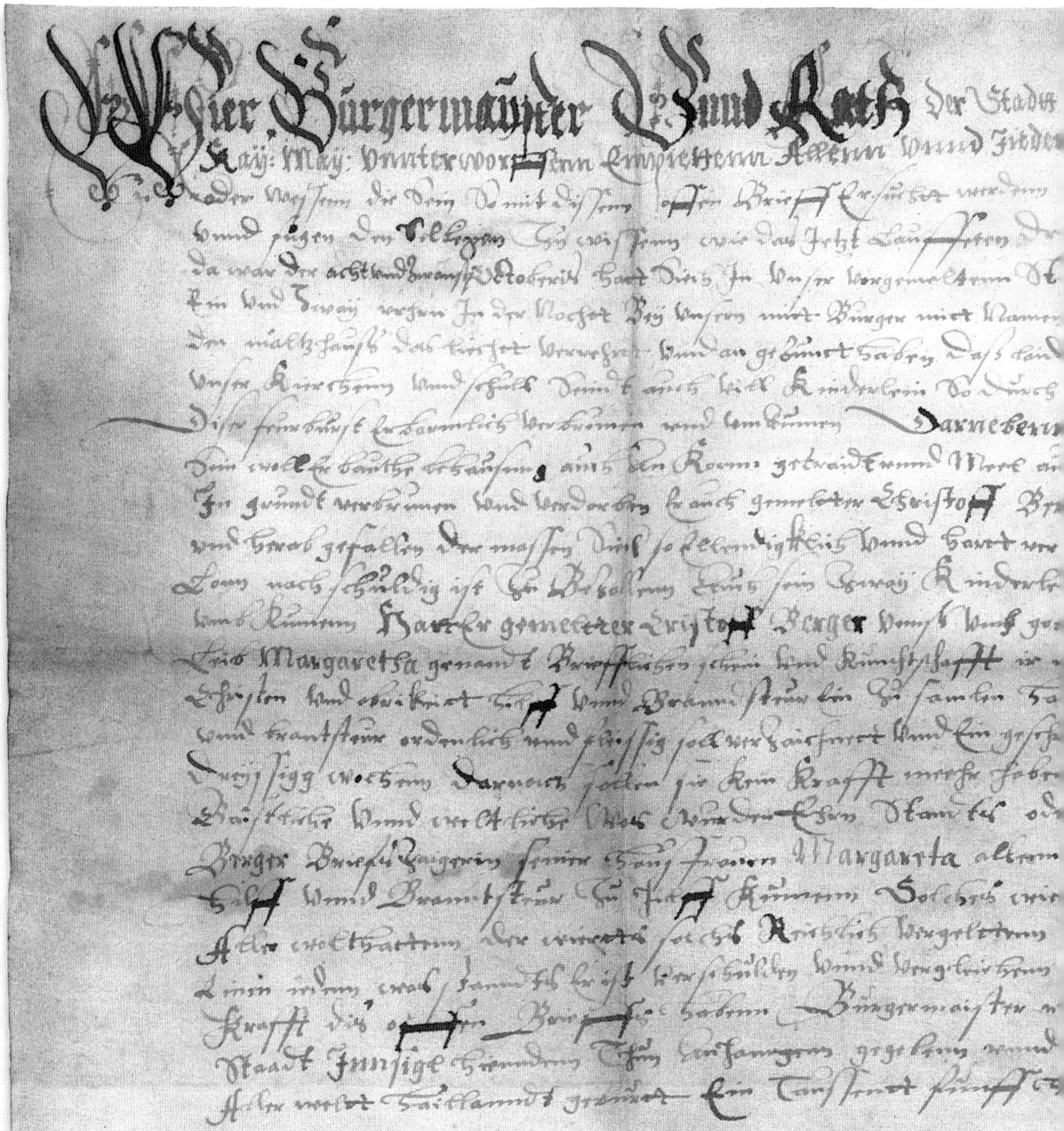

Wier Bürgermaister Vnnd Rath der Stadt
Kay: May: Vnnderworffenn Empietternn Allenn vnnd Jeden

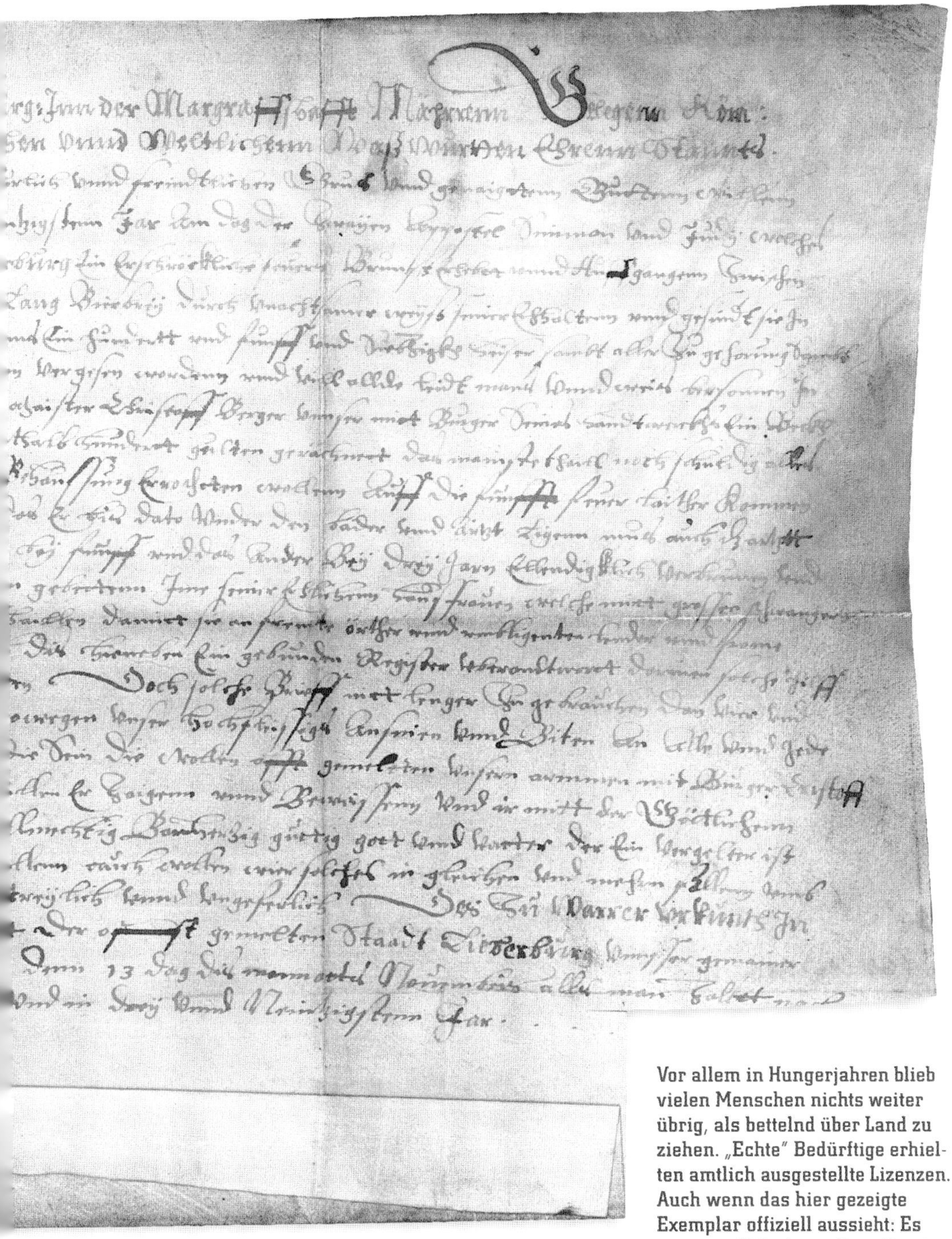

Vor allem in Hungerjahren blieb vielen Menschen nichts weiter übrig, als bettelnd über Land zu ziehen. „Echte" Bedürftige erhielten amtlich ausgestellte Lizenzen. Auch wenn das hier gezeigte Exemplar offiziell aussieht: Es war eine Fälschung. Dem Betrüger kam aber nur auf die Schliche, wer wusste, dass es die ausstellende Stadt Lieberburg gar nicht gab.

Extreme Winter, Jahre ohne Sommer: Klimaschwankungen gab es früher oft genug, häufig waren sie das Resultat von Vulkanausbrüchen am anderen Ende der Welt. Die Folgen für die Landwirtschaft in Mitteleuropa waren verheerend. Übers Land zogen Scharen von Hungernden, oft mit dem Ziel, gleich ganz auszuwandern.

lung verwendet werden durfte, sehr ernst: Wenn die Kunden sich beim Erwerb ihres täglichen Brotes hintergangen fühlten, drohte der Volkszorn rasch überzukochen. Um die erboste Menge zu besänftigen, wurde ihr der Delinquent gleichsam ausgeliefert: Mancherorts, wie in der Residenzstadt München, wurde über die ertappten Bäcker nicht nur eine Geld- oder Arreststrafe, sondern auch die entehrende Bäckertaufe verhängt. Eingesperrt in einem Käfig, wurden sie unter dem Gejohle der Zuschauer über einen Flaschenzug mehrfach in ein nahes Gewässer getaucht und anschließend „ausgestellt".

Christoph Huber hatte noch einmal Glück gehabt: Die vom kurfürstlichen Hofrat festgesetzte Strafe betrug 4 Pfund Pfennige, außerdem musste er sechs Tage im örtlichen Amtshaus absitzen. Wichtig für Christoph Huber: Er galt dadurch nicht als ehrlos und konnte seinen Beruf weiter ausüben.

In den Akten findet sich auch der Fall der Bäckersleute Christoph und Margarethe Berger, denen das Schicksal böse mitgespielt hatte. Aus einem vom Bürgermeister und dem Rat der Stadt Lieber-

Im Salbuch der Stadt Volkach (nach 1500) findet sich diese Illustration, die zeigt, wie ein Richter (mit Stab) und zwölf Schöffen über einen Diebstahl verhandeln – die Beweisstücke liegen vor ihnen ausgebreitet.

burg ausgestellten Bettelbrief geht hervor, dass die Bergers bei einem Brand am 28. Oktober 1593 ihr Vermögen verloren hatten. Ihnen wurde deshalb gestattet, in jeder Ansiedlung um Geld zu bitten.

Das Bettelwesen der gesamten frühneuzeitlichen Epoche unterlag strengen Auflagen. Die schuldlose Bedürftigkeit musste nachgewiesen werden. Wer aufgegriffen wurde und sich nicht entsprechend legitimieren konnte, dem drohten körperliche Züchtigung, Brandmarkung und Ausweisung. Als Nachweis galt ein von der Heimatgemeinde ausgestellter Bettelbrief. Für in Not geratene Bedürftige war diese Lizenzierung überlebenswichtig. Die Barmherzigkeit ihrer Mitmenschen versuchten natürlich auch Betrüger auszunutzen: Gegen klingende Münze ließen sie sich einen Bettelbrief fälschen.

Ist der Bettelbrief der Bergers echt? Schriftbild und Siegel vermitteln einen offiziellen Eindruck. Aber tatsächlich handelt es sich auch hier um eine dreiste Fälschung: Die Stadt Lieberburg, die die Lizenz zum Betteln ausgestellt haben soll, existierte nämlich nie!

Angehörige der „Bettlerzunft“ waren außerordentlich findig, wenn es ums Vorspielen von Gebrechen und Leidensgeschichten ging. Um 1510 wurde eine kleine Druckschrift verlegt, das „Liber Vagatorum“, verfasst wohl von dem Pforzheimer Spitalmeister Matthias Hütlin. In diesem Büchlein geht es um die vielen Varianten des Bettelbetrugs. Es werden allein 28 unterschiedliche Bettlertypen detailliert beschrieben, damit der Leser sie an ihrem Aussehen, Auftreten und ihren – erfundenen – Geschichten erkennen können soll. Ein Schlepper beispielsweise gibt sich als Priester aus, sucht die Häuser seiner Opfer auf und erbittet eine Opfergabe für die Anschaffung eines Altartuches oder Messbuches. Im Gegenzug verspricht der Schlepper die Errettung anverwandter Verstorbener aus dem Fegefeuer; für jeden Pfennig soll eine Seele erlöst werden.

Das „Liber Vagatorum“ bedient sich bewusst vieler Pauschalurteile und stereotyper Darstellungen. Dennoch haben zahlreiche Begrifflichkeiten, die in der Schrift verwendet wurden, die Geschichte überdauert. Die Fernsehsendung „Vorsicht Falle! Nepper, Schlepper, Bauernfänger“ beispielsweise deckte zwischen 1964 und 2001 Betrügereien aus dem Alltagsgeschehen auf und warnte vor allzu großer Leichtgläubigkeit.

Was die Rechtsdogmatik angeht, so schritt die Entwicklung des Tatbestandes „Betrug“ nur sehr langsam voran. Das Mittelalter und die gesamte Neuzeit hindurch wurde an der Systematik der römisch-

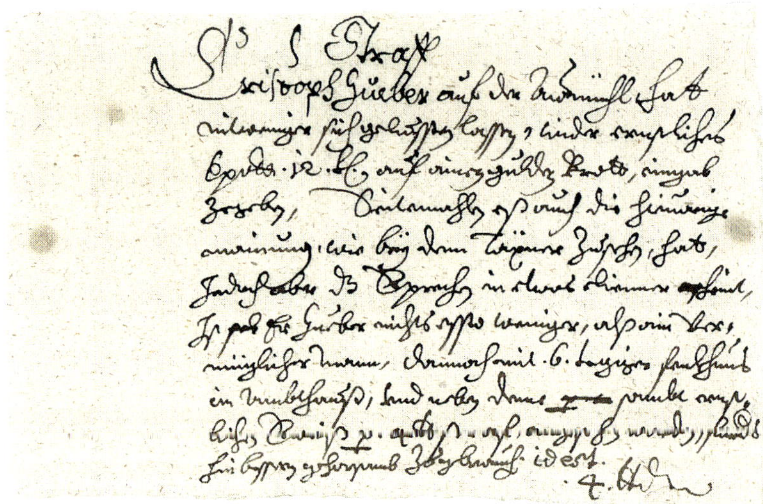

Christoph Huber kam noch einmal mit einem blauen Auge davon: Der Betrug des Bäckers wurde wohl als minder-schwer eingestuft, denn er musste lediglich 4 Pfund Pfennige als Strafe bezahlen und sechs Tage im Amtshaus „absitzen". Seinem Beruf durfte er damit weiterhin nachgehen.

rechtlichen „crimina falsi" festgehalten und weiterhin einzelne Tatbestandsvariationen aufgelistet, die als strafwürdig angesehen wurden. Von diesen Alternativen nicht erfasste Betrügereien führten lediglich zu einem zivilrechtlichen Schadensersatzanspruch. Erst das Strafgesetzbuch für das Königreich Bayern von 1813 bewerkstelligte die Formulierung eines abstrahierenden Betrugstatbestandes: Nun war es möglich, alle auf eine Bereicherung gerichteten Täuschungshandlungen zu erfassen.

Wehe, der Bäcker knauserte zu sehr! Wer zu kleine Semmeln verkaufte, konnte sich schnell eine Anklage wegen Betrugs einhandeln. Per Order war vorgegeben, welches Getreide zum Brotbacken verwendet werden musste und wie viel ein Laib zu wiegen hatte.

Gegenüber den bisher bestraften Fallalternativen, die sämtlich mit der Fälschung von Hoheitszeichen (Münzen, Gewichte, Maße, Urkunden und Siegel) bzw. der Täuschung von Amtspersonen (Meineid, Treuebruch) verbunden waren, bedeutete dies eine drastische Ausweitung möglicher Sachverhalte. Selbst das Versprechen, gegen Entgelt Magie zum Vor- oder Nachteil einer bestimmten Person zu betreiben, zuvor noch als Religionsdelikt bestraft, wurde nun entmystifiziert und als schlichter Betrug gewertet – wobei noch das bayerische Strafgesetzbuch von 1813 für Betrüger, die sich religiöser

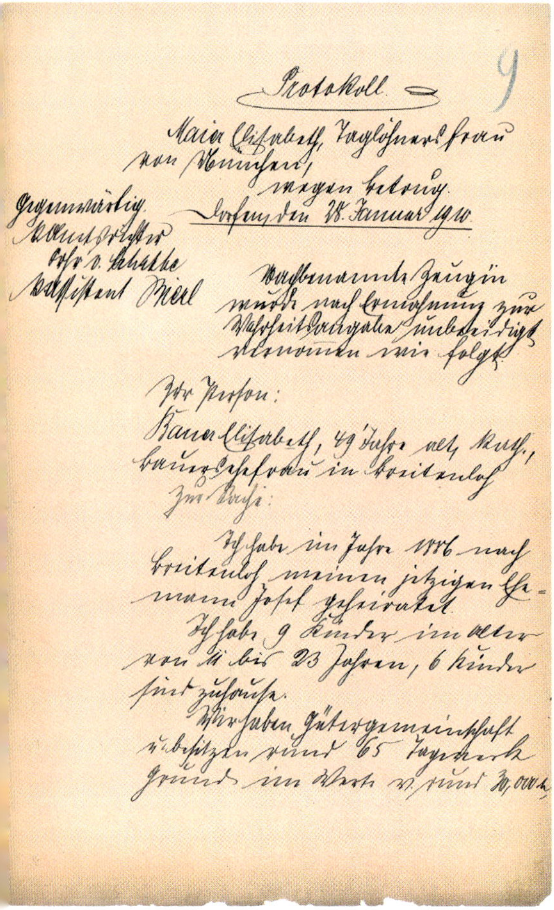
Protokoll

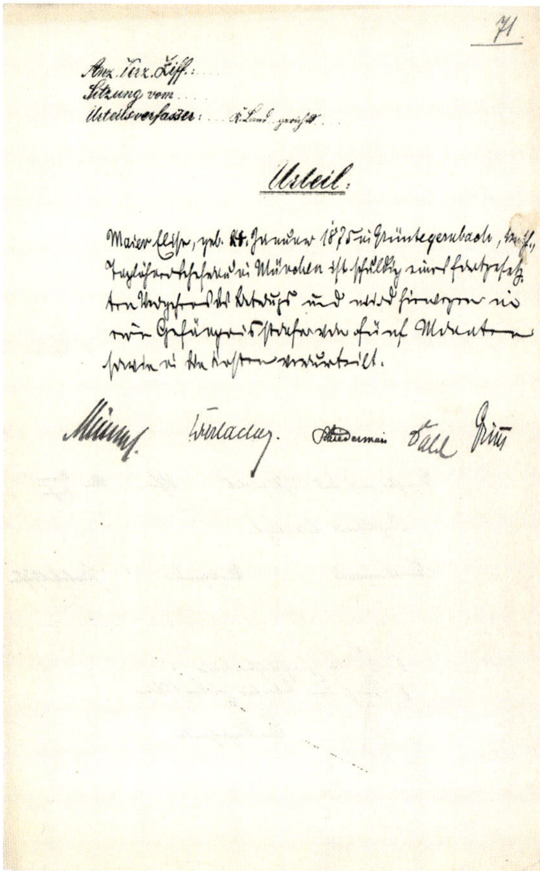
Urteil.

Gewieft machte sich Elisa Meier die Verzweiflung einer Bäuerin zunutze: Sie versprach, dem trunksüchtigen und prügelnden Bauern das Leben „abzubeten". Ein fauler Zauber – die Betrügerin landete vor dem Kadi. Hier die erste Seite des Vernehmungsprotokolls und das Urteil.

Mittel bedienten, neben der regulären Strafe die öffentliche Ausstellung vorsah.

Auch die im Staatsarchiv München aktenkundige Taglöhnerin Elisa Meier wollte durch das Vorgaukeln magischer Kräfte die Gutgläubigkeit Dritter zur eigenen Bereicherung nutzen. Ab 1902 war sie mehrmals für kürzere Zeit auf dem Hof des Bauernehepaares Josef und Elisabeth Bauer in Breitenloh als Haushaltshilfe beschäftigt. Bei mehreren Gelegenheiten klagte Elisabeth Bauer über ihren trunksüchtigen und gewalttätigen Ehegatten und erzählte von ihrem Liebesverhältnis mit einem ihrer Knechte. 1905 bot sich Meier erstmals an, durch Anwendung verschiedener Zauber und „Sympathiemittel" dem Josef Bauer das Leben „abzubeten". Die untreue Ehefrau willigte ein und zahlte 200 Mark. Bei ihrem Ehemann wirkte aller Zauber nichts: Er trank und prügelte weiter. Elisa Meier beruhigte die misstrauisch gewordene Bäuerin: In der Zauberei gebe es eben komplexe Zusammenhänge. Gegen eine weitere Zahlung freilich könne sie noch wirksamere Sympathiemittel herstellen. Auf diese Weise gelang es ihr, die gutgläubige und verzweifelte Bauersfrau um mehr als 700 Mark zu erleichtern. Als sich 1910 immer noch nichts geändert hatte, entschied sich Elisabeth Bauer zur Anzeige. Am 11. April 1911 wurde Elisa Meier vom königlichen Landgericht München II wegen Betrugs zu einer Gefängnisstrafe von fünf Monaten verurteilt. In ihrer Zeugenaussage erzählte Elisabeth Bauer von ihrer Verzweiflung über die Eheverhältnisse, die sie überhaupt dazu getrieben hatte, das zwielichtige Angebot der Taglöhnerin anzunehmen. Allerdings räumte sie ihre Naivität im Umgang mit der Täterin ein: „Die Meier wusste wohl, dass ich ein dummes Weib bin (...) jetzt sehe ich wohl ein, dass ich das viele Geld umsonst hergegeben habe."

Elisabeth Bauer und all den anderen Betrogenen zum Troste sei Arthur Schopenhauer zitiert: „Kein Geld ist vorteilhafter angewandt als das, um welches wir geprellt werden; denn wir haben dafür unmittelbar Klugheit eingehandelt."

Wilderer

Erst auf die verbotene Pirsch, dann hinauf zur feschen Sennerin: Was ist dran am Bild vom rebellischen Herrn der Berge?

Christoph Bachmann

Kein anderes Delikt hat in Bayern die Gemüter so erhitzt, so viele Legenden und Helden produziert, so konträre Rechtsauslegung zwischen Obrigkeit und Untertanen erfahren und dabei so viel Schweiß, Blut und Tränen fließen lassen, wie die Wilderei. Die Protagonisten dieser Spezies, Matthias Klostermayr, alias Bayerischer Hiasl, und der Wildschütz Georg Jennerwein sind noch heute weit bekannt, personifizierte sich doch in ihnen die Unbeugsamkeit des Einzelnen vor der Obrigkeit – die andere ebenso gerne gezeigt hätten, aber nicht mutig genug waren.

Der manchmal tödliche Gegensatz zwischen dem obrigkeitlichen Jäger, der den adeligen bzw. den landesherrlichen Anspruch auf die alleinige Jagd nach Hochwild durchsetzte, und dem landesherrlichen Untertan, der das Wild in den Wäldern als Allgemeingut ansah, an dem man sich durchaus bedienen könne, rührt daher, dass hier zwei Rechtskreise unversöhnlich aufeinandertrafen: nämlich das römische und das germanische Recht.

Nach germanischer Rechtsauffassung war alles unbebaute Gebiet Gemeinschaftsbesitz, der von allen Gemeindemitgliedern frei benutzt werden durfte. Das Jagdrecht stand somit allen Gemeindemitgliedern zu. Nach römischem Recht hingegen war alles herrenlose Gut, also auch das Wild, dem König bzw. dem Landesherren zugehörig.

Als die bayerischen Herzöge im Verlauf des 12. und 13. Jahrhunderts die Landesherrschaft durchsetzen und ein eigenes Territorium ausformen konnten, war der Landesherr darüber hinaus auch noch oberster Jagdherr. Allerdings war es Bauern bis ins 15. Jahrhundert hinein möglich, die niedere Jagd auszuüben. Um aber das alleinige landesherrliche Jagdrecht durchzusetzen, erfolgte ein jagdrechtlicher Konzentrationsprozess, der in zwei Strängen verlief: nämlich im Ausschluss bäuerlicher Untertanen aus den Resten ihres Jagdrechts und zum anderen in der Beschneidung und Reglementierung adeliger Jagdrechte durch die Gejaidordnung von 1568 und dem endgültigen Jagdverbot für den Adel aus dem Jahr 1667.

Den nichtadeligen Untertanen wurde bereits mit der Landesfreiheitserklärung von 1508 das niedere Jagdrecht entzogen – was diese jedoch nicht daran hinderte, weiterhin zu jagen. Einen ersten Höhepunkt erreichte die Auseinandersetzung, als das Wildern im Jahr 1567 durch ein Mandat Herzog Albrechts V. erstmals kriminalisiert und unter Strafe gestellt wurde. Das blieb auch bis zu den Umwälzungen des Jahres 1848 so, als im rechtsrheinischen Bayern der Landtag ein Gesetz erließ, das die Aufhebung des Jagdrechts auf fremdem Boden vorsah. Das Jagdgesetz von 1850 machte die Ausübung der Jagd, die wiederum an Grundbesitz geknüpft war, von einer Mindestreviergröße abhängig und schrieb bei kleineren Flächen die genossenschaftliche Verpachtung vor. Legal konnte ab diesem Zeitpunkt durch den Erwerb von Jagdkarten gejagt werden, was sich im Grundsatz noch heute im Bundesdeutschen Jagdgesetz erhalten hat.

Das sind die normativen Fakten, aufgrund derer sich die Wilderei und die Wildereiromantik entwickelten. Diesen Vorstellungen nach handelt es sich bei einem Wilderer um einen verwegenen, jungen und unbeugsamen, männlichen Einzelgänger, der sich im Büchsenlicht auf seinen Weg in die Berge schleicht, das Gesicht zur Tarnung mit Ruß geschwärzt (deshalb auch Schwarzgeher), und nach erfolgreichem Ansitz mit Gamsbart oder Spielhahnfeder, Enzian und Edelweiß am Hut seine Sennerin auf der Alm für ein amouröses Abenteuer aufsucht. Soweit die gängige Vorstellung. Aber hält diese auch einer Überprüfung durch historisch verbürgte Tatsachen stand?

Gesicherte Daten sind bisher einzig für den alpinen Salzburger Raum erarbeitet worden, wobei allerdings die Frage der Übertragbarkeit dieser Ergebnisse auf andere Räume noch zu erforschen wäre. Den historisch gesicherten Ergebnissen nach waren über die Hälfte der Wilderer unter 30 Jahre alt, etwa 25 Prozent gehörten der Gruppe der 30- bis 45-Jährigen an und etwas weniger als 25 Prozent waren älter als 45 Jahre. Die Wilderei ist somit kein ausschließliches Jugend- oder Heranwachsendenphänomen, lässt sich nicht unter die Jugendsünden subsumieren. Im Gegenteil, für die Obrigkeit war sogar eher zu befürchten, dass diejenigen, die nach Heirat und Familiengründung weiter zum Wildern gingen, sich als Hardliner profi-

Nach der Landesfreiheitserklärung von 1508, die das Jagdrecht ausschließlich auf den bayerischen Landesherrn beschränkte, begann parallel dazu die Kriminalisierung der Wilderei. Wie weit dies führte, zeigt das Mandat Herzog Albrechts V. aus dem Jahr 1567, in dem Wilderern erstmals für ihre Taten der Tod durch den Strang angedroht wird. Die Begründung mutet heute sehr eigenartig an: Es seien mittlerweile keine Hirsche mehr in den Wäldern zu finden, sodass der Landesherr „erst hewr ungejagt davon abziehen" habe müssen. Die Jagd sollte zukünftig also einzig dem persönlichen Vergnügen des Landesherrn dienen.

Von Gottes genaden Wir Albrecht Pfaltzgraue bey Rhein Hertzog in Obern vnd Nidern Bairn ꝛc.

EMbieten Euch allen vnnd Yeden/vnsern Vitzdomben/Hauptleuten/Pflegern/Jegern vnnd Vorstmeistern/Richtern/Amptleuten/Vberreittern vnnd Vorstknechten/auch den vnsern von der Landschafft aller Stendte/vnsern gruß vnd genad zuuor lieben getrewen. Euch wirdet zweiffels one vnuerborgen sein/wie offt vnnd vielseltig wir bißher vnsern vnderthonen/das heimlich vnauffhörlich Wildtpret schiessen verboten/wie wir auch deßhalben viel derselben mit Fencknuß/vnd in ander weg straffen lassen haben/Aber vnangesehen aller vnd jeder vnser gebot vnnd verbot/können wir nit allein des angezognen Wildtpret schiessens kein auffhören spüren/sonder es wil je lenger je hefftiger/vnd gleichsam mit gewalt vberhandt nemen/als wir dann von solchen leuten an mehr orten vnsers Lands/ein grosse anzal fencklich einziehen lassen/welches wir je nicht anders als für ein lautern freuentlichen trutz/mutwillen vnd vngehorsam verstehen müssen/vnd vns derhalben vrsach geben hat/jedermenigklich noch einmal mit disem vnserm ernstlichen verbot zuuerwarnen/auch dauon abzustehen/vnd sich in künfftig zuhüten zuuermanen/Dann wir endtlich entschlossen seyen/weil die vngehorsam so groß ist/vnd sunsten bißher durch keinerley ander mittel hat mögen abgestelt werden. Das wir fürtterhin so offt einer damit begriffen oder erfaren wirdet/den oder dieselben ohn alles mittel an den nechsten Baum hencken zelassen/verschaffen wöllen. Es wil auch dermassen ernstlich dagegen zehandlen/die eusserst notturfft erayschen/Weil wir im werck befinden/das es gewondliche solche leut seind/welche sich dises vngehorsams/mutwillens vnd freuels/gegen vns vnd vnserm verbot gebrauchen/die mit andern mißhandlungen vnd vnthaten gleichfalß befleckt/oder sunsten Landraumig/auch flüchtige außgedrettne vbelthäter vnd schedliche leut seyen/dann vnder denen die allberait von Wildtpretschiessens wegen/hin vnnd wider in Fronuest vnd Fencknuß verhafft/werden befunden/Mörder/Todtschleger/Rauber/Dieb/vnd gemeinigklich müssiggehendt leut/die jrer güter vnd arbeit nit warten/allein dem Wein/Spil/vnnd andern leichtfertigen sachen vnd thaten stetigs obliegen vnd nachwandlen. So seind derer auch nit wenig/die das Wildtpreth hauffen weiß/allein von der Haut wegen fellen/welches hernach zu holtz alles vmb sunsten verderben/oder vom Gefligel vnd den Wilden thieren verzert werden muß/dardurch vns dann das Wildtpret dermassen abgetriben/vnd der Wildpan so gar erödigt wirdet/das wir an vilen/vnd in den besten vnsern Panuörsten vnd Lustgejaidern schier kein Hirsch mehr finden/Vnnd wie es vns erst hewr begegnet/vngejagt dauon abziehen müssen. Derwegen wir mit der obangedeuten straff des henckens/gegen denen die solches hierüber weiter treiben vnnd brauchen/gestracks verfaren zulassen gedencken/für eins.

Zum andern/sollen auch die jenigen/welche solchen leuten herberg vnd vnderschlaiff geben/oder jhnen fürschub thun/oder das Wildtpret von jhnen kauffen oder sunsten einnemen/hiemit wissen/das wir sie erstens nach allen vngnaden/eintweders am leib oder am gut straffen/oder auß vnserm Land jagen werden. Oder im fall deren keins helffen wolt/als dann gegen jhnen mit vorgetrocter straff des henckens wie gegen den Wildtprets dieben selbs/verfaren lassen wöllen. Ob aber je dergleichen Wildtpret dieb vnnd vnerbare geselschafft/einem armen Mann zu hauß kommen würden/die er wider seinen willen behalten müsset/der sol sich der straff mit dem freien vnd erledigen mögen/wann er sie der nechsten Obrigkeit anzeigt/jhme sol auch noch darzu ein gute verehrung gegeben. Do ers aber nit thet/Er/wie auch andere helffer vnd helffers helffer nach vngnaden gestrafft werden.

Ein gleichen weg/wöllen wir auch mit den Weisirherren/Ledern/vnd andern geen/die einiche Wildthaut von diesen leuten kauffen/oder vmbs lohn arbeiten/vnnd dauon vnsern Jeger oder Vorstmeistern/Vberreittern/oder Vorstknechten kein anzeigung thun.

Fürs dritt/alß wir hieuor zu ettlich malen beuelch vnd Mandat außgehen lassen/das den vnderthonen auffm Landt/noch auch inn den Stetten vnd Märckten nit gestat werden sol/die Pierschpüren vberlandt zetragen/oder damit den Antuogeln oder Hasen nachzegeen/So wöllen wir dasselb hiemit abermalen vernewert/vnd euch obgemelten in ernst gebotten haben/dergleichen nit mehr zugestatten/sonder was von Fußgengern/sich mit solchen Piren betretten lassen/den oder dieselben mögen vnd sollen vnser Jeger vnnd Vorstknecht/deßgleichen vnser Pfleger/Richter/vnd Amptleut/welche die erstens ansichtig werden/vnnd betretten/die Püren wol nemen/vnd sol noch dazu deren jeder/vermög vorigen Mandats zehen gulden zu straff verfallen sein/vnd dauon vns der halb/aber der vberig halb theil dem ders am ersten anzeigt/folgen. Vnnd weil die gemeinen Püren schiessen auffm Landt/weder in Landtgerichten noch Hoffmarchen/auß vilen guten vrsachen nit zugedulden seind. So schaffen wir dieselben hiemit abermalen ab/vnd wöllen das kein schiessen mit der Püren zehalten gestatt werde/als allein bey vnsern Stetten vnnd Märckten im Landt/welcher nun auß dem Landtuolck dieselben gewondlichen Zilstet am Feyertag oder sunsten/wann man schiest/auch besuchen wil/der mag es thun/doch das er seinen schießzeug nit wider mit sich zu hauß trag/sonder in der Statt oder Marckt/do er zuschiessen pflegt/zubehalten geb/oder bey der Zilstat bleiben laß. Dann do einer oder mehr in verdacht weren/als behielten sie wider vnser gebot die Püren anheims im hauß/denen sollen vnsere Pfleger vnd Amptleut vnfürsechlich einfallen/vnd die behaltnussen durchsuchen/vnd gegen den vberfarern/wie obstet verfaren.

Zum vierdten/finden vnd erfaren wir auch/das vnsern Mandaten des hundts prüglens halben hieuor außgangen/gleichfalß nit gelebt/vnd die vngehorsam weder von Amptleuten noch Vberreitern angezeigt noch gestrafft wirdet. Dann etlich vnd vil prüglens gar nit/etlich hengen jn so kurtz vnd klein prügel an/das es so vil als nichts ist. So wöllen sich etlich vnd sonderlich deren vom Adel hindersessen/mit jren Herren entschuldigen/als solten sie nemlich die hund jhnen eingeschlagen vnnd dabey verbotten haben/dieselben nit zuprüglen. Also sollen auch die Feldthirten grosse starcke hundt vngeprügelt mit sich gen Feld füren/vnd damit das Wildtpret hetzen/oder an die zeun jagen vnd verderben/das auch hiedurch ein grosse anzal Wildtkelber jährlich gefangen vnd vndertrieben werden/Welches alles angezognen vnsern Mandaten vnd gebotten/gestracks zu wider gehandlet wirdet/vnd wir keins wegs zugedulden gedencken/auch hiemit ernstlich wöllen abgeschafft haben/Welche hundt aber darüber vngeprügelt betretten werden/es sey inn Hoffmarchen oder inn Landtgerichten/dauon sollen die Vorstknecht oder Amptleut die hieuor bestimpte straff anfangs einfach/vnd das ander mahl doppelt/von den jenigen den sie zugehörig sind/nemen/Würd das aber auch nit helffen/sollen dieselben vberfarer Jeger vnd Vorstmeistern angezeigt/vnd alda nach vngnaden gestrafft werden/Vnnd weil wir hieuor vnsern Gerichtsamptleuten beuelch geben/das sie neben den Vorstern vnd Vberreittern/jr auffsehen vnd achtung darauff haben sollen/Wöllen wir jnen dasselb hiemit nochmaln in gantzem ernst aufferlegt/vnd gebotten haben/das sie ob dem mit ernst halten/wie sie es dann besser thun mögen als die Vorster vnd Vberreitter/weil sie täglich in den Gerichten vmbzureiten haben/vnnd jederzeit wol sehen können/ob die Bawren solchem vnserm gebot gehorsamen oder nit. Dergleichen sollen auch vnsere Pfleger vnd Richter/wann sie auff die augenschein reiten/oder sunsten verhören halten/darauff mercken/vnd do sie dergleichen hund sehen/als bald gegen denen/dessen sie sind/straff fürnemen. Also vnd ebner massen/sollen jme die Hoffmarchsherren bey jren Hoffmarchs vnderthonen auch thun/in bedenckung/das von den vngeprügleten hunden/im kleinen Wildtpret vnd Reiß gejaidern/jnen so wol als vns in höltzern nit geringer schaden beschicht. Im fall aber das je ein Hoffmarchsherr/vber dise vnser gewarnung in solchem vngehorsam vnd vnfleissig erfunden würde/deme oder denselben sollen die vnsern wol einzugreiffen macht/vnnd jhre vnderhonen vons hundsprüglens wegen selbs zustraffen haben.

Dann denn Hirten sollen dergleichen grosse vnd schedliche hund nit gelassen werden/dabey auch den vnderthonen hiemit verboten sein/jre hund ob sie schon geprüglet sein/dannocht nit mehr mit sich vber Landt/es sey gen Kirchen/gen Marck/gen Holtz/oder anders wohin traben zulassen/dann weil sie die hund darumben fürnemblich halten/damit sie anheims bey jren jnawen vnd herbergen jre hüter vnd wachter seyen/sie deren vil mehr damit notdurfftig wann sie von hauß ab/als heimwesend sein/derhalben welcher solches hieüber mehr thut/der solle darumben als bald vmb noch souil/als man einem von der vngeprügelten hunden straffgelt aufferlegt/gestrafft werden.

Zum fünfften/haben wir gleichsfals selbs gesehen/vnd in erfarung gebracht/die das Landtrick vnserer hieuor gegebnen ordnung zu wider/dermassen an allen orten/mit hohen vnnotwendigen gehägern/einfahen/vnd doppelten zeunen/darfür gemachten tieffen gräben vermacht werden/das das Wildpret gar nit bleiben/oder wo es etwan ein lucken find/vnd dar zwischen kumbt/das es on schaden nit wol wider darauß mag/welches vns dann gleich so wol vnleidenlich vnd ein grosse außödigung vnserer Wildfüern ist. Schaffen vnd gebieten derhalben euch allen vnd jeden besonder/das jr solche vnzimliche zeun vnd gräben gleich als bald zuendern/vnnd auff leidenliche maß zustellen verschaffet/auch dergleichen fürterhin nit gestatet/sonder do sie vnzimlich/vnd vber diß vnser verbot vnleidenlich erfunden werden/den nechsten wider nider reissen/oder verbrennen vnd eingleichen lasset/damit das Wildtpret/wo es on sondern schaden der frucht sein kan/die vier wind frey haben mög/darumben dann vnsere Jeger vnd Vorstmeister sampt vnsern Pflegern vnd Richtern/so ferr klagen fürkommen/jedes orts gelegenheit besichtigen/vnd darinnen leidenliche maß geben/doch deren vns zuuor vnderthenigklich berichten sollen/dann die erfarung gibts zuerkennen/das es weniger schaden thut/wo es fürflucht frey hat/als do es so gar enge eingethon/vnnd als dann nothalben etlichen wenigen armen leuten/jhre frücht gar abfretzen vnnd verderben thut/als dann inn vnserm Fürstenthumb des Oberlands Bayrn/vil örter befunden werden/da sonderlich der hauffen Wildtpret ist/bey denen die Felder gar nit verzeünt sind/vnd an welchen das Wildtpret zu ebnem fuß ein vnd auß den Feldern gehn kan/vnd wird doch allda vil weniger schadens klagt/als wo es daran mit obberürten zeunen vnd gräben verhindert/vnnd allein auff ein oder zwen Nachtbern gedrungen wirdet. Es sol auch ein jeder Rückhein wagen netzleng offen gelassen werden.

In sonderheit aber wöllen wir die doppelten zeün durchauß abgeschafft/vnd den Gerichts verwaltern hiemit in ernst aufferlegt haben/dieselben wo sie sind als bald zerreissen oder verbrennen zelassen/vnd fürterhin gar in keinen weg mehr zugestatten/Also sol es auch mit den doppelten schregen gehalten werden.

Deßgleichen da für die zeün gräben gemacht werden/die sol man auch wider eingleichen/oder doch die zeün hinweg thun/Doch hiebey niemand verwehrt sein/für seine gründ gräben zumachen/vnd auff dieselben gräben zeün zusetzen/die für Viech vnd Roß gnugsam sind aber für die gräben hinauß gar nit/Dieweil solches mehr dem Wildtpret damit schaden zu zefügen/als von notwendiger befrüchtung wegen der gründt beschicht/So sol man die gar spitzgen scharpffen stecken/wie die etwan inn die zeün eingeflickt werden nit gestatten/es sey dann ein jeder oben auff zwen manß finger brait.

Letzlich weil das klein Weidwerch/mit der verbotnen vnordnung groß verderbt würdet/darauff sich solche leut geben denen es gar nit gebürt/die auch das klein Wildtpret zu vnzeiten/mit wansässen abschrecken vnd dergleichen auffahen. So wöllen wir euch allen vnd jeden hiemit abermalem in ernst geboten haben/das jhr alle vnordnung abschaffet/Ob vnser Landsordnung/vnd erklerung auch vnsern hieuor des wegen publicierten Mandaten/mit ernst haltet/des wir vns dann/in dem vnd anderm/so wir hierin geordnet vnd verschafft haben/zu euch allen vnd jeden mit gnaden vnd in allem ernst versehen. Vnd wöllet dises vnser Mandat als bald vor den menigen des volcks/bey Stetten/Märckten/allen vnd jeden Pfarrkirchen/in Landgerichren vnd Hoffmarchen/nit allein jetzt/sonder auch hinfüran jedes jars zweymal/als Michaelis vnd Georgij offenlich verlesen/vnd den vnderthonen allenthalben eingebildet werde/sich vor straff/vngnad vnd schaden zuuerhüten. Wir geben auch hiemit vnsern Jeger vnd Vorstmeistern völligen gewalt/do sie in erfarung kommen/das die Gerichts Amptleut vnd Schergen/deßgleichen die Vorster/Vorstknecht vnd Vberreitter/ob disem vnserm Mandat/sonderlich aber mit den hundtprüglen nit mit fleiß vnnd ernst halten/das sie denselben oder dieselben selbst mit fencknuß oder in ander weg vmb jren vnfleiß wol straffen/dergleichen sie dann gegen den Hoffmarchs Amptleuten/wie jre Hoffmarchsherren inn solchem jrem zuuil vnd lang zusehen/mit straff auch verfaren mögen. Daran beschicht vnser ernstlicher will/meinung vnd beuelch. Mit vrkundt dieses vnsers allgemeinen durchgehenden beuelchs/den wir mit vnserm hiefürgedrucktem Secrete zu gutem glauben vertigen lassen. Geben in vnser Statt München/den 24. tag des Monats Octobris. 1567.

20

Die Jagd ist Sache der Herrschenden, das Wild gehört dem Landesherrn. Diese römische Rechtsauffassung setzte sich im Mittelalter durch und verdrängte das germanische Rechtsverständnis, wonach das unbebaute Land Gemeinschaftsbesitz ist, und damit auch das Wild auf ihm allen gehört. Die Illustration einer „offiziellen" Jagd jener Zeit stammt aus der wohl ersten gedruckten Enzyklopädie, der „Margarita Philosophica" (1503) von Gregor Reisch.

lierten, an denen sich die lokale Wildererszene orientierte und sich ständig erneuerte.

Bei dem damals üblichen Heiratsalter (meist über 30 Jahre) ist es auch kaum verwunderlich, dass sich die Zahl der ledigen Wilderer weitestgehend mit der Zahl der Wilderer unter 30 Jahren deckt (etwa 60 Prozent). Somit ist das Klischee des ungebundenen und unabhängigen, jungen und schneidigen Wilderers zwar nicht ganz falsch, aber eben auch nicht ganz richtig.

Gehen wir weiter der Frage nach, ob Wilderer Einzelgänger waren oder im Team auf die Jagd gingen. Prinzipiell behaupteten festgenommene Wilderer, allein unterwegs gewesen zu sein; dies könnte allerdings als Schutzbehauptung gegenüber dem Mitwilderer ausgelegt werden. Entscheidend war auch, wo gewildert wurde. Handelte es sich um eine Gelegenheitswilderei, die in unmittelbarer Nähe der Wohn- oder Arbeitsstätte stattfand, brauchte man in der Regel keinen zweiten Mann, um das Wild zu verstecken oder um die Spuren zu verwischen. Ganz anders sah dies jedoch für die Wilderei im Hochgebirge aus. Dort war das Problem des Abtransports der Beute für einen Einzeltäter ungleich schwieriger und deshalb war man auf Hilfe angewiesen. Trotz dieser praktischen Erwägungen fanden auch im Hochgebirge etwa die Hälfte der Wildereistraftaten durch Einzelgänger statt. Sicher spielte die Angst vor dem Verrat des Mittäters eine Rolle, ferner fehlte schlicht der Kumpan, der zur rechten Zeit am richtigen Ort und schnell greifbar war, denn in der damaligen bäuerlichen Welt war die Freizeit knapp und nicht kalkulierbar; kurzfristige Absprachen waren kaum möglich, geschweige denn längere Vorplanungen.

Traten die Wilderer doch als Gespann auf, dann in der überwiegenden Mehrheit der Fälle als Wildererduo – wobei die sozialen Bindungen entweder verwandtschaftlicher Art waren oder aus beruflichen Kontakten herrührten. Das Klischee des einsamen Helden der Berge ist also nicht ganz falsch, aber eben auch nicht ganz richtig.

Wenn es um die Bewaffnung der Wilderer geht, so fällt auf, dass gegen Ende des 18. Jahrhunderts das Gewehr eine weitestgehende Verbreitung gefunden hatte; die Politik des staatlichen Waffen- und Gewaltmonopols hatte sich diesbezüglich nicht durchsetzen können. Gewehre waren um diese Zeit für etwa 5 fl (Gulden) auf dem Schwarzmarkt zu haben – eine Summe, die sich auch Knechte und Dienstboten ersparen konnten. Die Ursachen dafür liegen zum Teil darin, dass von staatlicher Seite das Schützenwesen im Hinblick auf die Landesverteidigung gefördert wurde. Andererseits dürfte auch das kommerzielle Interesse der Gastwirte an Schießveranstaltungen aller Art zur Verbreitung des Gewehrs innerhalb der ländlichen Bevölkerung beigetragen haben. Nicht zuletzt hatte das Gewehr Bedeutung für einen männlichen Initiationsritus: Der Übergang vom Jugendlichen zum Mann vollzog sich mit der Inbesitznahme eines Gewehrs. Allerdings sollte nicht übersehen werden, dass die Gewehre, die oft aus mehreren Einzelteilen vom freien Markt zusammengebastelt wurden, relativ schlechte Schießeigenschaften hatten. So dürfte eine Treffergenauigkeit über 30 Meter Entfernung so gut wie nicht gegeben gewesen sein, was aber andererseits bedeutete, dass man sich an das Wild möglichst nahe heranpirschen musste. Bei Erfolg war einem wiederum Ansehen ob der erbrachten Leistung garantiert.

Der Tatort: Dem Klischee zufolge liegt er im Gebirge, wenn nicht sogar im Hochgebirge. Auch hier: Es stimmt und auch wieder nicht. Neben den Wilderern im Gebirge gab es auch eine nicht zu unterschätzende Zahl von Wilderern im Flachland, allerdings in anders ausgeprägter sozialer Zusammensetzung. Waren die Flachlandwilderer stärker sozial durchmischt, also Bauern, Marktbewohner, Landhandwerker und auch die Jäger, die ebenfalls zum Wildern gingen, um ihr Gehalt aufzubessern, so rekrutierten sich die Hochgebirgswilderer fast ausschließlich aus dem bäuerlichen oder unterbäuerlichen Milieu. Sie waren auch im Schnitt deutlich jünger und meist ledig, was auf eine jugendkulturelle Orientierung schließen lässt. Hier war also nicht ausschließlich der Ertrag das Ziel der Jagd, wie bei den meist älteren „Hauswilderern", also denen, die nur in einem sehr begrenzten Radius um ihr Anwesen herum auf die Jagd gingen, sondern das Ziel war die Tat an sich und das dadurch zu gewinnende Sozialprestige. Machte man obendrein gute Beute, dann wuchs das Ansehen noch mehr.

Ökonomisch jedenfalls lässt sich die Hochgebirgswilderei nicht erklären, denn auf dem Schwarzmarkt erzielte eine gewilderte Gams genauso viel wie ein gewildertes Reh. Es geht hier vielmehr um die Bestätigung der Männlichkeit, um Mut, Ausdauer, Kampfbereitschaft und Durchsetzungskraft, auch um die möglichen Auseinandersetzungen mit den staatlichen Jägern, denen man sich mit Ortskenntnis und Schläue entziehen konnte – oder es eben auf die Konfrontation ankommen ließ. Das Hochgebirge bildete die ideale Bühne für dieses Versteckspiel, das einem Anerkennung oft weit über die Region hinaus einbrachte.

Kein Kausalzusammenhang lässt sich mit den vielbesungenen Liebesbeziehungen zwischen Wilderern und Sennerinnen herstellen. In den historischen Quellen lässt sich das so gut wie nie nachweisen. Allerdings dürfte es Formen der Kooperation gegeben haben, was die Übernachtung, die Verköstigung und das Verstecken der Beute auf den Almhütten anging.

Der Anfang vom Ende eines berühmt-berüchtigten Volkshelden: Am 14. Januar 1771 überwältigte ein Soldatentrupp Mathias Klostermayr und seine Kumpanen im Gasthof Post in Osterzell – am 6. September des gleichen Jahres wurde er in Dillingen an der Donau spektakulär hingerichtet. Der „Bayerische Hiasl" war ein Wilderer und obendrein Anführer einer bis zu 30-köpfigen Räuberbande, die im bayerisch-schwäbischen Grenzgebiet ihr Unwesen trieb.

Interessanterweise hängt die jugendkulturelle Sozialkomponente der Hochgebirgswilderer auch mit der Gewaltbereitschaft gegenüber den herrschaftlichen Jägern zusammen. Gewaltsame Auseinandersetzungen wurden zum überwiegenden Teil von dieser Wildererspezies begangen. Das bedeutet also, dass gerade die den Wilderern angedichteten Widerstandsformen gegen den Obrigkeitsstaat von den sozial ungebundenen, eher jugendkulturell geprägten Jungbauern und Knechten in einem Prestigekampf getragen wurden – wohingegen die Hauswilderer oder Wilderer anderer sozialer Schichten sowie die älteren es nicht auf den Prestigegewinn, sondern auf den Ertrag angelegt hatten. Will man diesen näher beschreiben, gelangt man schnell an die Grenze der Aussagekraft historischer Quellen.

Fallensteller und Schlingenleger waren darauf bedacht, heimlich zu jagen, ihre Fallen gut zu verstecken, damit diese nicht von den herrschaftlichen Jägern gefunden werden konnten. Denn nur bei ständiger Kontrolle der Fallen, konnten die Jäger einen Hauswilderer auf frischer Tat ertappen. So dürfte gerade bei diesem Delikt die

Hier zeigt sich in großer Statur
Der Bayrische Hiesl nach der Natur

In Ketten und Fesseln hinter Gittern, obendrein scharf bewacht: Man hatte wohl Angst, der Hiasl könnte aus dem Gefängnis fliehen. Einigen seiner Gefolgsleuten gelang das tatsächlich, sie verschwanden schleunigst gen Süden über die Alpen.

Dunkelziffer besonders hoch gewesen sein, da kaum Wilderer dieser Taten überführt werden konnten.

Die Orte bei dieser Form weichen auch ab von jenen der übrigen Wilderei: Fallensteller und Schlingenleger waren meist da unterwegs, wo die Gelegenheit günstig war, nämlich in den Streusiedlungen mit ihrer Vielzahl von nicht kontrollierbaren Höfen, vor allem von den unterbäuerlichen Schichten, also den Knechten, Kleinhäuslern und Herbergsbesitzern.

So spiegelt sich auch hier das hierarchische Verhältnis der Ober- und Unterordnung in der Wildereiform wider: Diejenigen, die auch in ihrem Milieu das Sagen hatten, also die Bauernsöhne, jagten das große und prestigeträchtige Wild – die von ihnen Abhängigen mussten sich mit dem Kleinvieh zufriedengeben. Was also den bessergestellten Bauernsöhnen ihre Gemsen, Rehe und Hirsche, waren den Landarmen ihre Hasen, Vögel und Eichhörnchen. Mit einigem Abstand folgte die Fischwilderei. Besonderer Beliebtheit erfreute sich die Wilderei auf Vögel, angefangen vom mittelgroßen Federwild wie dem Fasan oder dem Auerhahn bis hin zu Wachteln und Singvögeln. Dieses Vogelschießen, dem vor allem die noch nicht erwachsenen und zum Scheibenschießen zugelassenen Bauernburschen und Bauernknechte frönten, bildete oft die Eingangs- und Initiationsstufe zur Wilderei; hierin konnten sie sich in der Treffsicherheit am lebendigen Ziel üben.

Gab es eine zeitliche Verteilung der Wilderei über den Jahreslauf hinweg? Prinzipiell lässt sich feststellen, dass das ganze Jahr hindurch gewildert wurde, allerdings mit leichten Spitzen im September und Oktober sowie den geringsten Fällen zwischen November und Januar. Zum einen zeigt dies, dass die Wilderei ganz regulär in das bäuerliche Arbeitsjahr integriert war, zum anderen, dass sich auch die Wilderer an einen gewissen waidmännischen Ehrenkodex gehalten haben und Rücksicht auf die Schonzeiten des Wildes nahmen. Die Wilderei lässt sich sozusagen als Fortsetzung der bäuerlichen Alltagstätigkeiten interpretieren. Nach Auslegung der Wilderer begingen sie kein Delikt, sie hielten einfach an der Durchsetzung des althergebrachten und nicht anerkannten Rechts auch der kleinen Leute auf das Gemeingut Wild mit den dafür notwendigen Mitteln fest.

Vergleicht man die Ergebnisse der Forschung mit den Vorstellungen und Mythen, die sich um die Wilderer ranken, so lässt sich unschwer feststellen, dass die Legenden der Realität zwar nahekommen, sie sich jedoch der Versatzstücke bedienen, die dann das Bild eines idealisierten Rebellen der Bauern, Unterdrückten und Armen ergeben. Derartige Figuren finden sich in fast allen mitteleuropäischen Gesellschaften. Sie dürften Ausdruck dafür gewesen sein, dass sich, zumindest in der Phantasie, die Untertanen an der Obrigkeit rächen konnten, der sie in Wirklichkeit streng unterworfen waren.

Doch die Interpretation der Wilderei als Widerstand gegen die Staatsgewalt dürfte vor allem in den flacheren Gebieten zwischen München und der Donau nicht zutreffen. Dort hatte sie weitaus praktischere Beweggründe. Die Klagen der Bauern über Wildschäden, das Überhandnehmen des Wildes, den nicht vorhandenen Ersatz des vom Wild angerichteten Schadens sind Legion. So lässt sich nicht von der Hand weisen, dass es letztendlich einfach nur der schlichte Überlebenswille war, sich des Wildes zu entledigen, um die Feld- und Flurschäden zu verringern und um den Ernteertrag zu schützen. Bei der doch recht leichten Verfügbarkeit von Schuss-

„Ein stolzer Schütz in seinen schönsten Jahren (...)" – auch den traf die Kugel. Schon kurz nach seinem Tod wurde auf Georg Jennerwein (1848 bis 1877) ein Lied gedichtet, das zu seiner Überhöhung zum bayerischen Robin Hood beitrug. Er gilt bis heute als der Wilderer schlechthin: Ein Wagemutiger, der es mit der Obrigkeit aufnimmt, und auch noch ein Weiberheld ist. Auf der Fotografie ist der Schürzenjäger indes in recht trauter Häuslichkeit zu sehen. Vermutlich war es aber sein Techtelmechtel mit einer Sennerin, die einen Konkurrenten rasend und zum Mörder machte. Am 6. November 1877 fand man den Girgl tot auf dem Rinnerspitz in den Schlierseer Bergen. Beerdigt ist er auf dem Friedhof Westenhofen in Schliersee.

inmitten seiner geliebten Bergwelt
der Wilderer
Georg Jennerwein
er wurde erschossen am 6. Nov. 1877
Ein stolzer Schütz in seinen schönsten Jahren
er wurde weggeputzt von dieser Erd.
Man fand ihn erst am neunten Tage
auf hohen Peißenberg bei Tegernsee
1890
Hausham

Das Thema Wildschütz durfte bei Ludwig Ganghofer natürlich nicht fehlen – und zwar weder in seinen literarischen Werken noch in „Das deutsche Jagdbuch". Dieser Band erschien 1898, die Illustrationen lieferte ihm der Hamburger Christian Wilhelm Allers, der eigentlich als Zeichner mit Motiven zu Bismarck und Marine-Soldaten bekannt war.

waffen ist es nicht verwunderlich, dass viele geplagte Bauern zur Waffe und damit zur Selbsthilfe griffen, denn Hilfe von den landesherrlichen Jägern war nicht zu erwarten – zumal diese doch extra für den Schutz des Wildes eingestellt waren.

Wie kam es zum Wilderermythos, der sich ja bereits in Ansätzen in den Zeiten des Ancien Régimes feststellen lässt? Diesen Mythos findet man schon in den Volksliedern über Wilderer, die sich in zwei Gruppen einteilen lassen: die Wildschützen- und Sennerinnenlieder sowie die Klage- und Trauerlieder. Die Wildschützenlieder verherrlichen Jagderfolge und den Jagddrang der Wilderer, deren

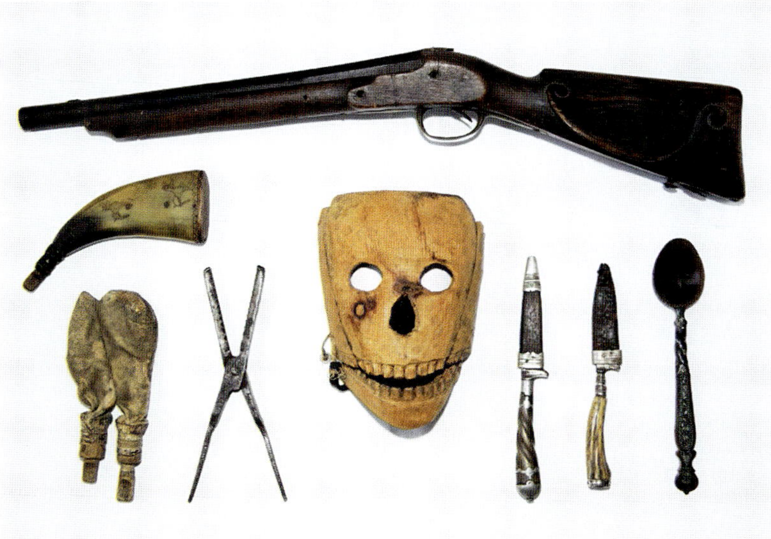

Zum Handwerkszeug mancher Wilderer gehörte auch eine Maske, andere schwärzten sich das Gesicht, um unerkannt zu bleiben. Die hier gezeigten Ausrüstungsgegenstände stammen aus der Zeit um 1800. Sie sind heute im Museum Golling bei Salzburg zu sehen.

Unabhängigkeit gegenüber Gesetz und Obrigkeit sowie deren von allen dörflichen Zwängen und Reglementierungen freien Beziehungen zu den stets hübschen und willigen Sennerinnen. Die Klagelieder hingegen entstanden als Reaktion auf den Tod eines Wilderers, also eines Mitglieds des Dorfverbandes, gewöhnlich weil dieser von einem Jäger entdeckt, gestellt und im Schusswechsel getötet wurde. Solche Lieder konnten wohl deshalb entstehen, weil die besungenen Wilderer durchgehend innerhalb ihres Dorfverbandes fest integriert waren und dort das Wildern als Straftat nicht anerkannt war. Die Klagelieder hatten nicht nur eine Kompensationsfunktion für die Trauer um einen Angehörigen, sondern sie wurden auch deswegen weitergegeben, weil einer von ihnen besungen wurde, der es gewagt hatte, stellvertretend für alle anderen im Dorf den Aufstand gegen die Obrigkeit zu wagen. Das Singen der Lieder ist quasi die symbolische Wiederholung der Rebellion. Um den zivilen Ungehorsam nicht abbrechen zu lassen, war es notwendig, potenzielle Nachahmer zu rekrutieren, die sich von den möglichen Gefahren nicht abschrecken ließen. Um sie für die Sache zu gewinnen, wurde das Wildererleben in den schönsten Farben ausgemalt, das Jagderlebnis und der Jagderfolg auch auf die Sennerinnen ausgedehnt und so den Jugendlichen ein Vorbild gegeben, wie eine entsprechende Partnerschaftssuche mit Hilfe der Wilderei erfolgreich sein könnte.

Bierrebellen

Boykott und Randale: Immer wenn die Preise fürs „flüssige Brot“ stiegen, kochte die Volksseele über.

Johannes Staudenmaier

In Bayern wird Bier gerne als Grundnahrungsmittel bezeichnet. Dies mag in modernen, oft vom Gesundheits- und Selbstdisziplinierungsgedanken beeinflussten Ohren zwar flapsig oder verschroben klingen, hat aber durchaus einen wahren und ernsten Kern. Bier konnte im Mittelalter und in der Frühen Neuzeit auch aus minderwertigerem Getreide hergestellt werden, als das für Brot erforderlich war. Da es trotzdem einen relativ hohen Kaloriengehalt – bei geringerem Alkoholvolumen als heute – hatte, war es eine solide Nahrungsergänzung („flüssiges Brot"). Zudem zerstörte das für den Brauvorgang notwendige Erhitzen des Wassers die vielen Bakterien und Keime, weshalb Bier – wie auch Wein – deutlich genießbarer war als normales Brunnentrinkwasser. Natürlich war es auch Genussmittel, das die Geselligkeit förderte und entspannte.

Wie andere Grundnahrungsmittel bot Bier nicht nur in Bayern oft Anlass für politische Auseinandersetzungen und gar Tumulte. In Geschichtsbüchern findet man sie unter den Stichworten: Bierkrieg, Bierfehde, Bierkonflikt, Bierexzess, Bierrevolution, Bierstreit, Bierstreik, Bierkrawall oder Bierboykott. Die Gründe für diese Auseinandersetzungen sind unterschiedlich. Im späten Mittelalter und am Beginn der Frühen Neuzeit, also etwa zwischen 1400 und 1600, ist im Alten Reich der Versuch der weltlichen und geistlichen Fürsten zu erkennen, ihre eigene Macht auf Kosten der bis dahin relativ autonomen Städte auszudehnen. Dies geschah nicht nur, indem sie ihre Rechtsprechungs- und Gesetzgebungskompetenz erweiterten (das Reinheitsgebot von 1516 ist ein Beispiel dafür) oder in die städtischen Ratswahlen eingriffen, sie erhoben auch vermehrt Steuern. Vor allem indirekte Umsatz- und Verbrauchssteuern waren ein beliebtes Mittel, um die landesherrliche Kasse zu füllen.

Für Wein und Bier mussten die Wirte das sogenannte Ungeld bezahlen. Das ging ursprünglich überwiegend an die Städte – die sich natürlich wehrten, als der Landesherr ihnen diese Einnahmequelle streitig machte. Ein bekanntes Beispiel dafür ist die Hildesheimer Bierfehde in den Jahren 1481 bis 1486. Im Streit zwischen dem Hildesheimer Bischof Barthold II. von Landsberg und der Stadt Hildesheim mischten sich gar verschiedene niedersächsische Fürsten und Städte ein, es kam zu kriegerischen Verwicklungen.

Weil das Brauen und der Ausschank hohe Gewinne versprachen, war Bier auch immer der Gegenstand von Privilegienverleihungen.

So konnten sich Städte beispielsweise die Zollfreiheit für ihr Bier sichern, Einfuhrverbote für auswärtiges Bier erlassen oder Brau- und Schankmonopole innerhalb eines bestimmten Umkreises um ihre Stadt errichten. Versuche von Fürsten und Städten, diese Privilegien zu verletzen, führten nicht selten zu schweren Konflikten. So versuchte Albrecht III., Fürst von Anhalt-Zerbst, 1417 seiner Haupt- und Residenzstadt Zerbst einen Exportzoll auf ihr Bier aufzuerlegen. Da ihr in einem Privileg von 1259 jedoch die Zollfreiheit verliehen worden war, die nur vom König wieder aufgehoben werden konnte, entwickelte sich ein Wettlauf zu König Sigismund, der gerade auf dem Konstanzer Konzil weilte. Die Zerbster Bierfehde wurde schließlich 1420 in einem für die Stadt eher ungünstigen Vergleich beigelegt. Eine ähnliche Ursache hatte auch der Bierkrieg zwischen Görlitz und Zittau 1490/91, in dem die Görlitzer einen bewaffneten Konflikt gegen das Zittauer Privileg führten, das einen zollfreien Import und Verkauf des Zittauer Biers in Görlitz erlaubte.

Der bayerisch-fränkische Raum begann im 16. Jahrhundert seinen langen Aufstieg zur Bierregion von Weltgeltung – in kommerzieller und qualitativer Hinsicht. Oberfranken ist mit etwa 160 Brauereien heute die Gegend mit der größten Brauereidichte der Welt. Und so haben die Stadt Ebermannstadt und der benachbarte Markt Pretzfeld wie viele andere Orte in der Fränkischen Schweiz auch jeweils mindestens eine Brauerei. Anfang des 16. Jahrhunderts, als beide Orte zum Hochstift Bamberg gehörten, war das nicht denkbar. Denn den Ebermannstädtern wurde 1513 durch den Kaiser eine Bannmeile um ihre Stadt bestätigt, innerhalb der nur sie mälzen und brauen durften – die Pretzfelder lagen innerhalb dieser Bannmeile und durften deshalb kein eigenes Bier brauen. Die Freiherren Stiebar von und zu Buttenheim allerdings, die Herren des Pretzfelder Schlosses waren, begannen im 17. Jahrhundert dennoch Bier zu brauen – nicht nur für den Eigenverbrauch, sondern auch für die örtlichen Wirtshäuser. Nachdem diese Verletzung des Privilegs nicht friedlich unterbunden werden konnte, stürmte ein Ebermannstädter Haufen am 6. September 1690 das Schloss und zerstörte die Brauerei. Der Streit schwelte, wurde teilweise vor dem damals höchsten Gericht im Alten Reich, dem Reichskammergericht in Wien, ausgetragen und erst 1973 durch einen offiziellen Friedensschluss anlässlich des 650-jährigen Stadtjubiläums Ebermannstadts beige-

niger scharf mitgenommen waren, ging
s Militär sperrte die Eingänge, und die
lzscheiten auf die Masse, wobei ein Man
rden. Hierauf entstand nun ein Greuel
ivatwohnung des Brauers wurde total
ten, Wäsche, Betten, Kleider, Stücke Lein-
mmert, zerrissen und zu den Fenstern hinab.
nen Banknoten in der Luft, als ob es schnei-
sich unter das Volk auch viel Gesindel ge-
rochen volle 2 Stunden

1848 kochte München über: Da hatte man genug von Ludwig I. und seinem Gspusi – die Tänzerin wurde zum Teufel gejagt, der König musste auf seinen Thron verzichten. Und dann wurde auch noch der Bierpreis erhöht – die Lebensmittelpreise hatten ohnehin seit 1800 ihren Höchststand erreicht. Das Volk randalierte, unter anderem beim Brauer Pschorr in der Reichausergasse. Die Illustration ist der Ausschnitt aus einem größeren Bilderbogen, der alle Krawalle des Jahres 1848 in der Residenzstadt zeigt.

legt. Augenzwinkernd kann man den Bierkrieg zwischen Ebermannstadt und Pretzfeld als den längsten überhaupt betrachten.

Im 19. Jahrhundert bekamen Bierkriege eine andere Note. Im neuen Königreich Bayern erhielt die Gewerbefreiheit allmählich Einzug – der Zunftzwang wurde aufgehoben, Privilegien wie Bannrechte oder Bierzwang abgebaut, Steuern und Zölle fast nur noch von staatlichen Behörden erhoben. Konflikte zwischen Städten oder zwischen Fürsten und Städten, die sich zu bewaffneten Auseinandersetzungen ausweiten konnten, gab es daher nicht mehr.

Die Industrialisierung veränderte nicht nur die ökonomischen Strukturen, sondern auch die sozialen. Die Städte wuchsen, ebenso die Probleme: Die abverlangte Arbeitsleistung stieg deutlich an – die Löhne allerdings konnten mit der Preisentwicklung nicht Schritt halten. Kamen dann auch noch wirtschaftliche Ausnahmesituationen wie etwa Missernten hinzu, war die Gefahr von Hungerkrawallen (aber auch Wohnungskrawallen) groß: Getreidetumulte, Brot- und Kartoffelkrawalle, „Bierexcesse". Marktkrawalle waren ein altes Mittel, um sich Nahrung zu beschaffen. Stärker aber noch als früher enthielten sie Elemente des sozialen Protests.

Kaum war nach der Hungersnot 1816/17 eine deutliche Entspannung in der Nahrungsmittelproduktion mit stabilen Preisen eingetreten, kam es ab 1844 zu einigen schlechten Ernten hintereinander. Die bayerische Regierung, die seit dem „Biersatzregulativ" von 1811 distriktweise die Preise festsetzte, bestimmte daraufhin in Kombination mit einer Steuererhöhung einen Preis von 5 Kreuzern für eine Halbe Sommerbier – das bedeutete eine Erhöhung um 22 Prozent. Was das zur Folge hatte, beschrieb der preußische Philosoph und Ökonom Friedrich Engels in einer englischen Zeitung: „Das bayerische Bier ist das berühmteste von allen in Deutschland gebrauten Sorten dieses Getränkes, und die Bayern sind selbstverständlich ausgesprochen süchtig danach, es in ziemlich großen Mengen zu konsumieren. Die Regierung hat eine neue Steuer von 100 Schilling pro Maß auf das Bier eingeführt, was zu Unruhen führte, die sich über mehr als vier Tage hinzogen. Die arbeitende Bevölkerung versammelte sich in großer Menge, marschierte durch die Straßen, überfiel öffentliche Gebäude, schmiss die Fester ein, zertrümmerte die Einrichtung und zerstörte alles in ihrer Reichweite, um Rache für die Preiserhöhung ihres Lieblingsgetränkes zu nehmen." Die Krawalle dauerten vom 1. März bis zum 4. März 1844 und hatten neben einigen Brauereien auch Bäckereien und Metzgereien zum Opfer. Da die „normalen" Soldaten auf der Seite der Protestierenden standen, ließen sich wirksame Gegenmaßnahmen kaum durchführen. Erst als die Preiserhöhung zurückgenommen wurde, beruhigten sich die Gemüter. Doch weiterhin galt:

„Der Münchner ist der Beständigkeit Bild,
solange das Bier vier Kreuzer gilt!
Doch geht aber der Preis über fünf hinauf,
Dann ziehen finstre Wolken herauf!"

Und so kam es in den folgenden Jahren – mal mehr, mal weniger schwer – zu ähnlichen Vorfällen, wenn die Preiserhöhung für das Sommerbier angekündigt wurde. Den Abschluss und zugleich Höhepunkt dieser Unruhen, die auch immer wieder mit Getreidekrawallen einhergingen, bildete die Münchner Bierrevolution von 1848, die der politischen Revolution des gleichen Jahres und dem Rücktritt König Ludwigs I. nur um kurze Zeit folgte.

Ein anderer Bierkrawall ereignete sich 18 Jahre später in den beiden mittelfränkischen Städten Nürnberg und Fürth. 1865 war das Biersatzregulativ aufgehoben und die Preisgestaltung den freien Kräften des Marktes überlassen worden. Als die Brauer im folgenden Jahr diesen neuen Spielraum nutzen wollten und trotz moderater Getreidepreise den Bierpreis erhöhten, schwante den Schankwirten schon

Übles. Doch ihre Beschwerden bei den Brauern blieben wirkungslos – sie mussten die Preiserhöhung an ihre Kunden weitergeben. Besonderes Pech hatte der Wirt des Nürnberger Gasthauses „Zur deutschen Flotte“: Just, als die Preiserhöhung verkündet wurde, hatte er 14 Soldaten des 1. Chevauxlegers-Regiments sowie einige Artilleristen zu Gast. Diese taten ihre Meinung zur Erhöhung kund, indem sie kurzerhand seine Einrichtung zerlegten. An den folgenden Tagen zogen sie, begleitet und unterstützt von Sympathisanten, weiter zum „Mohrenkeller“, dem Gasthaus „Wolfsschlucht“ und dem „Scharfen Eck“, in denen sie den Wirten Bier für den alten Preis abpressten. Am 3. Mai drohte die Lage zu eskalieren, als sich rund 700 Menschen trotz eingesetzter Schutztruppen vor der Reif-Brauerei versammelten. Auch im benachbarten Fürth war der Schwerpunkt der Proteste am selben Tag, als vermummte Gestalten in drei der fünf großen Brauereien eindrangen und die Einrichtung demolierten. Die Lage war den Brauern nun doch zu riskant, und so nahmen sie die Preiserhöhung zurück. Im Ergebnis gab es in Nürnberg 23 Festnahmen und einen Toten.

So lange der Preis stimmt, geht es in Bayerns Gaststätten ruhig zu. Relativ jedenfalls: Wenn es zum Tanz auf Tischen oder zu Gejohle kommt, dann liegt das eher an einer Maß zu viel. Hier eine Szene um 1850 aus dem „Bockstall“, wo das Hofbräuhaus seinen Maibock ausschenkte.

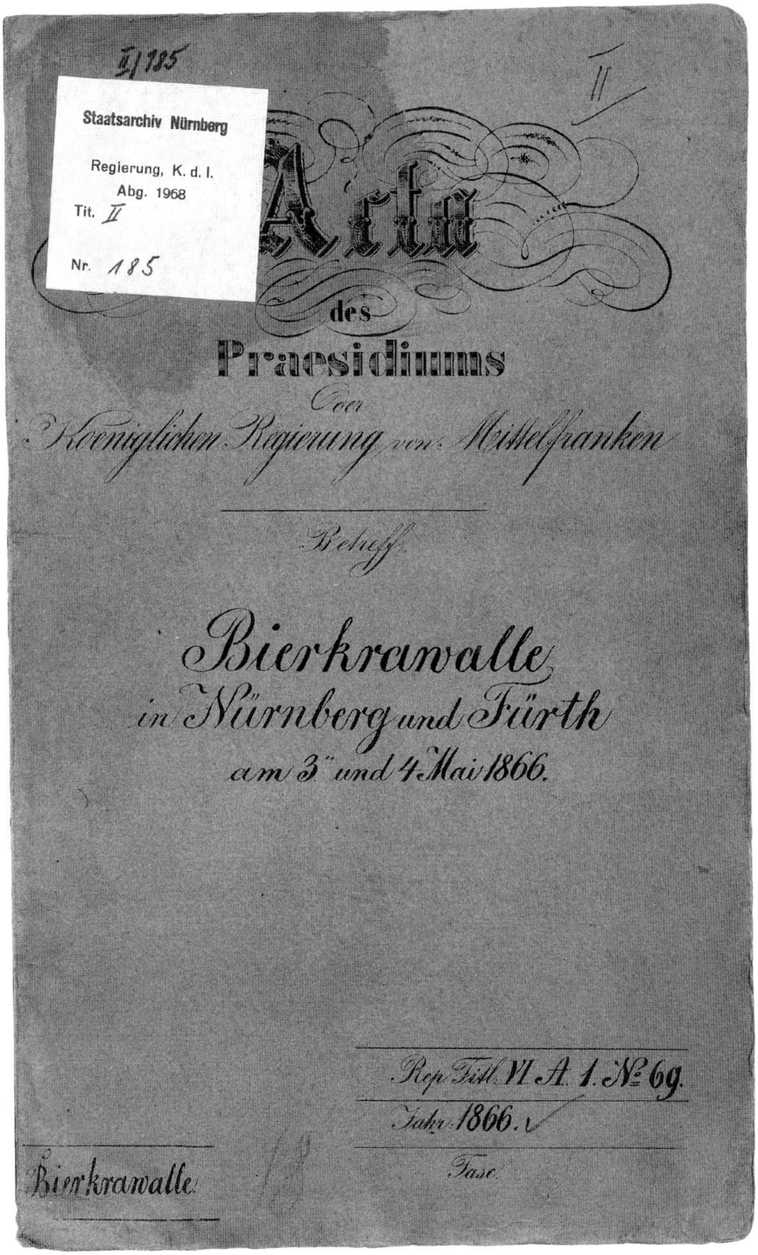

In den ersten Maitagen 1866 ging es in Nürnberg rund: Hunderte von Menschen schlossen sich dem Protest gegen die Bierpreiserhöhung an. Es kam zu Ausschreitungen: In den Akten liest man von demolierten Gaststuben, 23 Festnahmen und gar einem Toten. Die Bierbrauer reagierten umgehend – die Preiserhöhung wurde zurückgenommen (rechte Seite).

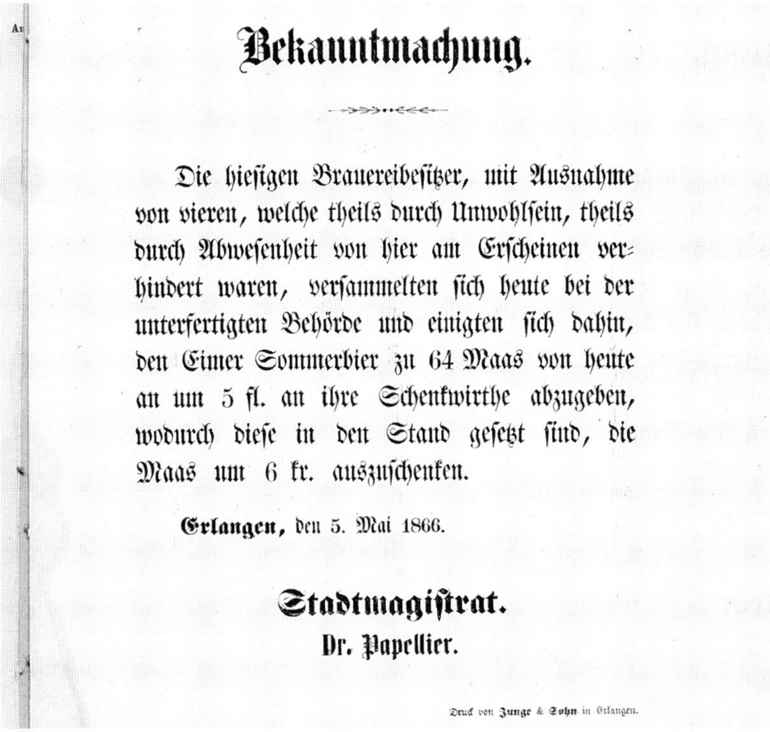

Bekanntmachung.

Die hiesigen Brauereibesitzer, mit Ausnahme von vieren, welche theils durch Unwohlsein, theils durch Abwesenheit von hier am Erscheinen verhindert waren, versammelten sich heute bei der unterfertigten Behörde und einigten sich dahin, den Eimer Sommerbier zu 64 Maas von heute an um 5 fl. an ihre Schenkwirthe abzugeben, wodurch diese in den Stand gesetzt sind, die Maas um 6 kr. auszuschenken.

Erlangen, den 5. Mai 1866.

Stadtmagistrat.
Dr. Papellier.

Druck von Junge & Sohn in Erlangen.

In Erlangen hingegen blieb es ruhig, obwohl ein städtischer Beamter ebenfalls Unruhen nach dem Vorbild der Nachbarstädte befürchtet hatte, da „es hier bekanntlich schlimmes Volk genug gibt" und diese „infima plebs sehr geneigt ist, das zu wiederholen". Vorsorglich hatte der Bürgermeister die 17 örtlichen Brauer auf eine Senkung des Bierpreises eingeschworen.

Den Höhepunkt der durch Preisanstiege bei Lebensmitteln ausgelösten Unruhen sah allerdings 1873 Frankfurt am Main. Im Jahr zuvor waren infolge des deutsch-französischen Kriegs die indirekten Steuern erhöht worden, weshalb neben den anderen Grundnahrungsmitteln auch das Bier teurer wurde. In Frankfurt war zum 1. April der Preis für eine Halbe Bier von 4 Kreuzern („Batzen") auf 4½ Kreuzer angehoben worden. Das führte zunächst noch zu keinem Widerstand. Erst für den 21. April, den letzten Tag der Frühjahrsmesse, an dem die Arbeiter Frankfurts und der Umgebung frei hatten, rechnete die Polizei mit Schwierigkeiten. Und tatsächlich: Ein kleiner Kern plante und organisierte den Protest, dem sich

Nur ein Pfennig genügte, um einen Boykott zu initiieren – die Bamberger tranken einige Tage nur noch das günstigere Bier aus dem benachbarten Forchheim. Die Bamberger Brauer gaben nach. Die Porträts der Rädelsführer wurden verherrlichend auf Postkarten gedruckt. Bis heute erinnert auch eine Tafel am Gasthaus „Mondschein" in der Bamberger Sandstraße an die Tumulte von einst.

schnell mehrere Hundert Menschen anschlossen; einige trugen rote Fahnen. Mit Rufen nach „Batzenbier" zogen sie vom Messegelände in die Innenstadt und knöpften sich einige Brauereien und Wirtschaften vor. Die unterbesetzten Polizeikräfte waren völlig überfordert. Infanterie- und Dragonerregimente wurden in die Stadt entsandt. Sie versuchten die Lage unter Kontrolle zu bekommen, teilweise indem sie in die Menge schossen. Die Bilanz des Tages: 22 Tote und über 40 Festnahmen; einige Wochen später sprach das Schwurgericht teils hohe Haftstrafen aus. Die Reaktionen der Obrigkeit waren auch deshalb so hart, weil man sozialistische, wenn nicht sogar revolutionäre Umtriebe vermutete, deren „richtige Signatur jene rothen Fahnen bildeten, welche zu Anfang rasch aus rothen Vorhängen improvisirt wurden" (National-Zeitung vom 23. April 1873).

Gewalttätige Proteste gegen Bierpreiserhöhungen traten in der Folge zunehmend in den Hintergrund gegenüber einer anderen, organisierteren, und daher vielleicht wirkungsvolleren Form des Widerstands: dem Boykott – wie im Bamberger Bierkrieg von 1907. Die oberfränkische, ehemals fürstbischöfliche Residenzstadt hatte sich seit dem Dreißigjährigen Krieg von einer Wein- zu einer florierenden Bierstadt gewandelt. Ende des 18. Jahrhunderts gab es dort bei rund 20.000 Einwohnern etwa 75 Brauereien. Aus dieser Zeit stammte auch die letzte Bierpreiserhöhung. Als 1907 die ansässigen Brauereien beschlossen, in ihren angegliederten Wirtschaften das Bier für zwölf statt wie bisher für elf Pfennige auszuschenken, organisierten die geschockten Bamberger eine konzertierte Gegenaktion. Karl Panzer, in der Folge „Feldmarschall“ genannt, überredete die Besitzer der beiden Gaststätten „Weierich“ und „Mondschein“, Forchheimer Bier für den alten Preis auszuschenken. Tag und Nacht rollten daraufhin die Gespanne auf der rund 25 Kilometer langen Straße zwischen beiden Städten hin und her. Die Bamberger drängten sich in den Straßen vor den beiden Gaststätten, während die Wirtschaften der einheimischen Brauer leer blieben. Am 7. Oktober, sechs Tage nach Ausbruch des „Krieges“, gaben sie nach und kehrten zum alten Preis zurück.

Auch der Bierkrieg im oberbayerischen Dorfen begann 1910 mit einem Boykott. Ausgelöst durch eine Steuererhöhung des Reichs, um die Flottenpolitik zu finanzieren, war Anfang des Jahres durch das Malzaufschlaggesetz auch der Bierpreis erhöht worden. Wie in anderen Gegenden Bayerns reagierten die Dorfener mit einem – zumindest offiziellen – Verzicht auf das Getränk. Die örtlichen Brauer und Gaststättenbesitzer hatten allerdings ein längeres Durchhaltevermögen als jene in Bamberg und nahmen die Erhöhung nicht zurück. Am 5. Juni brachte die heiß brennende Sonne die ohnehin erhitzten Gemüter zum Überkochen. Die Preiserhöhung und der Boykott, weshalb man auf das Lieblingsgetränk verzichten musste, waren Thema Nummer eins auf dem Sonntagsmarkt. Plötzlich ging der erste Gasthof in Flammen auf. Kurze Zeit später folgte der zweite – das Feuer griff auf angrenzende Gebäude über. Die Feuerwehr und helfende Bürger löschten aber nicht nur das Feuer, sondern auch ihren seit Monaten angestauten Durst, da die Brauereien als Lohn Freibier ausschenkten. Einige der Anwesenden motivierte das so sehr, dass sie beschlossen, auch noch einem dritten Gasthaus einen Besuch abzustatten. Nachdem sie die Einrichtung der Wirtsstube (bis auf die Bierfässer) zerstört hatten und begannen, sich an den Vorräten schadlos zu halten, gab der Brauer und Wirt Josef Bachmayer nach. Um sein Leben und das seiner Familie fürchtend, verkündete er die Rücknahme der Preiserhöhung – und von einer Sekunde zur anderen avancierte er vom Schurken zum Helden.

Mit Beginn des Ersten Weltkriegs endeten die Bierkriege als besondere Form der Lebensmittelunruhen. Wenn es noch zu Krawallen kam, wurden sie ausgelöst durch die Knappheit während und nach dem Krieg und bezogen sich auf tatsächlich lebensnotwendige

Nahrungsmittel wie Brot, Kartoffeln, Fleisch oder Streichfette. Mit ihrem oft antisemitischen Ton waren sie Vorboten einer dunklen Zeit. Die früheren Bierkriege darf man demgegenüber keinesfalls als Ausdruck eines Luxusproblems bewerten – oder als folkloristische Aktion zur Preiskorrektur. Sie waren vielmehr Manifestation tatsächlicher Nöte, der auch ein gewisses sozialrevolutionäres, gegen „Geldsäcke" und Wucherpreise gerichtetes Potenzial innewohnte. Die Preiserhöhungen wurden als illegal empfunden – zumal wenn die Verbraucher nach Missernten eine Qualitätsverschlechterung akzeptieren mussten. Die Protestierenden wähnten sich moralisch im Recht. Auch wurden die Bierkriege nicht von krawallfreudigen Trinkbrüdern oder „einem excedirenden arbeitslosen Pöbel" ausgetragen, vielmehr beteiligten sich an ihnen unterhalb der Honoratiorenschicht unterschiedlichste soziale Gruppen vom Fabrikarbeiter über den Taglöhner bis hin zu Handwerksgesellen, Studenten und Soldaten. Oft waren die Unmutsäußerungen zudem nicht spontan, sondern von einer kleinen Kerngruppe geplant und organisiert, der sich andere Protestierende dann anschlossen. Die soziohistorischen und wirtschaftlichen Ursachen, Auslöser und der Verlauf sowie das Ausmaß waren aber jedes Mal unterschiedlich. Die verschiedenen Bierkriege und -krawalle können daher nicht über einen Kamm geschoren und schon gar nicht als Kampf der trinklustigen Bayern für billiges Bier beschrieben werden.

Auch heute noch ist das Bier Auslöser von „Kriegen". Dies sind jedoch nicht Konflikte zwischen Produzent und Verbraucher, sondern Auseinandersetzungen zwischen Brauerei(konzern)en um Marktanteile. So gilt der „Deggendorfer Bierkrieg" von 2011, ausgelöst durch die Entscheidung der Deggendorfer Volksfestveranstalter, neben den zwei regionalen Brauereien eine aus München zuzulassen, schon jetzt als legendär. Auch um die Markthoheit in den Fußballstadien der Bundesliga tobt ein Bierkrieg, in dem sich regionale Brauereien gegen Großbrauereien (wohl vergeblich) zu behaupten versuchen. Bleibt indes zu hoffen, dass diese Art von Bierkrieg anders als seine historischen Vorgänger ausgefochten wird.

Ein Pfennig mehr für die Halbe – das rief im Jahr 1910 auch die Biertrinker im oberfränkischen Münchberg auf die Straße. Kurz zuvor war eine neue Malzsteuer eingeführt worden. Am 8. Mai wurde eine öffentliche Volksversammlung veranstaltet, dann auch noch dieses Flugblatt verteilt.

Werte Festgäste!

Wir halten es für unsere Pflicht, Euch nochmals die Mitteilung zu machen, daß **über alle** **igen Biere** seit 14. Mai der

Boykott

ängt ist.

Die hiesigen Brauer und Wirte glaubten dem Publikum einfach einen höheren Bierpreis eren zu können. In einseitiger Weise — über die Köpfe der Arbeiterschaft und sonstigen Kon= nten hinweg — schraubte man den Preis von 10 auf 11 bezw. 12 Pfg. pro ½ Liter hinauf

Diese Handlungsweise muß **mit aller Entschiedenheit zurückgewiesen werden.** Die hiesige iterschaft kämpft nunmehr schon seit 3 Wochen um den alten Preis. Wir hoffen, auch auf

weitgehendste Unterstützung

erseits rechnen zu können!

Arbeiter! Sportgenossen! Übt Solidarität, die ihr ja auf Eure Fahne geschrieben t! Verkehrt nur in den am Schlusse dieses Schreibens angegebenen Wirtschaften, die bisher treu geblieben sind!

Wenn Ihr andere Gasthäuser besuchen müßt, dann **meidet das Bier,** oder schränkt doch den uß desselben auf das alleräußerste ein!

Auch möchten wir besonders darauf hinweisen, daß an der Straße, wo die Aufstellung zum uge erfolgt, über **sämtliche Wirtschaften der Boykott verhängt ist.**

Gebt auch scharf darauf Obacht, daß man Euch **keine 4=Zehntelliter=Gläser** vorsetzt, wo geschieht, **weist dieselben energisch zurück!**

Die Wirte:

Hans Taubald, Bismarckstraße,
Johann Ritter, Ludwigstraße, und
Andreas Dietel, Kulmbacherstraße,

das Bier **zum alten Preise** ab.

Bei Christian Braun, Kulmbacherstraße, wird **Kulmbacher,** bei Willy Pock, Stamm= rstraße, **Helmbrechtser Lagerbier** verzapft. Diese Wirtschaften sind **boykottfrei!**

Auch haben wir Vorsorge getroffen, daß schon während des Vormittags auf dem Festplatze **kottfreies Bier** zum Ausschank gelangt.

Wir wünschen Euch recht vergnügte Festesstimmung und hoffen, daß uns Eure Unterstützung bald den Sieg bringen werde.

Das Aktionskomitee.

Hexen

**Schlechtes Wetter, Missernten, Hungersnöte:
Da konnte doch nur böser Zauber im Spiel sein – und der musste brachial gebrochen werden.**

Christoph Bachmann

Im Februar 2013 verbrannte ein aufgebrachter Mob in Mount Hagen die 20-jährige Leniata Kepari bei lebendigem Leib als Hexe. Sie sollte schuld am Tod eines 6-jährigen Jungen sein. Dort, im Hochland von Papua-Neuguinea, ist das keine Seltenheit: Seit 1971 ist Hexerei sogar ein Straftatbestand im Strafgesetzbuch. Ein Aufschrei der Entrüstung ging dennoch weltweit durch die Presse: „Hexenmorde wie im Mittelalter", titelte zum Beispiel „Die Welt". Doch wütete der Hexenwahn auch in Europa vor noch gar nicht so langer Zeit: Die Hexenprozesse sind kein mittelalterliches Phänomen, sondern fanden in der sogenannten Frühen Neuzeit, also in Renaissance, Barock sowie Rokoko statt. Der letzte Hexenprozess im Heiligen Römischen Reich Deutscher Nation wurde 1775 im Fürststift Kempten gegen Anna Schwegelin geführt, allerdings kam es nicht mehr zur Vollstreckung des Urteils. Die vermutlich letzte Hexenverbrennung auf deutschem Boden dürfte deshalb diejenige der 15-jährigen Veronika Zeritschin am 2. April 1756 in Landshut gewesen sein. Auf europäischem Boden war es Anna Göldi, die 1782 in Glarus (Schweiz) ihr Leben lassen musste.

Das Hexenphänomen ist nicht typisch europäisch, hier wollen wir uns dennoch mit der mitteleuropäischen Ausprägung befassen. Wichtig ist eine exakte Definition, was denn zur Hexerei alles zu zählen sei. Hier hilft die Ethymologie des Wortes Hexe, die allerdings nicht abschließend geklärt ist: Das Wort dürfte aus dem Westgermanischen kommen und sich vom althochdeutschen „hagazussa" oder dem mittelniederländischen „haghetisse" ableiten und sich wohl mit „Geist oder Mensch, der in der Hecke wohnt/sitzt" (hag = Hecke) übersetzen lassen. Wie genau und vor allem wann sich dann der Konnex zwischen Hexe, Schadenszauberei, Wahrsagerei und Heilkunde herausbildete, gab viel Raum für Spekulationen, die vom Vorbild der germanischen Göttin Freya und deren Dämonisierung im Verlauf des Vordringens des Christentums bis hin zu maternalen Naturreligionen reichen.

Wie dem auch sei, man weiß, dass Zauberei bereits antike Vorbilder in der Kirke, Medea und Hekate sowie im Alten Testament hatte („Zauberer sollst du nicht leben lassen", 2 Mos 22,17). Das Frühmittelalter kannte ebenfalls Zauberer und Hexen, stand einer möglichen Verfolgung jedoch eher ablehnend gegenüber; die Kirchenväter hatten bestimmt, dass Frauen, die glaubten, nachts auszufahren, mit

Einer von sieben Holzschnitten aus Ulrich Molitors „De lanijs et phitonicis [d.i. pythonicis] mulieribus" (1494, Von den Unholden oder Hexen). Für den Konstanzer Juristen und Kirchenrechtler stand fest, dass es Hexen gibt, auch Teufelspakt und Teufelsbuhlschaft waren für ihn Tatsachen. Dass aber Hexen und Teufel Schadenszauber anrichten könnten, verwarf er – das sei nur mit Gottes Einwirken möglich. So ist es in seiner Illustration auch keine Hexe, sondern die als Frau personifizierte göttliche Vorsehung, die den Pfeil des Freischützen in dessen Fuß lenkt.

Nachsicht zu behandeln seien, weil das, was sie glaubten, physikalisch unmöglich sei. Freilich gab es auch gegenteilige Ansichten.

Erst im 12. und 13. Jahrhundert begann die Kirche, im Zusammenhang mit der Ketzer-Bekämpfung bestimmte Formen der Zauberei als real anzuerkennen und diese nicht mehr als heidnischen Irrtum oder Betrug abzutun. Folglich wurden sie als ketzerische Todsünde behandelt. Einige weltliche Rechtskodifikationen zogen nach, beispielsweise der „Schwabenspiegel": Zauberei sollte durchweg als weltliches Delikt verfolgt werden und kam nicht vors geistliche Gericht. Die Strafen waren beileibe nicht so streng, wie im 16. Jahrhundert: Schandstrafe, Kirchenbuße, schlimmstenfalls Leibesstrafe oder Stadtverweisung.

Der Begriff Hexe scheint sich erst in der Zeit des Basler Konzils (1431 bis 1449) in Deutschland durchgesetzt zu haben – es war die Zeit großer Hexenverfolgungen in Südfrankreich, Oberitalien und in der Schweiz. Vor allem in der Schweiz scheint das Phänomen zunächst auf fruchtbaren Boden gefallen zu sein, ist doch der Begriff „hexereye" ein Schweizer Idiom – und von dort stammen auch erste ausführliche Beschreibungen einer ausgedehnten Verfolgung im Wallis 1428.

In Bayern fand der Hexenglaube vor allem durch den Dominikaner Johannes Nider, den herzoglichen Rat Johann Hartlieb und den Humanisten Mathias Widman Eingang. Die endgültige Etablierung erfolgte schließlich im letzten Viertel des 15. Jahrhunderts durch die beiden päpstlichen Inquisitoren Jakob Sprenger und Heinrich Institoris und deren 1494 gedruckten „Malleus Maleficarum", den „Hexenhammer". Ab diesem Zeitpunkt war die Hexenlehre voll ausgebildet, zu der folgende Elemente gehörten: Hexenflug auf Stöcken, Tieren, Dämonen oder mithilfe von Flugsalben, Treffen mit dem Teufel und anderen Hexen auf dem sogenannten Hexensabbat, Pakt mit dem Teufel, Geschlechtsverkehr mit dem Teufel, der entweder als Mann (incubus) oder Frau (succubus) auftreten konnte, auch als Teufelsbuhlschaft bezeichnet. Entscheidend wurde vor allem der Schadenszauber: Wenn in der Subsistenzwirtschaft begrenzte Güter wie Milch und Getreide aus zunächst unerklärlichen Gründen noch knapper wurden, konnte dies doch nur durch Zauberkraft verursacht sein. Als ebenso fatal erwies sich die Vorstellung vom Hexensabbat: Das vermeintliche Treffen der Hexen zum gemeinsamen Tanz veran-

Blätter aus einem Zauberbuch. Interessante Interpretationen bieten sich bei der Zeichnung einer linken Hand, eingerahmt von Geheimschriften aus lateinischen Wörtern. Die Schrift rechts und links von der Hand lässt sich möglicherweise mit „Inimicis attonatus" auflösen. Da attonatus auch mit „betäuben" übersetzt werden kann, bezieht es sich in Verbindung mit Kindshändeln vielleicht auf einen Lähmungszauber. Unter Kindshändeln versteht man die abgeschnittenen Hände von Kindern, die den Dieben Schlösser öffnen sollten. Die Zeichnung sollte möglicherweise nicht vorhandene Kinderhände ersetzen. Auch andere Deutungen wie die Darstellung einer Abwehrhand lassen sich vertreten. Leider ist der Aktenzusammenhang verloren gegangen, sodass heute nicht mehr festgestellt werden kann, in welchem Verfahren das Buch als Beweismittel vorgelegen hat.

lasste die Verfolgungsbehörden, in peinlichen Verhören (also unter Anwendung der Folter) aus den Opfern die Namen immer neuer Teilnehmer herauszupressen. Das führte zu einer steten Ausweitung der Verfahren.

Unter diesen Prämissen lässt sich das Zeitalter der eigentlichen europäischen Hexenverfolgung auf die Zeit zwischen 1450 bis 1750 mit Höhepunkten zwischen 1550 bis 1650 eingrenzen. Dabei sind zwei Verfolgungswellen voneinander zu unterscheiden: Eine, die an der Wende zum 16. Jahrhundert vor allem in den westlichen Teilen des Reiches stattfand und um 1520/30 wieder abflaute; die andere, wesentlich heftigere ist um 1560 aktenkundig.

Dies lässt sich auch annähernd auf bayerische Verhältnisse übertragen, denn hier waren es vor allem die Prozesse in Schongau, Ingolstadt, Werdenfels und Nördlingen 1589/90, die Initialcharakter hatten. Wobei auffällt, dass Beginn und gleichzeitiger Höhepunkt der Verfolgung im Herzogtum Bayern zusammenfallen. Das könnte damit zusammenhängen, dass sich bis zu diesem Zeitpunkt die Obrigkeit mit Verfolgungen sehr zurückgehalten und sich deshalb ein Verfahrensstau gebildet hatte. So endete der Schongauer Hexenprozess mit der Hinrichtung von 63 Hexen, das Verfahren in Ingolstadt kostete 22 Menschen das Leben, die Werdenfelser Prozesse forderten 52 Opfer. Von besonderer Bedeutung war das Prozessgeschehen in Ingolstadt, denn dort war auch der spätere Kurfürst Maximilian I. (1598 bis 1651) im Rahmen seiner Ausbildung an der Landesuniversität Ingolstadt als Beobachter zugegen. Seine Rolle wird in diesem Zusammenhang noch immer kontrovers bewertet: War er Befürworter oder Gegner?

Sicher ist, dass im Herzogtum nach der Affäre um den Wemdinger Pflegsverwalter Gottfried Sattler im Jahr 1613 die Tendenz zur Durchführung derartiger Verfahren merklich abnahm. Sattler hatte Hexenverfolgungen zur persönlichen Bereicherung durch-

Teufelsbuhlschaft und Schadenszauber waren gängige Vorwürfe in Hexenprozessen. Die Strafe lautete: „Verbrennen!", wie auf dieser Illustration dargestellt. Der Hans Schäufelin zugeschriebene Holzschnitt stammt aus „Der neü Layenspiegel" von 1511 (erstmals 1509 erschienen). Das populäre Rechtsbuch des schwäbischen Juristen Ulrich Tengler sollte die Grundsätze des römischen Rechts in deutscher Sprache Nicht-Fachleuten, etwa Gerichtsschöffen, vermitteln.

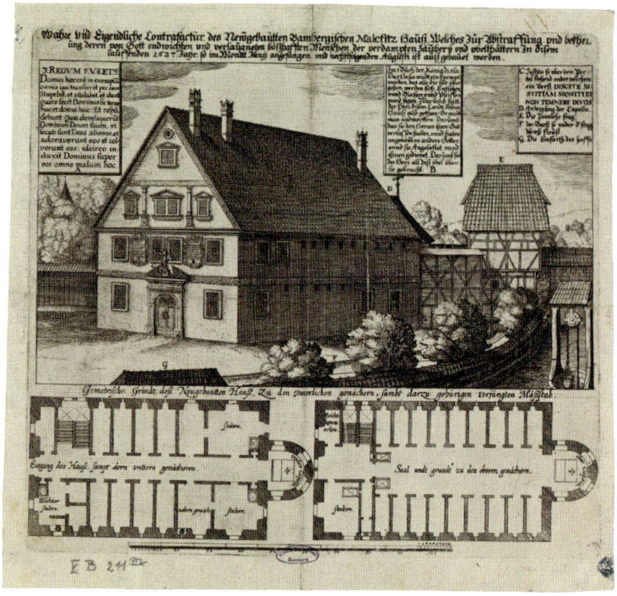

1627 ließ Fürstbischof Johann Georg Fuchs von Dornheim (hier in einer Radierung von Peter Isseldorf) ein Hexengefängnis in Bamberg bauen. Dieses „Malefitz Hauß" stand vor der Stadt, auf dem ehemaligen Schießplatz (heute Ecke Franz-Ludwig-Straße/Promenade). Das zweigeschossige Haus enthielt 26 Zellen. Die Verhöre fanden in einem separaten Bau aus Fachwerk statt; verbunden waren beide Gebäude durch einen geschlossenen Gang. Die ganze Anlage war von einer hohen Steinmauer umgeben. Die Existenz des Hauses wurde durch einen Kupferstich (1628) stolz bekannt gemacht.

geführt – er wurde dafür hingerichtet. Mit dem Regensburger Kurfürstentag 1630 kamen die Hexenverfolgungen nicht nur dort, sondern auch in Franken im Wesentlichen zum Erliegen – eine Tendenz, die sich auch außerhalb des Kurfürstentums Bayern in anderen Territorien beobachten lässt. Das heißt, in den folgenden Jahrzehnten kam es nicht mehr zu Massenverfolgungen – die Prozesse konzentrierten sich vielmehr auf einzelne Personen und nach einem Wiederaufflackern der Verfolgungswelle in den 1680er und 1690er Jahren überwiegend auf junge Männer. Der Ausklang der Verfolgungen ab dem zweiten Viertel des 18. Jahrhunderts betraf hingegen überwiegend junge Frauen. So wird nur die Verfolgungswelle des ausgehenden 16. Jahrhunderts den gängigen Vorstellungen gerecht, dass überwiegend ältere Frauen Opfer der Verfahren wurden.

In Franken kam es vor allem in den Hochstiften Bamberg, Würzburg und Eichstätt (das bis 1806 Teil des fränkisches Reichskreises war) zu Hexenverfolgungen. Besonders dramatisch gestalteten sich die Prozesse im Hochstift Bamberg. War es während der ersten Verfolgungswelle 1612/13 zur Hinrichtung von 15 Hexen gekommen, starben während der zweiten Welle 1616 bis 1622 bereits 159 Menschen und bei der letzten Welle zwischen 1616 und 1630 mindestens 630 vermeintliche Hexen.

Vor allem der 1570 geborene Bamberger Weihbischof Friedrich Förner (1610 bis 1630 im Amt) tat sich als Antreiber hervor: Er forderte fanatisch die Ausrottung der „Trudner", wie in Franken die Hexen bezeichnet wurden, und schaffte es auch, die Verfahren von weltlichen Gerichten durchführen zu lassen. In Würzburg war es unter Julius Echter von Mespelbrunn zu ersten Verfolgungen gekommen, die sein Neffe Philipp Adolf von Ehrenberg in den Jahren 1626 bis 1630 als Eiferer massiv ausweitete. Dabei gerieten – im Gegensatz zum üblichen Verlauf der Verfolgungen – zahlreiche Adelige und Bürger, aber auch Ordensleute und sogar das Verfolgungspersonal selbst in den Sog der allgemeinen Trudenjagd. Nach Beendigung der Verfolgungen durch eine Entscheidung des Reichskammergerichts und den Einmarsch der schwedischen Truppen waren in der Stadt 220 Personen und im Hochstift über 900 Menschen als Hexen erst geköpft und dann verbrannt worden. Johann Philipp von Schönborn untersagte die Hexenverfolgungen gänzlich.

Im Bistum Eichstätt begannen die Verfolgungen 1617. Dort war es Johann Christoph von Westerstetten, der bereits im Bistum Ellwangen als fanatischer „Hexenbischof" von sich hören ließ und die Verfolgungen forcierte. In seiner Amtszeit sind mindestens 155 Hinrichtungen (133 Frauen, 22 Männer) nachweisbar, davon zwischen 1617 und 1630 kontinuierlich jedes Jahr zwischen drei und 25 Personen. Mit seinem Tod endeten die Verfolgungen. Auch in Eichstätt gingen die Verfolgungen durch alle sozialen Schichten hindurch, Opfer wurden Bürgermeister, Ratsherren und deren Frauen ebenso wie Klosterrichter usw.

Besonders unverständlich erscheint aus heutiger Sicht die nicht zu unterschätzende Zahl von Hexenprozessen gegen Kinder. In der Reichsstadt Augsburg beispielsweise fanden zwischen 1618 und 1730 acht derartige Verfahren statt, in die 45 Kinder und Jugend-

Zu viel hundert tausent gutter nacht hertzliebe dochter Veronica. Unschuldig bin
ich in dz gefengnus kommen, unschuldig bin ich gemarttert worden, unschuldig
muss ich sterben, dan wer in dz hauss kompt, der muss ein drutner werden oder
wirdt so lang gemarttert, biss dz er etwas auss seinem kopff erdichten
muss und sich erst, dz gott erbarme, uf etwas bedencket. Will dir erzehlen, wie es mir
ergangen ist. Alss ich dz erste mahl bin uf die frag gesetzt worden, war doctor
Braun, doctor Kötzendörffer und 2 frembde doctor da, der ...
... da fragt mich doctor Braun zu Abtswerth: Schwager, wie kombt
ihr da her? Ich antwort: durch die falschheit, unglück. Hört ihr, sagt er, ihr seit
ein drudner, wolt ihrs gutwillig gestehen? wo nit, so wirt man euch zeugen
darstellen und den hencker an die seiten. Ich sagt: ich bin kein drudner, ich hab
ein rein gewissen in dieser sach, wen gleich tausent zeugen weren, so besorg
ich mich gar nit, doch will ich gern die zeugen hören. Nun wurde mir des
cantzlers sohn vorgestelt. So fragt ich ihn: Herr doctor, was wisset ihr von
mir? Ich hab die zeit meines lebens niemahlen weder in guttem noch bösem
mit euch zuthun gehabt. So gab er mir die antwort: Herr collega, wegen
des landtgerichts. Ich bitt euch umb verzeihung, ich hab euch uf dem tantzhauss gesehen.
Ja, aber wie? Er wiss es nit. So bat ich die herrn commissa-
rios, man soll ihn beeydigen und recht examiniren. Sagt doctor Braun:
man würde es machen, wie man es haben wolt, es sey genug, dz er euch
gesehen hat. Gehet hin, herr doctor. Ich sagt: Herr, was ist dz vor
ein zeug? Wan es also zugeht, so seit ihr so wenig sicher alss ich oder ein ander
ehrlicher man. Da war kein gehör. Darnach kommt
der cantzler, sagt wie sein sohn, hette mich auch gesehen, hat mir aber uf
die füss nit gesehen, was es gewesen. Darnach die Höppfen Elss. Die hett
mich im Haubtsmorwaldt sehen dantzen. Ich fragt, mit wem? Sie sagt, sie
wisse es nit. Ich bat die herrn umb gottes willen,
sie hören doch, dz es lauter falsche zeugen weren, man solte sie doch beeydigen und examiniren, es hat aber nit sein wollen, sondern gesagt,
ich solte es gutwillig bekennen, oder der hencker solte mich zwingen.
Ich gab zur antwort: ich hab gott niemahlss verleugnet, so wolt
ich es auch nit thun, gott soll mich auch gnedig darfür behüten. Ich wolte
ehe darüber aussstehen, was ich solte. Da kam leider gott erbarms
im höchsten himmel, der hencker und hat mir den daumenstock angelegt, beide
hendt zusammen gebunden, dz dz blut zu den negeln herausgieng und allenthalben, dz ich die hendt in 4 wochen nit brauchen können, wie du
auss dem schreiben sehen kanst. Darnach habe ich mich gott in seine heilige
fünff wunden befohlen und gesagt, weil es gottes ehr und namen
antrifft, den ich nit verleugnet hab, so will ich mein unschuld und alle
marter und pein in seine heilige 5 wunden befehlen, er wirt mir mein schmertzen lindern,
dz ich solch schmertzen aussstehen kan. Darnach hat man mich erstlich aufgezogen, die
hendt uf den rücken gebunden und hat mich in der folter in die höhe gezogen,
da dacht ich, himmel und erden gieng unter, haben mich acht
mahl aufgezogen und wider fallen lassen, dz ich einen unseligen schmertzen empfan-

Liebes kindt, 6 haben uf einmahl wider mich bekent, alss der cantzler, sein sohn, Neydecker, Zaner, Hoffmaisters Ursel und Hoppfen Els, alle falsch durch den zwang, wie sie alle gesagt, und mich umb verzeihung umb gottes willen gebetten, ehe sie gericht worden ...

Auf dem Höhepunkt der Verfolgung vermeintlicher Teufelsbündler im Hochstift Bamberg geriet auch die bürgerliche Elite in die Mühlen der Hexenjustiz. 1628 wurde der 55-jährige Bürgermeister Johannes Junius festgenommen. In einem Brief an seine Tochter schilderte er am 24. Juli 1628 von seinen Nöten und der Ausweglosigkeit im Bamberger Malefizhaus. Anfangs überstand er die Folter mit Daumen- und Beinschrauben sowie den „Zug", ohne die ihm vorgeworfenen Delikte zuzugeben. Doch eine Woche später legte er ein umfassendes Geständnis ab, in dem er auch angebliche Mittäter benannte. Nachdem Junius am 6. August 1628, mehr als zwei Monate nach seiner Verhaftung, seine Aussagen unter Eid bestätigt hatte, wurde er – vermutlich noch am selben Tag – hingerichtet.

„Zue vil hundert tausent gueter nacht, hertz liebs dochter Veronica. Vnschuldig bin ich in daß gefengnus kommen, vnschuldig bin ich gemarttert worden, vnschuldig muß ich sterben, dan wer in daß hauß kompt, der müß ein drutner werden oder wirdt so lang gemarttert, biß daß er etwas auß seinem kopff erdichten mus, vnd sich erst, daß got erbarms, vf etwas bedencke. (...)
Sie horten, daß es lautter falsche zeugen weren; man soltte sie doch beeydigen vnd recht examiniren. Es hat aber niht sein wollen, sondern gesagt, ich soltte es guttwillig bekennen oder der hencker soltte mich wohl zwingen. Ich gab zur antwort: ich hab got niemahlß verleugnet, so wolt ich es auch nicht thun, gott solle mich auch gnedig darfur behueten. Ich woltt eher darvber außstehen, was ich solt. Auf daß kam leider – gott erbarm es In hochsten himmel – der hencker vnd hat mir den daumenstock angelegt, bede hendt zusamengebunden, daß das blut zu den negeln heraußgangen vnd allenthalben daß ich die hendt in 4 wochen niht brauchen konnen, wie du dan auß dem schreiben sehen kanst. (...)
Daß ist alles, was itzunder volgt, mein Außsag mit lauter lugen, die auß betrohung der noch großen Marter sagen mußen, vnd darauf sterben muß, Nach dießem sey Ich vf mein felt bey dem Fridrichs Prunnen gangen, gantz bekummert, hab mich daselbsten niddergesetzet. Do sey ein graßmedlein zu mir kommen vnd gesagt: herr, was macht Ir, wie seyt Ir so trawrig? Ich darauf gesagt, Ich wuste es niht; also hat sie sich neher zu mir gemacht vnd mich so weyt bracht, daß ich bey Ir gelegen bin. Sobalt solches geschehen, Ist Sie zu einem geißbock worden vnd zu mir gesagt: sihe, Itzunder siehestu, mit wem du zu thun hast, hette mir an die gurgel gegriffen vnd gesagt: du must mein sein oder ich will dir vmbbringen. (...)
Nun weiß gott Im himmel, daß ich das geringste niht kan noch weyß, [ich] Sterbe also vnschuldig vnd wie ein Merterer. (...)
Darfst kundlich fur mich schweren, daß ich kein trudtner, sonder ein merterer bin vnd sterb darmit. Zu tausent guter nacht, dan
Dein vatter Johannes Junius siehet dich nimmermehr.
24. Julij anno 1628"

liche involviert waren, zwei Drittel davon waren Jungen; sie und die Hexenmädchen stammten aus dem Unterschichtenmilieu. Eine ähnliche Beobachtung lässt sich beim Zauberer-Jackl-Prozess in Salzburg machen, der in den Jahren 1675 bis 1690 geführt wurde und vor allem umherziehende Bettler- und Vagantenkinder aus der Bande des nie gefassten Zauberer-Jackls betraf. 90 Prozent der hingerichteten Kinder und Jugendlichen, die überwiegend unter 21 Jahre alt waren – das jüngste 11 Jahre – waren männlich und stammten fast durchweg aus den unteren Schichten. Auf Unterstützung aus der bäuerlichen Bevölkerung konnten sie nicht hoffen, im Gegenteil: Die vagierenden Bettlergruppen waren verhasst und ihnen wurde unterstellt, schlechtes Wetter, Missernten und Hungersnöte herbeizaubern zu können.

Dies gilt auch für den großen bayerischen Kinderhexenprozess in Freising, der in zwei Teilen vonstatten ging. Nachdem 1715 die Bettelkinder Andre (genannt der „Drudenfanger") und Lorenz unter der Beschuldigung, Ferkel und Mäuse hergezaubert zu haben, verhaftet worden waren, ergaben deren Verhöre weitere Beschuldigungen. 1717 erhängte sich Andre in seiner Zelle, ein weiterer Junge starb in der Zelle. Und am 12. November 1717 wurden drei Jungen mit Schwert und Feuer hingerichtet, zwei weitere Jungen mussten dabei zusehen. Als 1721 einer von ihnen, Veit Adlwart, unter Diebstahlsverdacht in Gewahrsam kam, wurde die Anklage von Diebstahl in Hexerei umgewandelt. Im weiteren Verlauf verhafteten die Freisinger Behörden über 100 Personen, von denen die meisten jedoch wieder frei kamen. Bis 1723 wurden acht Jungen und junge Männer im Alter zwischen 14 und 23 Jahren und drei Bettlerinnen mittleren Alters hingerichtet.

Zu diesem Zeitpunkt war der Zenit der Verfolgungen allerdings längst überschritten – der Freisinger Prozess war ein Auslaufmodell. Es gibt verschiedene Ansatzpunkte, das allmähliche Abflauen der Prozesse zu erklären: Gedanken der Aufklärung setzten sich immer mehr durch, die obrigkeitsgläubige Religion erfuhr eine allgemeine Säkularisierung und schließlich wuchs der schon immer bestehende innere Widerstand in den eigenen Reihen. Tatsache ist, dass im Hofrat, also dem zentralen kurfürstlichen Entscheidungsträger in der Justiz, ab etwa 1612 die Verfolgungskritiker Oberhand gewannen.

Tatsache ist auch, dass volkskundliche magische Praktiken, kirchliches und überkommenes Brauchtum auch nach dieser Zeit neben-

Verführerischer Liebhaber: Hätte die Angebetete doch nur einmal auf seine Füße geschaut! Dann hätte sie bemerkt, dass ihr da der Teufel persönlich den Hof machte. Sich mit dem Satan einzulassen, bedeutete, Hexe zu sein.

einander existierten. Der Konnex zwischen derartigen Praktiken und der Hexerei fand aber bei den weltlichen Gerichten nicht mehr das entsprechende Gehör. So konnte zwar magisches Brauchtum weiter ausgeübt werden, jedoch entfiel der Hexereivorwurf.

Bis heute hat der Hexenbegriff einen grundlegenden Bedeutungswandel hinter sich: Die Vorstellung setzte sich durch, dass es sich bei den Hexen eigentlich um weise Frauen gehandelt hätte, die von den Herrschenden wegen ihres Wissens verfolgt wurden. So bezeichnen sich heute Frauen, die sich mit Heilkräutern und/oder alten Religionen beschäftigen stolz als Hexen. Es haben sich sogar regelrechte Religionen herausgebildet: Die Wicca-Religion, eine neue Form der Naturreligion, hat vor allem in den USA viele Anhänger; in Europa erfahren besonders die Celtic Witches Zulauf.

Kindsmörderinnen

Arm, ledig – und dann auch noch ein Bankert. Wenn Mütter aus Angst vor Schande und wirtschaftlicher Not nur noch einen Ausweg sahen.

Ulrike Claudia Hofmann

Sabine war 28 Jahre alt, als sie ihr drittes Kind, einen Jungen, am 11. Januar 1944 zur Welt brachte. Ihre ersten beiden Kinder lebten bei Pflegeeltern, weil sie sich nicht genügend um sie kümmern konnte. Sabine war lediges Zimmermädchen in einem Hotel in Tegernsee und musste für ihren Lebensunterhalt arbeiten. Von 60 Reichsmark (RM) Barlohn, den sie verdiente, waren 50 RM an die Pflegeeltern zu zahlen. Der Vater ihres dritten Kindes war eine Zufallsbekanntschaft, sein Heiratsversprechen offenbar nicht ernst gemeint. Nach der Entbindung, bei der sie alleine in ihrer Kammer im Hotel war, durchtrennte sie die Nabelschnur, wickelte ihr lebensfähiges Baby in eine große Windel und legte es neben sich ins Bett. Zwei Stunden nach der Geburt presste Sabine dem Säugling so lange einen nassen Waschlappen auf Mund und Nase, bis er zu atmen aufhörte und starb.

Ein Fall von Kindstötung – kein Einzelfall. Das Töten von Kindern hat eine traurige Tradition; schon aus der Antike sind Fälle bekannt. Das Motiv war oft ein ökonomisches, wenn zum Beispiel die Familien Hunger litten. Nicht selten wurden Neugeborene auch getötet, weil sie missgebildet waren. Im Römischen Reich entschied das Familienoberhaupt, ob ein Kind aufgezogen wurde. Die abgelehnten Kinder wurden jedoch in der Regel nicht umgebracht, sondern ausgesetzt. Damit bestand für das Neugeborene immerhin die Chance, von jemandem aufgenommen und als Sklave aufgezogen zu werden. Auch im Mittelalter und in der Frühen Neuzeit war es keine Seltenheit, dass ein Elternteil sein Kind tötete, wenn durch das neue Familienmitglied die Gefahr drohte, dass die ganze Familie nicht mehr ausreichend ernährt werden konnte. Literarisch verarbeitet ist das Thema zum Beispiel im Märchen von Hänsel und Gretel: Auch sie sollen ausgesetzt werden, weil die Familie nicht mehr genug zu essen hatte.

Seit dem 17. und 18. Jahrhundert nahmen die Fälle zu, in denen vor allem außereheliche Kinder von ihren Müttern umgebracht wurden. In Bayern lebte der größte Teil der Bevölkerung in kleinen Landgemeinden von der Landwirtschaft. Unwetter, Krankheiten, Unfälle und andere Unwägbarkeiten konnten schnell eine Existenz vernichten. Der zentrale Wert eines Menschen richtete sich nach seiner Arbeitskraft – ein Wert, der in der bäuerlichen Gesellschaft auch die Auffassungen von Moral und Sittlichkeit, Ehre, Pflichten und Rechten bestimmte. Kinder mussten schon sehr früh zum Lebens-

Dass man Kinder aussetzte, weil sonst die ganze Familie nicht genug zu Essen hatte, war in alten Zeiten durchaus üblich. Davon erzählt auch das Grimmsche Märchen von Hänsel und Gretel. Die Eltern beschließen, das Geschwisterpaar loszuwerden. Antreiberin zu diesem „Verbrechen", das nur durch die Gewieftheit der Kinder vereitelt wird, ist die Mutter.

unterhalt beitragen. Durch Mithilfe im Haus und in der Landwirtschaft und durch Vermittlung von Gehorsam, Disziplin und Gottesfurcht in der Schule wurden sie sozialisiert. Mit 14 Jahren war ihre Kindheit vorbei. Ihr Beruf war durch das Elternhaus und die Dorfgemeinschaft weitgehend festgelegt. Wer nicht im elterlichen Haus gebraucht wurde, musste sich anderweitig verdingen. Ein 14-jähriges Mädchen musste daher meistens seine Familie verlassen und als Magd bei einem Bauern oder als Dienstmädl in einem städtischen Haushalt arbeiten. Durch die räumliche Enge zuhause hatten die Mädchen wohl einiges über Sex mitbekommen, jedoch ohne nötige Aufklärung. Ohnehin war Nacktheit ein weit verbreitetes Tabu. Die jungen Frauen wussten also meist wenig über ihren Körper Bescheid und rasselten oft genug ins Unglück: Um 1900 waren in Bayern etwa 13 Prozent der Geburten unehelich.

„Bankerte" waren auf dem Land durchaus lange akzeptiert – jedenfalls, solange sie keine ökonomischen Risiken für die Gemeinschaft darstellten. Seit der Wende zum 20. Jahrhundert und mit der Ausbreitung städtisch-bürgerlicher Moralvorstellungen schwand diese Toleranz zunehmend: Ein uneheliches Kind bedeutete fortan Schande.

Hinzu kam, dass die Hoffnung auf höhere Löhne, leichtere Arbeitsbedingungen und bessere Heiratschancen junge Mädchen vom Land immer öfter in die Stadt zog. Dort arbeiteten sie vor allem als Dienstboten wie Näherinnen, Wäscherinnen oder Fabrikarbeiterinnen. Aber auch in der Stadt galt nur ein Wert, auf den sie bauen konnten: ihre Arbeitskraft. Und nach der herrschenden Einstellung auf dem Land, die Arbeit als Lebensinhalt sah, wurde der Körper als Arbeitsgerät begriffen, der einfach funktionieren musste. Schmerzen oder sonstige Störfaktoren wurden ausgeblendet.

Das typische Profil einer Kindsmörderin im späten 19. und beginnenden 20. Jahrhundert sieht – der wissenschaftlichen Arbeit „Kindsmord im Deutschen Reich" von Peter Dreier zufolge – so aus: alleinstehend, zwischen 20 und 30 Jahre alt, aus der ländlichen Unterschicht. Sie war vorher noch nie mit dem Gesetz in Konflikt geraten, ihre Arbeitgeber zeigten sich in der Regel äußerst zufrieden mit ihrer Arbeit.

In den meisten Fällen hatten die späteren Täterinnen ihre Schwangerschaft verheimlicht, vermutlich aus Scham, Furcht vor der Schande, Zukunftsängsten um das Kind und sich selbst. Von der Gesellschaft wurde eine verheimlichte Schwangerschaft bereits mit einem geplanten Kindsmord gleichgesetzt.

Die Angst vor der Schande spielte in der bürgerlich-städtischen Gesellschaft eine immer größere Rolle, bedrohte eine uneheliche Schwangerschaft doch den guten Ruf und minderte damit die Chancen auf bessere Anstellungsverhältnisse oder eine Heirat. Die ökonomischen Zukunftsängste rührten daher, dass viele Arbeitgeber ihre schwangeren Dienstmägde entließen; man befürchtete, dass die Schwangeren ihre körperlich schweren Arbeiten nicht mehr erledigen könnten. Außerdem wollte man vermeiden, sich um arbeitsunfähige und vielleicht bettlägerige Angestellte kümmern zu müssen.

Es lassen sich allerdings zwei Gruppen von Kindsmörderinnen unterscheiden. Es gab einerseits ledige Dienstmägde, die durch die uneheliche Schwangerschaft in existenzielle Not gerieten. Andererseits verfügten viele des Kindsmordes Angeklagte durchaus über finanzielle Rücklagen, um sich und das Kind ernähren zu können. Die angesparte Mitgift wäre aber geschrumpft – und das hätte ihre Chancen auf dem Heiratsmarkt verschlechtert. Und weiter gedacht, hätte das ein Alter in Armut bedeuten können.

Die Verheimlichung der Schwangerschaft verstärkte den Druck derart, dass die ledigen Mütter oft in Panik gerieten: Wie sollten sie das plötzlich geborene Kind plausibel erklären? Der Kindsmord als Ausweg war da für manche verzweifelte Frau naheliegend. In den seltensten Fällen plante eine Frau schon während der Schwangerschaft, ihr Kind zu töten.

Die häufigste Tötungsart war, das Neugeborene zu ersticken, um den verräterischen ersten Schrei zu verhindern. Viele Kinder wurden auf der Toilette geboren – die Mütter ließen sie in die Abortgrube fallen, wo sie ebenfalls erstickten. In den meisten Fällen jedoch legten die Frauen nicht aktiv Hand an, vielmehr vernachlässigten sie die Babys unmittelbar nach der Geburt derart, dass die Kleinen sterben mussten. Dabei ist zu berücksichtigen, dass nicht jede Gebärende gesundheitlich überhaupt in der Lage war, alleine und auf sich gestellt, ihr Neugeborenes zu versorgen. Auch in Familien war es nicht unüblich, dass sich ökonomisch überforderte Eltern ab dem vierten oder fünften Kind immer weniger um die Säuglinge kümmerten: Man spricht von der Praxis des „Himmels", der bewussten oder unbewussten Kindsvernachlässigung.

Auch eine Form der Kindstötung ist das Prinzip des „Himmels": Die Kinder werden extrem vernachlässigt. Angenommen, das Kind in dieser Illustration einer Londoner Straßenszene stirbt beim Sturz übers Treppengeländer: Hätte die Mutter, offenbar eine Alkoholikerin, vor Gericht eine soziale Notlage geltend machen können?

Ein ungewöhnliches Motiv für die Malerei des 19. Jahrhunderts, die das Landleben in den Blick nahm, zeigt Christian Ludwig Bokelmann mit der Verhaftung einer Frau, die des Kindsmordes verdächtigt wurde. Der Künstler war bekannt für seine Bilder mit Szenen, die psychisch und sozial herausragende Momente schildern.

Die Aufklärung von Kindsmorden hing sehr stark von der Anzeigebereitschaft der Umgebung ab. Auffällig ist: Je weiter die Täterinnen von ihrem Heimatort entfernt lebten, desto häufiger mussten sie mit einer Anzeige rechnen. In der Frühen Neuzeit wurden Kindsmörderinnen mit Ertränken, Pfählen, Enthaupten oder lebendig Begraben bestraft. Ein Umdenken setzte mit der Aufklärung ein, indem man die psychischen und sozialen Umstände berücksichtigte. Im bayerischen Strafgesetzbuch von 1813 wurde die Todesstrafe durch eine Zuchthaustrafe auf unbestimmte Zeit ersetzt. Kindsmord wurde unter den Tötungsdelikten zu einem „privilegierten Delikt", bei dem also die besonderen Verhältnisse eine mildere Strafe erwarten lassen konnten, wenn ein uneheliches Kind während oder gleich nach der Geburt vorsätzlich getötet wurde. Dies blieb auch nach der Reichsgründung mit Paragraf 217 der Fall. Das galt jedoch nur für außereheliche Geburten: Der Notstand, der sich aus Angst vor Schande, vor einem ungesicherten Lebensunterhalt für die Mutter und das Kind ergab, wurde nur ledig Gebärenden zugestanden. Im Nationalsozialismus wurden alle juristischen Privilegien für Kindsmörderinnen aufgehoben, nach dem Zweiten Weltkrieg wieder eingeführt und mit Gefängnis nicht unter drei Jahren geahndet. Seit 1998 ist diese Privilegierung erneut aufgehoben.

Im geschilderten Fall „Sabine" begründete die Kindsmörderin ihre Tat damit, dass sie der Kindsvater im Stich gelassen habe und sie

Quatrième Année. — N° 171. Huit pages : CINQ centimes Dimanche 15 Mai. 1892.

Le Petit Parisien

TOUS LES JOURS Le Petit Parisien 5 CENTIMES

SUPPLÉMENT LITTÉRAIRE ILLUSTRÉ

DIRECTION : 18, rue d'Enghien, PARIS

TOUS LES SAMEDIS SUPPLÉMENT LITTÉRAIRE 5 CENTIMES

LE DRAME DE SAINT-OUEN

UNE MÈRE QUI TUE SES ENFANTS

Kindsmord beschäftigte im 19. Jahrhundert die Gazetten in ganz Europa. In schonungsloser Direktheit hob die französische Tageszeitung „Le Petit Parisien" das Thema selbst auf ihre Titelseite.

5

Aichach, den 30. 12. 1945.

Betreff:
Gnadenerlaß

An das Landgericht München II

Ich Anna Mittmann wurde am 8 November 1937 wegen Kindsmord zu lebenslänglicher Zuchthaus-strafe vom Schwurgericht München verurteilt. Verbüße nun von meiner Strafe mit Untersuchung 10 Jahre, davon in hiesiger Anstalt im Mai 1946 8 Jahre. Habe mich während meiner Strafzeit gut geführt u. mir die Zufriedenheit der Beamten erworben. Beim Einzug der Amerikaner wo viele langzeitige Gefangene das Weite suchten blieben ich und noch mehrere meiner Mitgefangenen bei den Beamtinnen und retteten, was noch zu retten war von den Plünderern. Wir gingen an unsere Arbeit und halfen in den Wirtschaftsbetrieben um wieder alles in Ordnung zu bringen. Habe meine Mutter durch Terrorangriff verloren, ein Bruder fiel im Feld der Verlust der beiden lb. Menschen fällt mir schwer. Nun ist mir ein Bruder noch zur Seite, der mich aufmuntert und somit bitte ich die Staatsanwaltschaft höflichst mir meine Strafe zu verkürzen, mir den Weg in die Freiheit zu geben, daß ich mich in die Reihen guter Menschen anschließen kann und somit zum Wiederaufbau dem Volk und Vaterland diene. Es tut mir sehr leid, daß ich in meiner Jugend so gesunken war und meine Tat von ganzen Herzen sehr bereue. Ich bin bereit fernerhin ein neues Leben zu führen. Bitte nochmals höflichst um

Gnad. Reg. Nr. 10/46

deshalb verzweifelt gewesen sei, wie sie ihr Kind hätte unterbringen sollen. Ihr Lohn hätte nicht gereicht, die Pflegestelle für ein weiteres Kind zu zahlen. Das Gericht bezweifelte ihre Glaubwürdigkeit: Sie habe den Kindsvater wohl nicht einmal um finanzielle Hilfe gebeten. Man sprach ihr zwar eine gewisse Not wegen der unsicheren Unterbringung ihres Kindes zu, attestierte ihr als Hauptgrund aber mangelndes Muttergefühl. Dennoch ließen die Richter mildernde Umstände gelten: Ihr mangelndes Verantwortungsbewusstsein wurde von einem Gutachter damit erklärt, dass sie eine „gemütsarme, geistig auf niedriger Stufe stehende Person sei“. Ebenso wirkten sich ihre bisherige Unbescholtenheit und ihr unumwundenes Geständnis positiv auf das Strafmaß aus. Das Gericht verurteilte sie 1944 zu einer Gefängnisstrafe von zwei Jahren und sechs Monaten.

„Lebenslänglich!“, lautete das Urteil für eine Kindsmörderin im Jahr 1937. Nach acht Jahren reichte sie aus dem Frauengefängnis Aichach beim Landgericht München II ein Gnadengesuch ein.
Auf der ersten Seite schreibt sie:

„Ich, Anna Wittman, wurde am 8. November 1937 wegen Kindsmord zu lebenslänglicher Zuchthausstrafe von Schwurgericht München verurteilt. Verbüße nun von meiner Strafe mit Untersuchung 10 Jahre, davon in hiesiger Anstalt im Mai 1946 8 Jahre. Habe mich während meiner Strafzeit gut geführt mir die Zufriedenheit der Beamten erworben. Beim Einzug der Amerikaner wo viele langzeitig Gefangne das Weite suchten, blieben ich und noch mehrere meiner Mitgefangenen bei den Beamtinnen und retteten, was noch zu retten war vor den Plündern. Wir gingen an unsere Arbeit und halfen in den Wirtschaftsbetrieben, um wieder alles in Ordnung zu bringen. Habe meine Mutter durch Terrorangriff verloren, ein Bruder fiel im Feld. Der Verlust der beiden lieben Menschen fällt mir schwer. Nun ist mir ein Bruder noch zu Seite, der mich aufnimmt und somit bitte ich die Staatsanwaltschaft höflichst, mir meine Strafe zu verkürzen, mir den Weg in die Freiheit zu geben, daß ich mich in die Reihen guter Menschen anschließen kann und somit zum Wiederaufbau dem Volk und Vaterland diene. Es tut mir sehr leid, daß ich in meiner Jugend so gesunken war und meine Tat von ganzen Herzen sehr bereue. Ich bin bereit fernerhin ein neues Leben zu führen. Bitte nochmals höflichst um gütige Berücksichtigung meines Gesuches.“

Selbstmörder

Verarmt, ungeliebt, krank: Was aus den Polizeiakten über die Motive zum Freitod herauszulesen ist.

Ulrike Claudia Hofmann

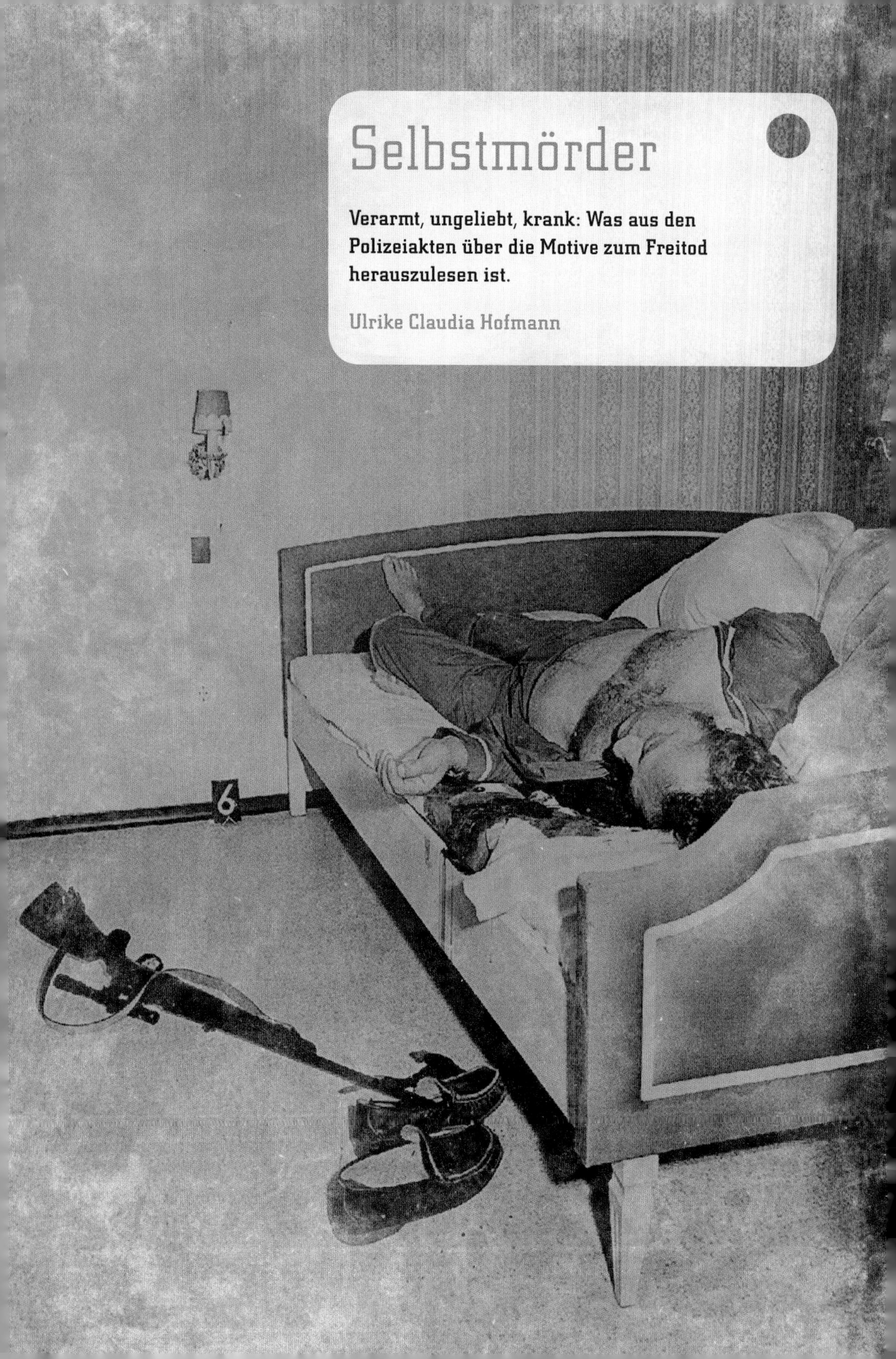

Die Frau des Hausverwalters stutzte: Als sie am Morgen des 19. Septembers 1931 in die Neunzimmerwohnung am Prinzregentenplatz 16 kam, fiel ihr irgendwie auf, dass die Pistole des abwesenden Hausherrn fehlte. Und sie bemerkte, dass das Zimmer der jungen Nichte ihres Arbeitgebers von Innen abgeschlossen war. Auch zum Frühstück war die junge Frau nicht erschienen. Als der Hausverwalter die Tür gewaltsam öffnete, fanden die Bediensteten Angela Raubal auf dem Zimmerboden – erschossen. Neben ihr lag die Waffe ihres Onkels Adolf Hitler. Für die Polizei gab es keinen Zweifel: Selbstmord!

Ende der 1920er und Anfang der 1930er Jahre stieg die Zahl der Selbstmorde – es war die Zeit der großen Wirtschaftskrise, als Millionen Menschen in die Armut stürzten. In der Münchner Polizeidirektion führte man ein eigenes Selbstmörderbuch. Zwar hatte auch die Tochter von Hitlers Stiefschwester eine finanziell bescheidene Kindheit und Jugend verbracht – und doch stach Geli Raubals Tod heraus. Dies lag vor allem an ihrem Leben im Haushalt Hitlers; faktenreich hat es Anna Maria Sigmund in ihrem Buch „Des Führers bester Freund. Adolf Hitler, seine Nichte Geli Raubal und der ‚Ehrenarier' Emil Maurice – eine Dreiecksbeziehung" beschrieben. So sollen die Hausangestellten, noch bevor sie die Polizei oder einen Arzt informierten, Hitlers Sekretär Rudolf Hess verständigt haben. Der sprach sich mit den Bediensteten ab – man wollte den Schaden für das Image Hitlers und der NSDAP möglichst gering halten.

Erstaunlich ist, dass vor allem die bürgerlichen Zeitungen weitgehend nur die amtlichen Meldungen weitergaben. Doch die „Münchner Post", offener Gegner der Hitler-Partei, brachte die Vermutung von Fremdverschulden ins Spiel und munkelte über eine „rätselhafte Affäre" mit zweifelhaften Hintergründen. Die Staatsanwaltschaft München veranlasste daraufhin weitere Erhebungen, die jedoch das bisherige polizeiliche Ermittlungsergebnis stützten.

Ungeklärt blieb das Motiv der 23-jährigen Geli. Wirtschaftliche Gründe spielten sicherlich keine Rolle: Sie lebte finanziell abgesichert und unterstützt von Adolf Hitler, den sie auch im Münchner Gesellschaftsleben der Naziszene begleitete. Doch dies hatte seinen Preis: Ihr Onkel dominierte ihr Leben und nahm massiven Einfluss auf ihre Lebensgestaltung, sogar die Partnerwahl. So hatte er Gelis Verlobung mit seinem Fahrer auseinandergebracht, weil dieser jüdische Vorfahren hatte; vermutlich hatte er auch eine für September 1931 geplante Verlobung Gelis mit einem Linzer Musiker verboten. Sich gegen den übermächtigen Onkel, der im Bund mit der Mutter stand, aufzulehnen, schien für Geli Raubal wohl aussichtslos. Sie hätte nicht auf eigenen Beinen stehen können: Sie hatte keinen Beruf erlernt und sowohl sie als auch ihre Mutter lebten von Hitlers finanziellen Zuwendungen.

Am 23. September wurde Geli Raubal auf Wunsch ihrer Mutter auf dem Wiener Zentralfriedhof von einem katholischen Geistlichen beigesetzt. Das war nicht selbstverständlich. Denn Selbstmörder waren jahrhundertelang geächtet. Nicht nur für die christliche Kirche stellte seit dem 6. Jahrhundert der Selbstmord ein schweres Verbrechen und seit dem 9. Jahrhundert eine Todsünde dar. Dem Selbstmörder wurde für Jahrhunderte ein christliches Begräbnis verweigert. Anna Maria Sigmund folgend, soll der katholische Pfarrer, der Geli Raubal eingesegnet hatte, wohl ein guter Bekannter der Familie Raubal gewesen sein und sich in dem Sinne geäußert haben, dass er niemals zugestimmt hätte, eine Selbstmörderin in geweihter Erde beizusetzen. Näheres gab er unter Hinweis auf das Beichtgeheimnis nicht preis.

Der Umgang der Staatsmacht mit Selbstmördern war beeinflusst von Religion und Kirche, aber auch von wirtschaftlichen Erwägungen. Je nach Territorium gab es unterschiedliche Strafen für Selbstmörder oder deren Verwandte, die nicht genügend Vorsorge zur Verhinderung der Tat getroffen hatten. Es war üblich, das Vermögen von Selbstmördern einzuziehen und ihnen ein ehrenhaftes Begräbnis zu verwehren. So wurde 1779 in Sachsen verfügt, dass die Leichen von Selbstmördern auf Karren zu den medizinischen Fakultäten zur weiteren Verwendung gebracht wurden, außerdem drohte ihnen ein schimpfliches Begräbnis.

Die Aufklärung brachte nur allmählich eine liberalere Einstellung der Obrigkeit zum Selbstmord. So wurde in Bayern erst ab 1813 das Vermögen der Selbstmörder nur noch dann eingezogen, wenn das Vermögen wegen einer Straftat sowieso verwirkt war und die Ermittlungen bereits begonnen hatten. In Österreich wurde noch 1826 der Witwe eines Selbstmörders die Pension verwehrt und der Selbstmordversuch blieb noch bis 1850 eine „Polizei-Übertretung". Im Reichsstrafgesetzbuch des Deutschen Reichs von 1871 spielten die Tatbestände des Selbstmordes oder Selbstmordversuches dann keine Rolle mehr.

Ein eingeschnürtes Leben: Angelika Raubal zwischen ihrem Onkel Adolf Hitler und Reichspropagandaminister Joseph Goebbels. Als ihr Selbstmord bekannt wurde, schoss sich die Münchner Post auf die „rätselhafte Affäre" zwischen Onkel und Nichte ein. Hitler ließ sofort eine Gegendarstellung folgen.

München, 21. September.

Eine rätselhafte Affäre.

Selbstmord der Nichte Hitlers.

Der Polizeibericht meldete am Samstag den Selbstmord eines jungen Mädchens in einer Wohnung am Prinzregentenplatz. Später wurde noch mitgeteilt: In einer Wohnung am Prinzregentenplatz hat sich eine 23jährige Musikstudierende, eine Nichte Hitlers, erschossen. Das Mädchen hatte schon seit zwei Jahren ein möbliertes Zimmer in einer Wohnung auf der gleichen Etage inne, auf der sich Hitlers Wohnung befand. Was die Studentin in den Tod getrieben hat, ist noch unbekannt.

Es handelt sich um Angela Raubal, die Tochter der Stiefschwester Hitlers.

Zu der rätselhaften Affäre wird uns von informierter Seite gemeldet:

Am Freitag, 18. September, kam es zwischen Herrn Hitler und seiner Nichte wieder einmal zu einer heftigen Auseinandersetzung. Was war die Ursache? Die lebenslustige 23jährige Musikstudierende Geli wollte nach Wien reisen, sie wollte sich verloben. Hitler war entschieden dagegen. Darüber gab es unter den beiden immer neuen Streit. Nach einem heftigen Auftritt verließ Hitler seine Wohnung, Prinzregentenplatz 16/II.

Am Samstag, 19. September, wurde bekannt, daß Fräulein Geli in der Wohnung, mit der Schußwaffe Hitlers in der Hand, erschossen aufgefunden wurde. Das Nasenbein der Toten ist zertrümmert, die Leiche trug auch noch andere schwere Verletzungen. Aus einem Brief an eine in Wien wohnende Freundin geht hervor, daß Fräulein Geli die feste Absicht hatte, nach Wien zu gehen. Zur Absendung des Briefes kam es nicht mehr.

Die Mutter des Fräuleins, eine Stiefschwester des Herrn Hitler, wohnt in Berchtesgaden; sie wurde nach München gerufen.

Herren aus dem Braunen Hause haben dann beraten, was als Ursache des Selbstmordes veröffentlicht werden soll. Man einigte sich darauf, den Tod Gelis mit unbefriedigten künstlerischen Leistungen zu begründen. Dabei wurde auch die Frage erörtert, wer, wenn irgend etwas passiere, der eventuelle Vertreter Hitlers sein solle. Es wurde Gregor Straßer genannt, der nun wieder vollkommen gesund und jetzt ein eifriger Schwimmer und Turner sein soll.

Als Ursache, warum die Polizei in die Wohnung Prinzregentenplatz 16/II gekommen ist, wurde im Braunen Haus angegeben, daß die Polizei Haussuchung nach einem Geheimbefehl gehalten habe.

Vielleicht bringt die nächste Zeit Licht in die dunkle Angelegenheit.

Aus der Stadt

München, 22. September.

Eine rätselhafte Affäre.

Selbstmord der Nichte Hitlers.

Von Herrn Adolf Hitler erhalten wir unter Berufung auf § 11 des Preßgesetzes folgende Berichtigung:

1. Es ist unwahr, daß ich mit meiner Nichte Angelika Raubal „immer neuen Streit" bzw. „eine heftige Auseinandersetzung" am Freitag den 18. September 1931 oder vorher hatte.

Wahr ist, daß ich mit meiner Nichte keinerlei Streit oder Auseinandersetzung hatte.

2. Es ist unwahr, daß ich „entschieden dagegen war", daß meine Nichte nach Wien reise.

Wahr ist, daß ich niemals gegen die geplante Reise meiner Nichte nach Wien war.

3. Es ist unwahr, daß sich meine Nichte in Wien verloben wollte oder daß ich gegen eine Verlobung meiner Nichte irgend etwas hatte.

Wahr ist, daß meine Nichte, von der Sorge gequält, die zu einem öffentlichen Auftreten nötigen Anlagen doch nicht zu besitzen, nach Wien fahren wollte, um dort bei einem ersten Stimmpädagogen ihre Stimme neuerdings prüfen zu lassen.

4. Es ist unwahr, daß ich meine Wohnung am 18. September 1931 „nach einem heftigen Auftritt" verließ.

Wahr ist, daß keinerlei Auftritt gewesen war und keine Erregung herrschte, als ich meine Wohnung an diesem Tage verließ.

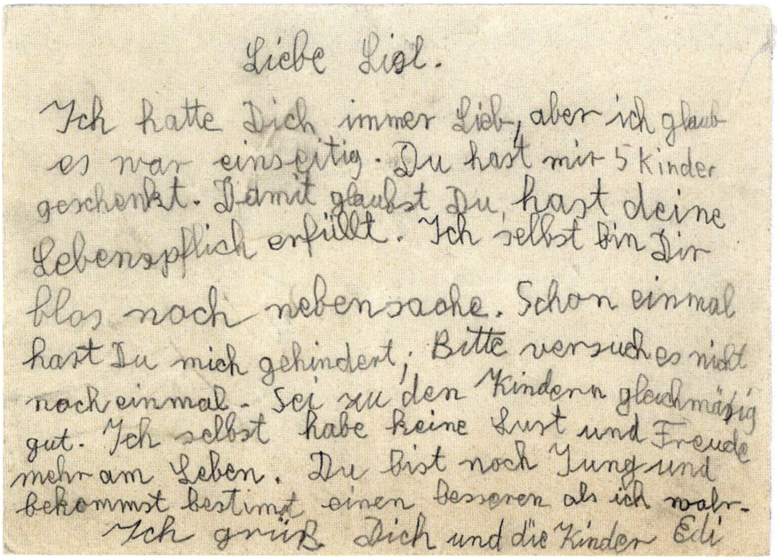

Liebe Lisl.
Ich hatte Dich immer Lieb, aber ich glaub
es war einseitig. Du hast mir 5 Kinder
geschenkt. Damit glaubst Du, hast deine
Lebenspflich erfüllt. Ich selbst bin Dir
blos noch nebensache. Schon einmal
hast Du mich gehindert; Bitte versuch es nicht
noch einmal. Sei zu den Kindern gleichmäßig
gut. Ich selbst habe keine Lust und Freude
mehr am Leben. Du bist noch Jung und
bekommst bestimmt einen besseren als ich wahr.
Ich grüß Dich und die Kinder Edi

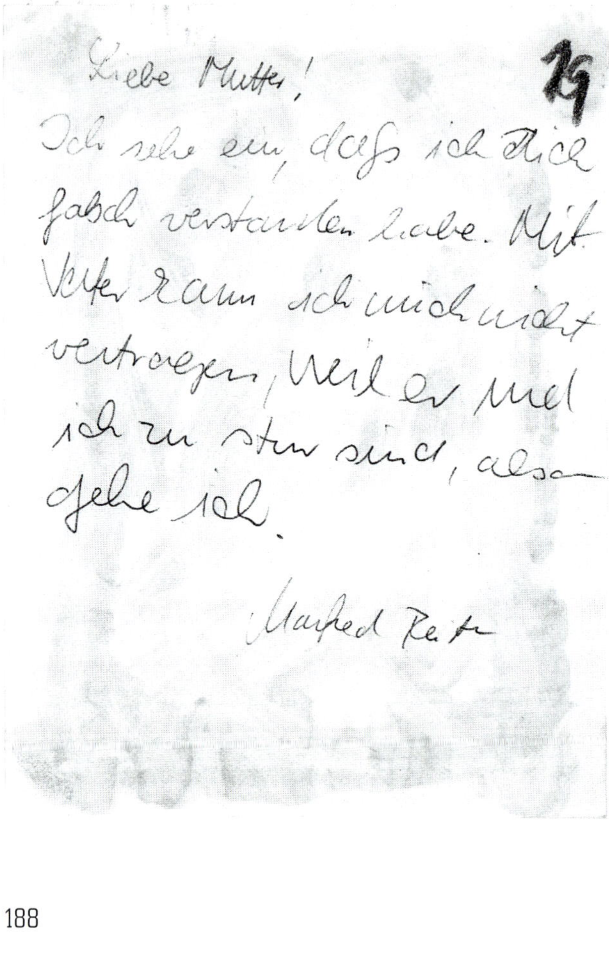

Liebe Mutter! 29
Ich sehe ein, daß ich Dich
falsch verstanden habe. Mit
Vater kann ich mich nicht
vertragen, weil er und
ich zu stur sind, also
gehe ich.

Manfred Reit

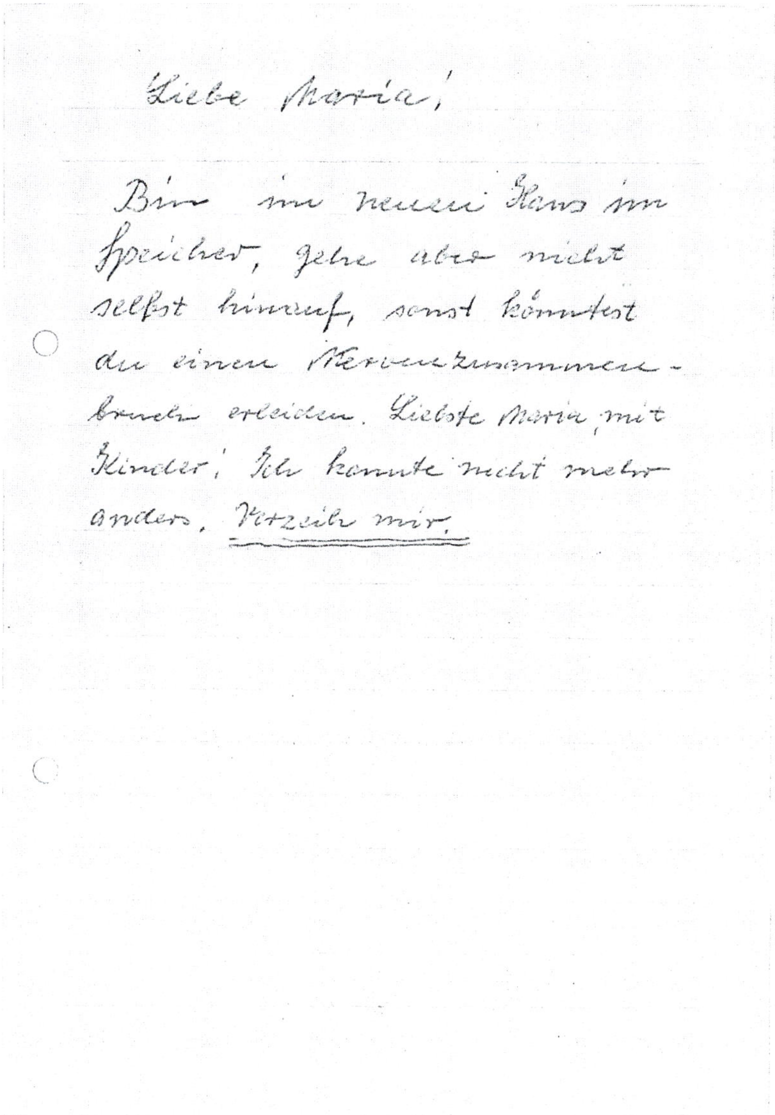

Liebe Maria!

Bin im neuen Haus im
Speicher, gehe aber nicht
selbst hinauf, sonst könntest
du einen Nervenzusammen-
bruch erleiden. Liebste Maria, mit
Kinder! Ich konnte nicht mehr
anders. Verzeih mir.

Was treibt Menschen in den Freitod? Die Motive erklären zum Teil Abschiedsbriefe. Nur wenige davon sind im Original in den Polizeiakten zu finden. Es handelt sich juristisch gesehen um Beweisstücke, von denen auch eine Kopie ausreichte. Es musste ja zunächst nur ermittelt werden, ob eine unnatürliche Todesursache, also Mord, auszuschließen ist. Die Originalbriefe wurden meist Angehörigen übergeben.

Anders sah es jedoch beim Umgang der christlichen Kirchen mit Selbstmördern nach der Aufklärung aus. Sie hielten an ihrem Sündenverständnis fest und verweigerten bis ins frühe 20. Jahrhundert die kirchliche Bestattung von Selbstmördern. So hielt noch der „Codex Iuri Canonici“ von 1917 fest, dass der überlegte Selbstmord ein kirchliches Begräbnis ausschließe. Gab es allerdings Anzeichen von Reue, war ein christliches Begräbnis zu gewähren.

Wie verbreitet Selbstmorde früher waren, lässt sich nur schwer darstellen: Sie wurden häufig vertuscht. Belastbare Zahlen liegen erst seit dem letzten Drittel des 19. Jahrhunderts vor. So war in Deutschland im Jahr 1900 die Zahl mit 21 Selbstmorden auf 100.000 Bewohner geringer als im Jahr 1931 mit 29 Selbsttötungen auf 100.000 Bewohner. Ende der 1950er Jahre sank die offizielle Selbstmordziffer auf 19 je 100.000 Personen in der Bundesrepublik. Zwischen 1980 und 2007 war der Trend fallend, um ab 2011 wieder anzusteigen (12,4 pro 100.000).

Die persönlichen Motive für Selbstmorde sind so vielfältig wie die Schicksale der Opfer. Erklärungsmuster spiegeln nur Tendenzen wider. Für die Vergangenheit hat sich gezeigt, dass wirtschaftliche Faktoren, wie Wirtschaftskrisen, Arbeitslosigkeit und drohender sozialer Abstieg oder unheilbare Krankheiten für die Selbstmörder eine erhebliche Rolle spielten, wohingegen in Kriegs- oder revolutionären Umbruchszeiten die Selbstmordrate eher rückläufig war. Allerdings nahm in Zeiten sehr radikaler politischer Veränderungen die Zahl wieder zu, wie zum Beispiel unter den Juden während des Nationalsozialismus oder im Zuge der Vertreibungen aus dem Osten bzw. während des russischen Einmarschs in Ostdeutschland.

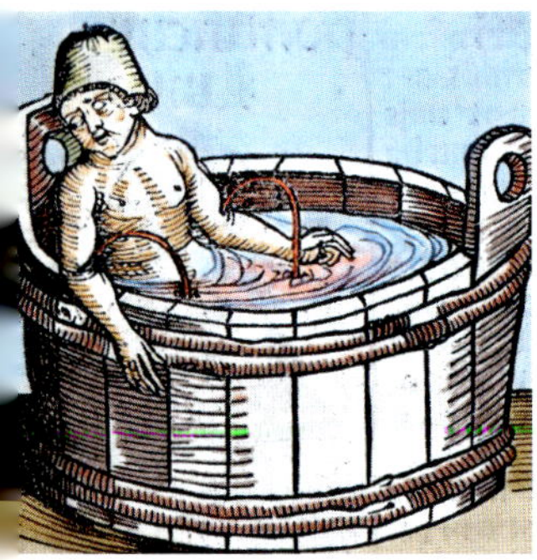

Die Geschichte kennt viele prominente Selbstmörder – unter ihnen auch Seneca. Ausgerechnet sein ehemaliger Schüler Nero legte ihm im Jahr 65 n. Chr. nahe, sich selbst umzubringen. Der römische Philosoph und Staatsmann war dem herrschsüchtigen Kaiser inzwischen ein Dorn im Auge geworden. Mit dem Vorwurf der Verschwörung konfrontiert, wählte Seneca tatsächlich den Freitod. Große Überwindung scheint ihn das nicht gekostet zu haben: Er setzte sich zeitlebens mit dem Prinzip, seinem Leben selbst ein Ende zu setzen, auseinander. Folgt man den Schilderungen von Tacitus, dann war sein Selbstmord letztendlich aber qualvoll: Erst öffnete er sich einige Adern, dann trank er einen Schierlingsbecher, um dann in einem Dampfbad zu ersticken. Der Holzstich stammt aus der „Schedelschen Weltchronik", die 1493 erstmals in Nürnberg gedruckt wurde.

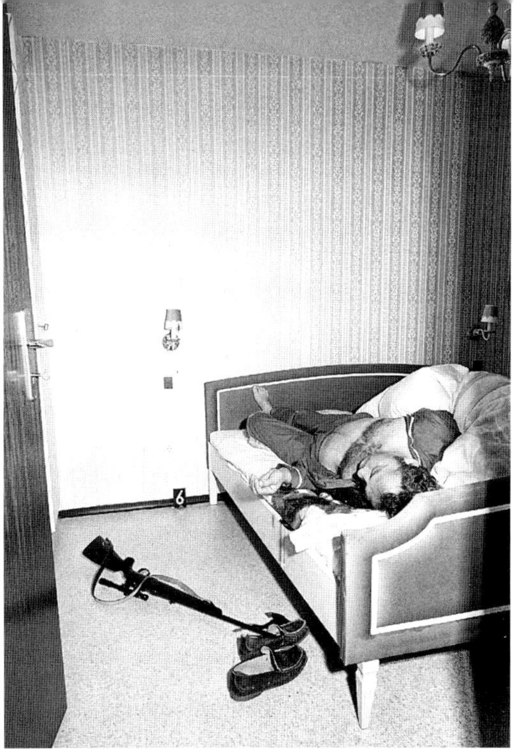

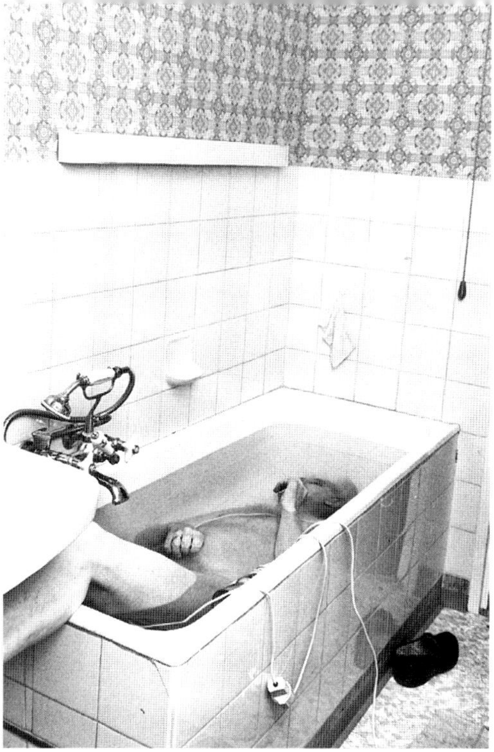

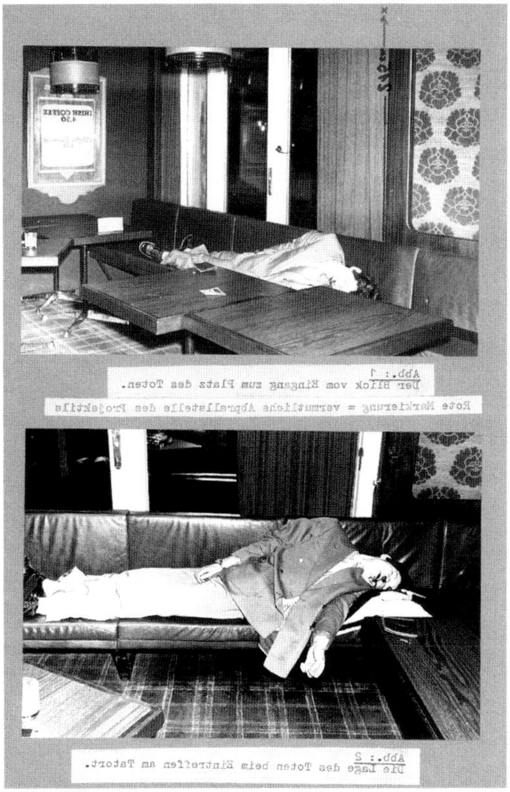

Abb.: 1
Der Blick vom Eingang zum Platz des Toten.
Rote Markierung = vermutliche Abprallstelle des Projektils
Abb.: 2
Die Lage des Toten beim Eintreffen am Tatort.

Fotografien vom Tatort belegen, welche Situation die ermittelnden Beamten vorgefunden haben. Wie auf dem Aktenblatt zu sehen ist, wird auch bei Selbstmord der Tathergang genau analysiert; in diesem Fall zeigen die roten Linien die Flugbahn des Projektils.

Prostituierte

Arbeitsscheu, liederlich, sittlich haltlos: Stereotype über Frauen, die dem ältesten Gewerbe nachgehen.

Johannes Staudenmaier

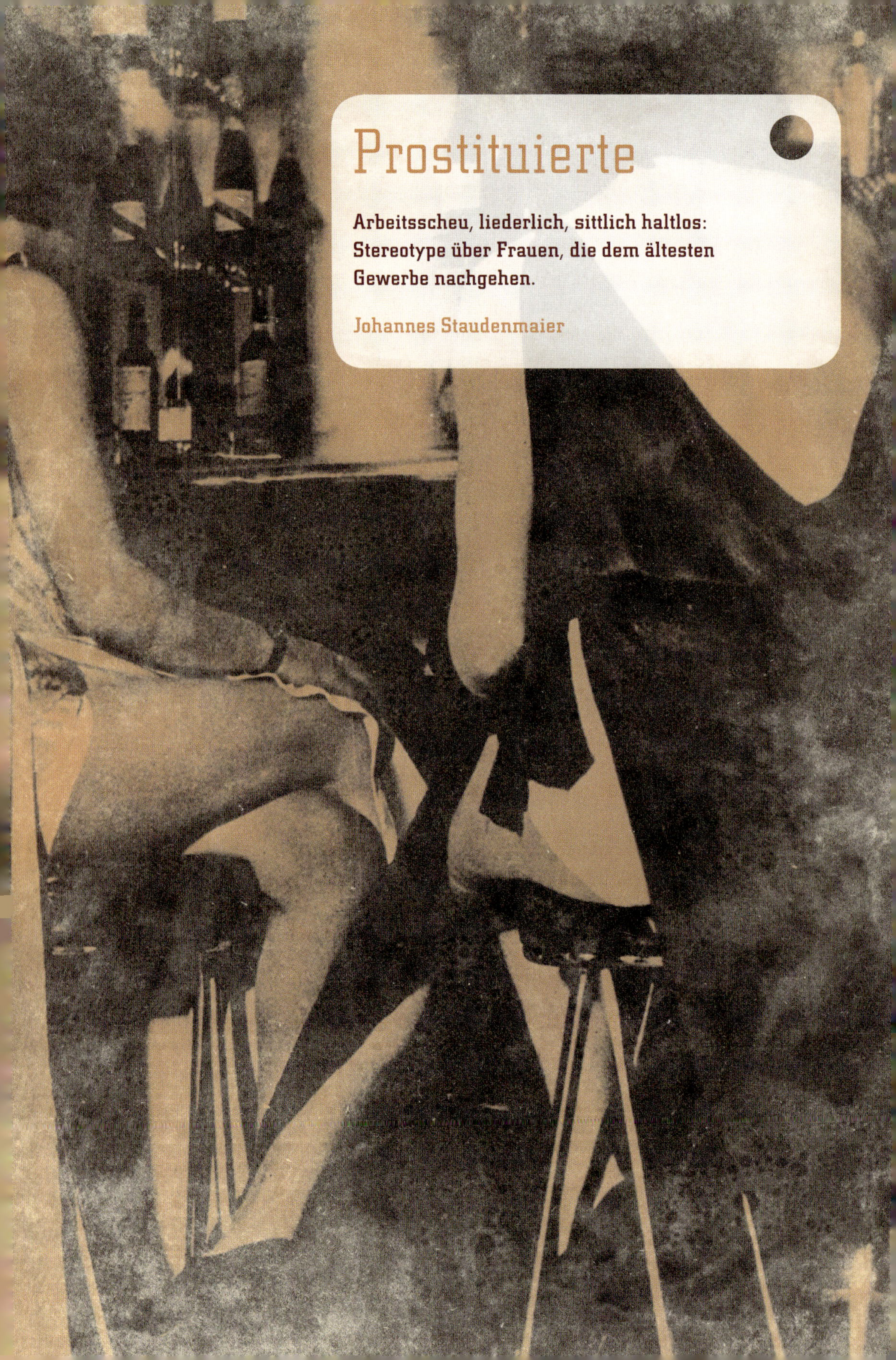

Prostitution wird gerne als ältestes Gewerbe der Welt apostrophiert. Im Verwaltungsdeutsch handelt es sich dabei um „die Vornahme sexueller Handlungen gegen ein vereinbartes Entgelt". In der Reichsstadt Nürnberg wurde das Gewerbe erstmals 1381 aktenkundig, als ein städtisches Frauenhaus erwähnt wurde. Anders als heute war damit schlicht ein Bordell gemeint. In dieser Zeit gab es anscheinend einen Gründungsboom von städtischen Frauenhäusern in Franken, der auch auf eine geänderte Beurteilung der Prostitution zurückzuführen ist. Diese war zwar immer noch sozial verpönt, die Kirche gestand ihr aber nun gewissermaßen eine Ventilfunktion für Unverheiratete zu. Das sollte die gesellschaftliche Ordnung stabilisieren. Inakzeptabel war hingegen die destabilisierende Unzucht, der Ehebruch (mit) der als prinzipiell sinnlich definierten Frau. So kam man nach und nach auch auf die Idee, unzüchtige Frauen ins Frauenhaus zu zwingen.

Die Prostituierten wurden somit quasi legalisiert und in die Gesellschaft integriert – durch die Einrichtung der Frauenhäuser aber zugleich von dieser räumlich getrennt. Die Frauenhäuser erhielten einen Frauenwirt, der nicht selten in Personalunion auch Scharfrichter oder Lochhüter (Gefängniswärter) war. Offiziell überwachte er die Einhaltung der Frauenhausordnung, also von der Obrigkeit erlassene Regeln. Inoffiziell war er nicht selten ein Bordellbetreiber, von dem die Frauen geradezu sklavenartig abhängig waren. Trotzdem hatte die Nürnberger „Ordnung der gemeynen Weyber" aus den 1470er Jahren einen Vorbildcharakter für ganz Süddeutschland.

Die religiösen, politischen, wirtschaftlichen und klimatischen Krisen am Ende des Spätmittelalters und zu Beginn der Neuzeit führten zu einer Neubetonung gottgefälliger, sittlich-moralischer Werte. Misstrauisch beäugt wurden unter anderem unverheiratete Frauen. Auch die Frauenhäuser gerieten ins Blickfeld der Obrigkeit und tugendhafter Gruppen. Noch 1481 hatte die Reichsstadt Nürnberg lediglich die freie Prostitution außerhalb des Frauenhauses verboten – 1562 schloss sie das letzte Frauenhaus. Die neue Sittenstrenge ist nicht nur den Reformatoren anzulasten, sondern war eine konfessionsübergreifende Bewegung. Auch im katholischen Bamberg beispielsweise wurde das letzte Frauenhaus um 1560 geschlossen.

Als einzig legitime Institution für die Ausübung des Geschlechtsverkehrs galt fortan die Ehe. Die Prostitution wurde nicht mehr als ordnungsstiftend, sondern als Übel bewertet. Das Frauenhaus war ein Ort von „allerlei greulich Unzucht, Schand und ergerniß, so täglich darinnen geübt und getrieben werden", wie die Sachverständigen des Nürnberger Rats in ihrem Gutachten zum Verbot 1562 feststellten. Diese politische Linie blieb im Wesentlichen bis ins 19. Jahrhundert bestehen, auch wenn die Prostitution natürlich trotzdem weiterhin in bestimmten Stadtgebieten wie an der Nürnberger Frauentormauer zwischen Färber- und Spittlertor ausgeübt wurde. Angesichts der Sinnlosigkeit eines Verbots, wurden Bordelle (getarnt als „Weinhandlungen") in bestimmten Bereichen geduldet und gleichzeitig die polizeiliche und gesundheitliche Überwachung ausgebaut. Gemäß den Prinzipien des „französischen Systems", vom Pariser Arzt Alexandre Parent du Châtelet entwickelt, mussten sich die Prostituierten registrieren lassen und auf die Einhaltung bestimmter Regeln verpflichten, wozu vor allem regelmäßige Untersuchungen auf Geschlechtskrankheiten gehörten. Seit Mitte des 19. Jahrhunderts gewannen dann die Forderungen nach einem strikteren Vorgehen wieder die Oberhand.

Die rasante Entwicklung Nürnbergs zur bedeutendsten Industriestadt Bayerns und einer der bevölkerungsreichsten Deutschlands ließ die Polizei zu Beginn des 20. Jahrhunderts in der Kontrolle der Prostitution an ihre Grenzen stoßen. Erst mit der Einrichtung der Sittenpolizei 1913 besserte sich die institutionelle Grundlage. Angelehnt an das „französische System" wurde sogar eine „Polizeipflegerin" angestellt, die sich als Ausgleich zu den überwiegend repressiven Maßnahmen der Polizei um die Prostituierten kümmerte. Kennzeichnend für die obrigkeitlichen Bemühungen blieb indes weiterhin, dass sie sich fast ausschließlich gegen die Frauen richteten.

Prostitution ist ein Thema, das besonders schnell ahistorische und anachronistische Fehlinterpretationen provoziert – persönliche Überzeugungen und Vorurteile leisten da Vorschub. Ebenso alt wie „das Gewerbe" sind die Deutungen, denen alle direkt oder indirekt daran Beteiligten und ihre Motive unterliegen: seien es Prostituierte, Zuhälter, „Puffmütter", Freier – oder ihre Gegenspieler, also Obrigkeiten, Bürgertum, „ehrliche" Frauen, Sittlichkeitsvereine etc. Nicht selten sind diese Zuschreibungen allzu pauschal und klischeehaft oder durch politische, feministische, moralische, sexistische, soziale und sonstige Stereotypen und Motive verzerrt. Ebenso riskant ist der voyeuristische und sensationslüsterne Blick durchs Schlüsselloch.

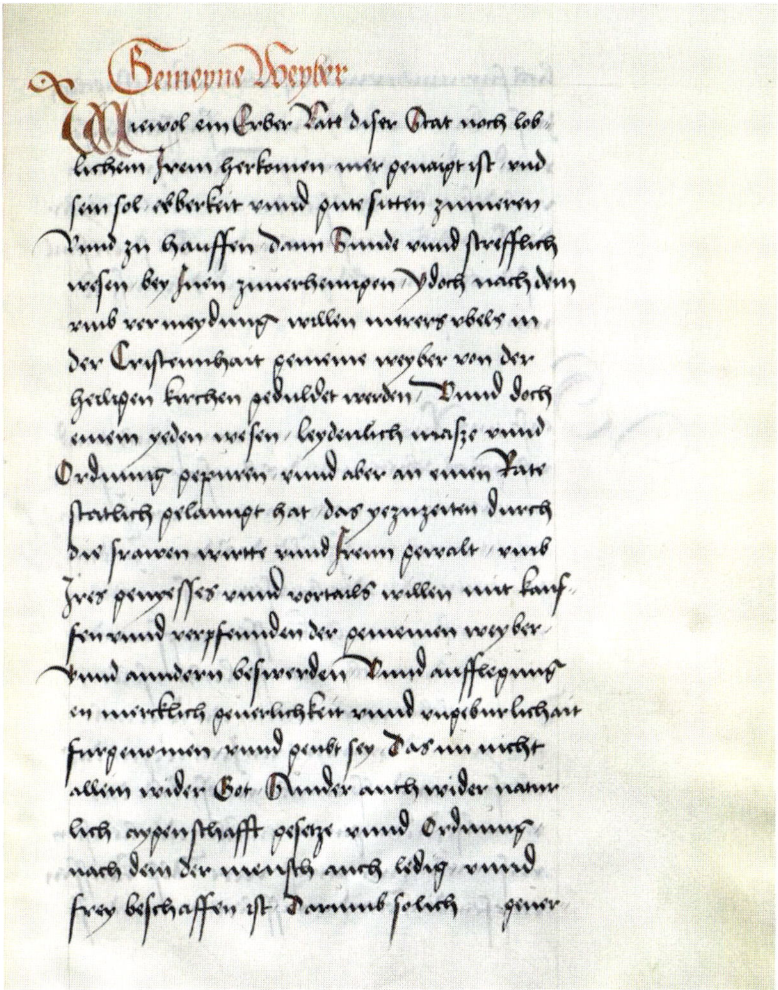
Gemeyne Weyber
Wiewol ein Erber Rat diser Stat noch lob-
lichem irem herkomen mer genaigt ist und
sein sol erberkeit unnd gut sitten zumeren
Unnd zu hauffen dann sunde unnd strefflich
wesen bey irn zuuerhengen Doch nach dem
unnd vermeydung willen merers ubels in
der Cristenhait gemeyne weyber von der
heiligen kirchen geduldet werden Unnd doch
einem yeden wesen leydenlich masze unnd
Ordnung gepuren Unnd aber an einen Rate
statlich gelanngt hat das yezuzeiten durch
die frawen wirte unnd irem gewalt umb
irer gewynnes unnd vortails willen mit kauffen unnd verpfennden der gemeinen weyber
unnd anndern beswerden Unnd auffsetzung-
en merklich geverlichkeit unnd ungeburlichait
furgenomen unnd geubt sey Das im nicht
allein wider Got Sunder auch wider natur-
lich eygenschafft gesetze unnd Ordnung
nach dem der mensch auch ledig unnd
frey beschaffen ist Darumb solich gener

Die Kirche erlaubte die „gemeinen Weiber“, um noch größeres Übel zu verhindern – der Staat bzw. die Stadt mussten sich allerdings darum kümmern, dass es auch in diesem Gewerbe ordentlich zuging. Eine Art Integration in die Gesellschaft, wenn auch nur an ihren ganz äußeren Rand, bedeutete es, „unzüchtige Frauen“ in Frauenhäuser zu zwingen. Dort allerdings waren sie oft sklavenähnlich den „Frauenwirten“ ausgeliefert. Dem Problem versuchte Nürnberg zum Beispiel mit seiner „Ordnung der gemeynen Weyber“ aus den 1470er Jahren Herr zu werden. Darin heißt es unter anderem:

„Es soll auch fortan der Frauenwirt (...) keine Frau, die in seinem Hause wohnt, wenn sie schwanger oder mit ihren weiblichen Tagen belastet ist oder in anderer Weise verhindert wäre oder sich der leiblichen Werke enthalten wollte, zu keinem Mann noch sündigem Werk nötigen oder drängen.“

Eine häufig verhängte Strafe für Frauen war das Ertränken, oder zumindest Untertauchen in Gewässern. Das betraf der Hexerei Verdächtigte ebenso wie „Gewerbsunzüchtlerinnen".

Rücken wir deshalb nur einige Aktenstücke aus dem Staatsarchiv Nürnberg ins Rampenlicht, ohne dass dabei die staatliche Verwaltungstätigkeit und die von ihr betroffenen Personen einer Wertung unterzogen werden (soweit das überhaupt möglich ist). Wie es oft bei sozialen Randgruppen, „kleinen Leuten" oder „Unterschichten" der Fall ist, gibt es auch von Prostituierten selten Selbstzeugnisse. Meist treten sie erst dann in das Licht der Geschichte, wenn sie von der Obrigkeit aufgegriffen und dadurch aktenkundig gemacht werden. Dies ist auch bei folgenden Beispielen aus der ersten Hälfte des 20. Jahrhunderts der Fall.

Johanna Ulrich, 1889 in Nürnberg geboren, wurde mit 15 Jahren wegen Diebstahls und Bettelei das erste Mal aufgegriffen. Nachdem sie in der Folgezeit mehrfach als „liederliche Person" inhaftiert wurde, war die „Hoffnung auf nachhaltige Besserung kaum mehr anzunehmen", wie im Aktenvermerk zu lesen ist. 1913 wurde sie – wohl in Zusammenhang mit der Einrichtung der Sittenpolizei – erneut polizeilich erfasst und, weil sie inzwischen „mit Vorliebe als Gewerbsunzüchtlerin tätig" war, auf eigene Bitte unter Aufsicht gestellt. Dies war die Bedingung dafür, dass sie weiterhin ihr Gewerbe ausüben durfte.

In dem Antrag, der höchstwahrscheinlich von einem Beamten vorformuliert war, beschreibt sie ihre Motivation: „Ich bin 9 Mal wegen Gewerbsunzucht bestraft. Ich will mich weiterhin der Gewerbsunzucht hingeben, & damit ich straffrei bleibe, der sittenpolizeilichen Aufsicht unterstellen lassen." Sie wurde ermahnt, einen besseren Lebenswandel zu führen – worauf sie erklärte, dass sie dafür bereits zu weit gesunken sei. Im Oktober beantragte sie die Aufhebung der Kontrolle, da sie von nun an doch ein geregeltes Leben führen wolle, wurde aber im Dezember ebenso wie ihr Zuhälter verhaftet. Ein Jahr später ist ein erneuter Antrag auf sittenpolizeiliche Kontrolle und damit auf legale Ausübung der Prostitution überliefert.

Vergeblich habe sie sich bis dahin um Arbeit bemüht, so ihre Begründung; da sie keinen Erfolg gehabt habe, sei sie „gewissermaßen gezwungen, Gewerbsunzucht zu treiben". Zwar wurde ihrem Antrag entsprochen, als sie aber gegen die Auflagen (hier: Betreten eines Bahnhofs) verstieß, kam es erneut zur Gerichtsverhandlung. Aufgrund der rund 20 Vorstrafen seit 1911 wurde sie als „sicherheits- und sittlichkeitsgefährdende Frauensperson" verurteilt und ihr Fall

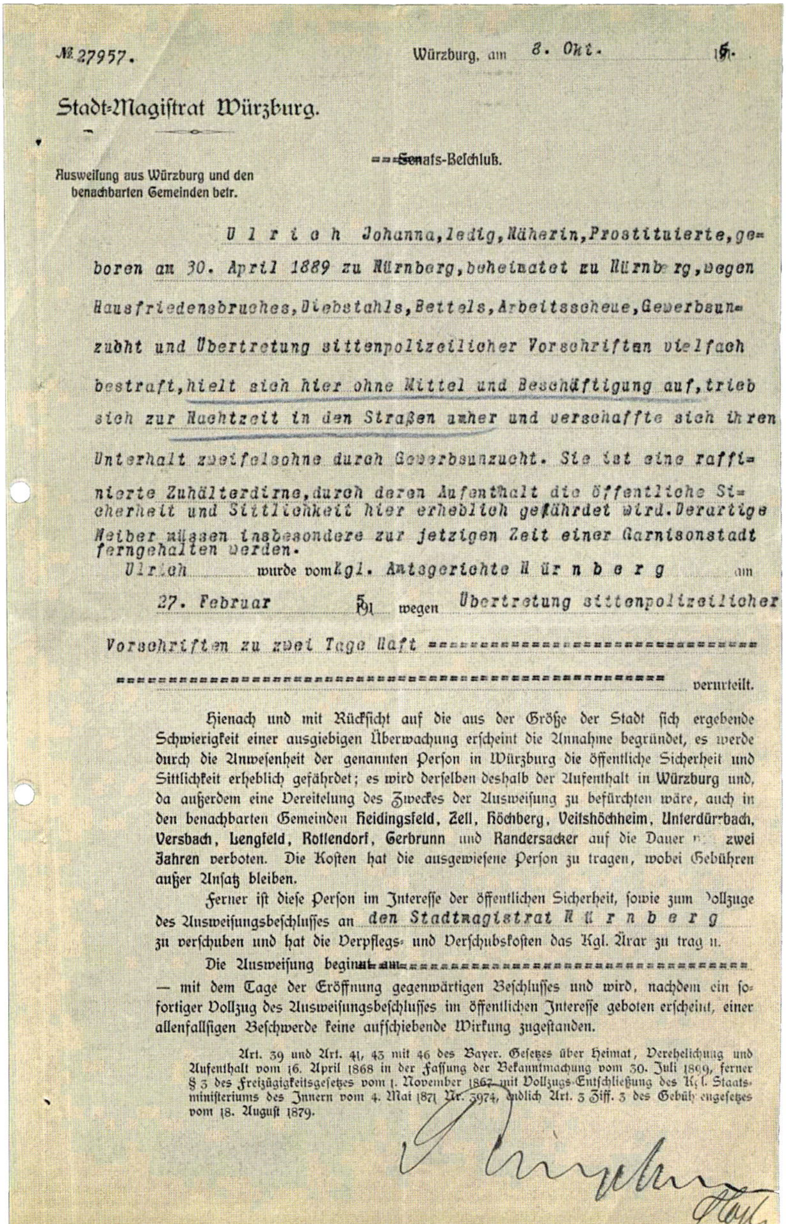

№ 27957. Würzburg, am 8. Okt. 15.

Stadt-Magistrat Würzburg.

Senats-Beschluß.

Ausweisung aus Würzburg und den benachbarten Gemeinden betr.

U l r i c h Johanna, ledig, Näherin, Prostituierte, geboren am 30. April 1889 zu Nürnberg, beheimatet zu Nürnberg, wegen Hausfriedensbruches, Diebstahls, Bettels, Arbeitsscheue, Gewerbsunzucht und Übertretung sittenpolizeilicher Vorschriften vielfach bestraft, hielt sich hier ohne Mittel und Beschäftigung auf, trieb sich zur Nachtzeit in den Straßen umher und verschaffte sich ihren Unterhalt zweifelsohne durch Gewerbsunzucht. Sie ist eine raffinierte Zuhälterdirne, durch deren Aufenthalt die öffentliche Sicherheit und Sittlichkeit hier erheblich gefährdet wird. Derartige Weiber müssen insbesondere zur jetzigen Zeit einer Garnisonstadt ferngehalten werden.

Ulrich wurde vom Kgl. Amtsgerichte N ü r n b e r g am 27. Februar 15 wegen Übertretung sittenpolizeilicher Vorschriften zu zwei Tage Haft verurteilt.

Hienach und mit Rücksicht auf die aus der Größe der Stadt sich ergebende Schwierigkeit einer ausgiebigen Überwachung erscheint die Annahme begründet, es werde durch die Anwesenheit der genannten Person in Würzburg die öffentliche Sicherheit und Sittlichkeit erheblich gefährdet; es wird derselben deshalb der Aufenthalt in Würzburg und, da außerdem eine Vereitelung des Zweckes der Ausweisung zu befürchten wäre, auch in den benachbarten Gemeinden Heidingsfeld, Zell, Höchberg, Veitshöchheim, Unterdürrbach, Versbach, Lengfeld, Rottendorf, Gerbrunn und Randersacker auf die Dauer von zwei Jahren verboten. Die Kosten hat die ausgewiesene Person zu tragen, wobei Gebühren außer Ansatz bleiben.

Ferner ist diese Person im Interesse der öffentlichen Sicherheit, sowie zum Vollzuge des Ausweisungsbeschlusses an den Stadtmagistrat N ü r n b e r g zu verschuben und hat die Verpflegs- und Verschubskosten das Kgl. Ärar zu tragen.

Die Ausweisung beginnt — mit dem Tage der Eröffnung gegenwärtigen Beschlusses und wird, nachdem ein sofortiger Vollzug des Ausweisungsbeschlusses im öffentlichen Interesse geboten erscheint, einer allenfallsigen Beschwerde keine aufschiebende Wirkung zugestanden.

Art. 39 und Art. 41, 43 mit 46 des Bayer. Gesetzes über Heimat, Verehelichung und Aufenthalt vom 16. April 1868 in der Fassung der Bekanntmachung vom 30. Juli 1899, ferner § 3 des Freizügigkeitsgesetzes vom 1. November 1867 mit Vollzugs-Entschließung des Kgl. Staatsministeriums des Innern vom 4. Mai 1871 Nr. 3974, endlich Art. 3 Ziff. 3 des Gebührengesetzes vom 18. August 1879.

Wäsche und Kleidung geklaut: Mit diesem Eintrag in den Kripo-Akten wanderte die „Gewerbsunzuchtlerin" schnell ins Gefängnis. Gerade zur Zeit des Ersten Weltkrieges wollte man in der Garnisonsstadt Nürnberg in Sachen Prostitution die Fahne der Moral hoch halten.

Verbrecherblatt
der Kriminalpolizei Nürnberg.

XIII [illegible]

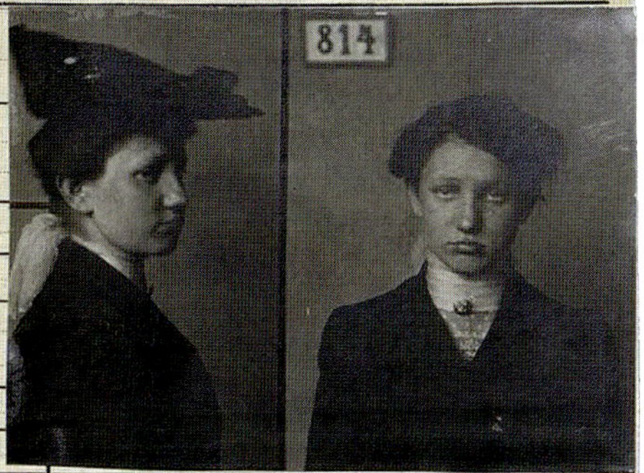

1. Name: Ullrich
2. Vorname: Johanna, gen. Betty
(Spitzname):
3. Stand: Arbeiterin
4. Letzte Wohnung:
5. Eltern und deren Stand: [illegible] Christian U. u. F. Maria, geb. Obermaier
6. Aufenthalt derselben:
7. Geburtszeit: 30. April 1889
8. Geburtsort: Nürnberg
9. Heimat: Nürnberg
10. Religion: protestantisch
11. Familienstand: ledig ledig
Verheiratet mit:
12. Wohnung der Frau:
13. Name, Stand, Wohnort der Eltern der Frau:
14. Militärverhältnis:
15. Führt die falschen Namen:
16. Vorstrafen siehe letzte Seite.

18. Aufgenommen am: 3. 7. 06
19. Größe: 1,57 Meter, Haarfarbe: blond
20. Gestalt: schlank, dick, untersetzt
21. Haltung, Gang: aufrecht
22. Gesichtsfarbe: gesund, rot, bleich
23. Bart (Farbe, Art):
24. Dialekt (Sprachkenntnisse?) Nürnberger
25. Besondere Kennzeichen (Einätzungen) u. bes. Gewohnheiten:
26. Ist mit Vorliebe bekleidet:

17. Art der Ausführung der Straftaten: Entwendete aus mit Nachschlüsseln geöffneten Waschküchenräumen, sowie mittelst Durchgreifens durch die Latten aus versperrten, sowie aus immer offenen Bodenräumen zum Trocknen aufgehängte Wäsche, entwendete ihren Arbeitskolleginnen aus gemeinschaftlichen Arbeitsräumen Kleidungsstücke.

27. Art der Veräußerung: Veräußerte in den [illegible] gelegenen [illegible] die Wäsche [illegible].

№ 86499

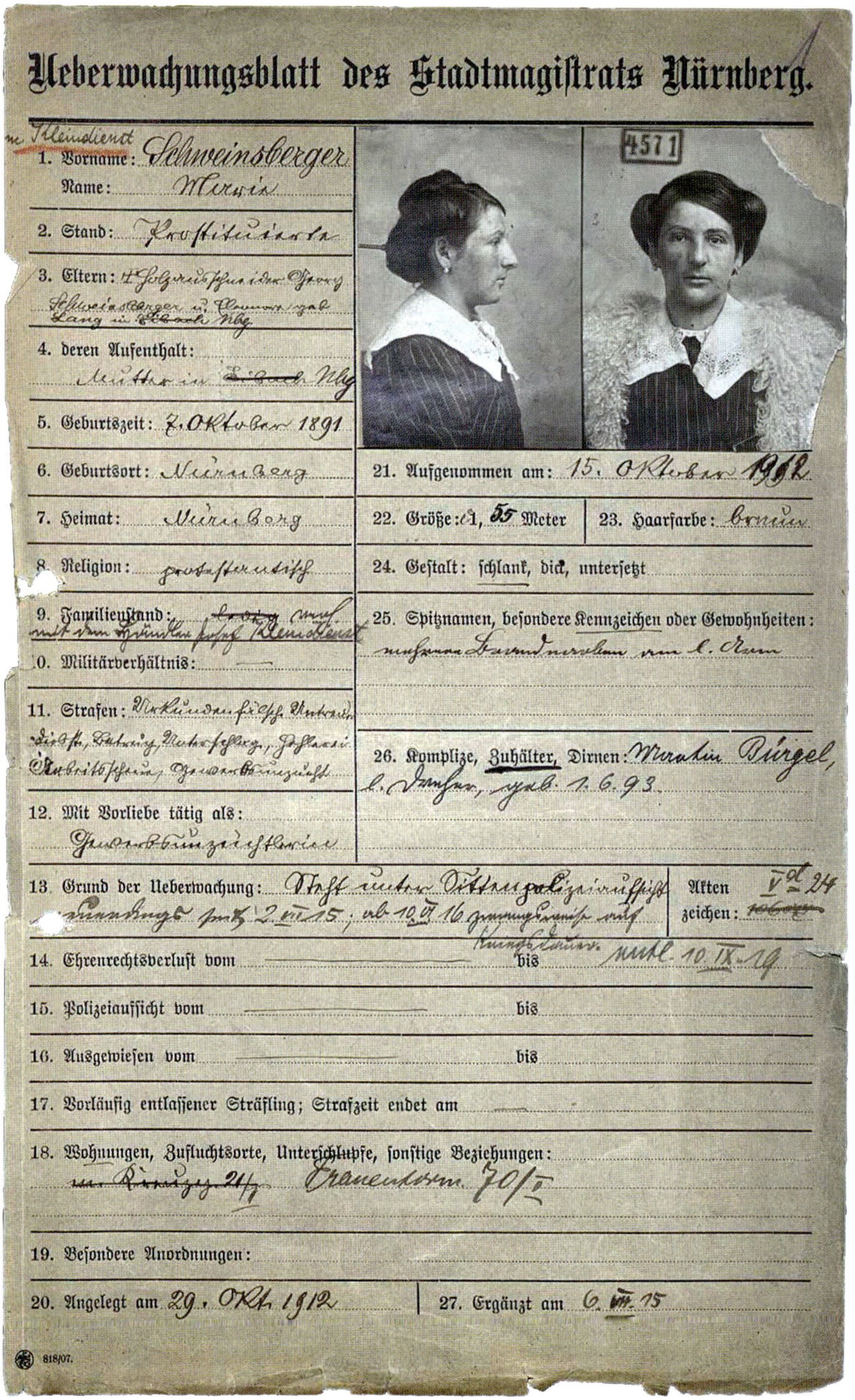

Ueberwachungsblatt des Stadtmagistrats Nürnberg.

1. Vorname: Schweinsberger
   Name: Marie
2. Stand: Prostituierte
3. Eltern: [illegible]
4. deren Aufenthalt: Mutter in [illegible] Nbg
5. Geburtszeit: 7. Oktober 1891
6. Geburtsort: Nürnberg
7. Heimat: Nürnberg
8. Religion: protestantisch
9. Familienstand: [illegible]
10. Militärverhältnis: —
11. Strafen: [illegible]
12. Mit Vorliebe tätig als: [illegible]
13. Grund der Ueberwachung: [illegible]
   Akten zeichen: [illegible]
14. Ehrenrechtsverlust vom — bis [illegible] 10. IX. 19
15. Polizeiaufsicht vom — bis
16. Ausgewiesen vom — bis
17. Vorläufig entlassener Sträfling; Strafzeit endet am
18. Wohnungen, Zufluchtsorte, Unterschlupfe, sonstige Beziehungen: [illegible] Frauentorm. 70/I
19. Besondere Anordnungen:
20. Angelegt am 29. Okt. 1912
21. Aufgenommen am: 15. Oktober 1912
22. Größe: 1,55 Meter
23. Haarfarbe: braun
24. Gestalt: schlank, dick, untersetzt
25. Spitznamen, besondere Kennzeichen oder Gewohnheiten: [illegible]
26. Komplize, Zuhälter, Dirnen: [illegible] Bürgel, [illegible] geb. 1.6.93.
27. Ergänzt am 6. [illegible] 15

818/07.

an die übergeordnete Landespolizeibehörde verwiesen. Als sie versuchte, sich deren Aufsicht zu entziehen, indem sie nach Würzburg reiste, dort aber aufgegriffen und der Stadt verwiesen wurde, war das Maß voll: Sie wurde für neun Monate in das Arbeitshaus St. Georgen (Bayreuth) eingeliefert. Bis 1919 erhielt sie wegen Verstöße gegen die sittenpolizeilichen Auflagen weitere 16 Einträge in ihre Akte, vor allem „wegen Streunens". Dann heiratete sie den Schlosser Edmund Körner und als ihr 1924 bei einer Untersuchung weder eine Geschlechtskrankheit noch Gewerbsunzucht nachzuweisen war, sie hingegen einen festen Wohnsitz sowie eine Arbeit als Brezelverkäuferin vorweisen konnte, kam kein Eintrag mehr hinzu.

Ähnlich war der Lebenslauf der zwei Jahre jüngeren Marie Schweinsberger, in deren Akte sich eine ganze Reihe verschiedener Vergehen findet: Urkundenfälschung, Untreue, Diebstahl, Betrug, Unterschlag, Hehlerei, Kuppelei, Freiheitsberaubung, Arbeitsscheue und natürlich die „mit Vorliebe" ausgeübte Gewerbsunzucht. Sie wurde ebenfalls das erste Mal mit 15 Jahren aktenkundig, als sie am Fürther Bahnhofsplatz „in Begleitung einer Mannsperson" aufgegriffen wurde.

Ihr Vater bat nach einigen weiteren Vorkommnissen um „Einschaffung seiner Tochter ins Arbeitshaus, da diese anders nicht zu bessern sei", woraufhin sie „zur Zwangserziehung" in die lutherische Diakonissenanstalt Neuendettelsau gebracht wurde. Nach einigen Ausreißversuchen wurde sie schließlich von ihrem Vater wieder nach Hause zurückgeholt, damit sie ihm im Haushalt hilft. Als er aber kurz darauf starb und die laut polizeilichen Erkundigungen total überforderte Mutter auch keinen Halt geben konnte, rutschte Marie kontinuierlich ab. Mehrfach wurde sie seit 1911 „wegen Unterkommenslosigkeit", „Arbeitsscheue" und „weil sie sich geschlechtlich benutzen ließ" aufgegriffen oder wegen Geschlechtserkrankungen ins Krankenhaus eingewiesen. Die Behörden gaben die Hoffnung auf Besserung recht schnell auf.

Marie Schweinsberger ließ sich nun unter sittenpolizeiliche Aufsicht stellen, um straflos die Gewerbsunzucht ausüben zu können.

Ein solches Überwachungsblatt wurde angelegt, wenn sich Prostituierte amtlich registrieren ließen. Das bedeutete, dass sie ungestraft ihrem Gewerbe nachgehen konnten, sich allerdings an Auflagen halten mussten.

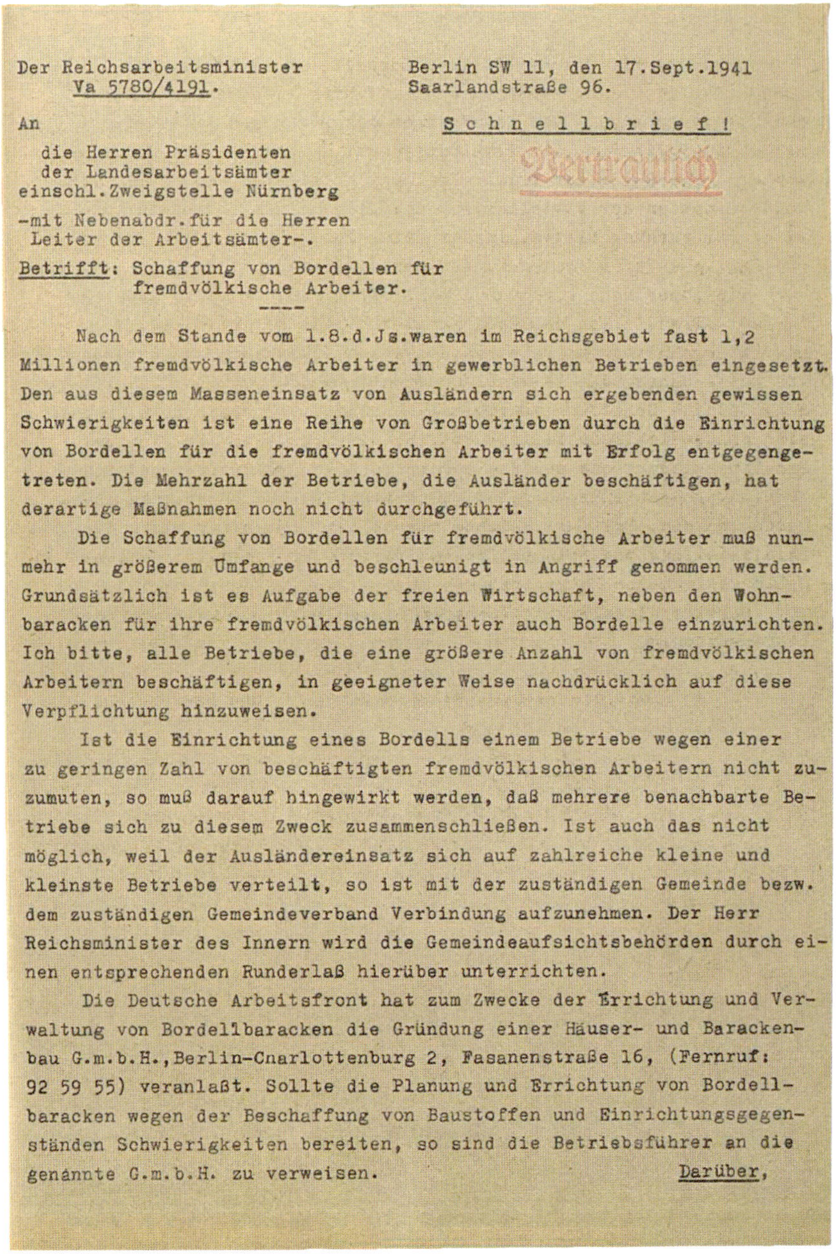

Der Reichsarbeitsminister
Va 5780/4191.

Berlin SW 11, den 17.Sept.1941
Saarlandstraße 96.

An

die Herren Präsidenten
der Landesarbeitsämter
einschl. Zweigstelle Nürnberg

-mit Nebenabdr. für die Herren
Leiter der Arbeitsämter-.

S c h n e l l b r i e f !

Vertraulich

Betrifft: Schaffung von Bordellen für
fremdvölkische Arbeiter.

Nach dem Stande vom 1.8.d.Js.waren im Reichsgebiet fast 1,2 Millionen fremdvölkische Arbeiter in gewerblichen Betrieben eingesetzt. Den aus diesem Masseneinsatz von Ausländern sich ergebenden gewissen Schwierigkeiten ist eine Reihe von Großbetrieben durch die Einrichtung von Bordellen für die fremdvölkischen Arbeiter mit Erfolg entgegengetreten. Die Mehrzahl der Betriebe, die Ausländer beschäftigen, hat derartige Maßnahmen noch nicht durchgeführt.

Die Schaffung von Bordellen für fremdvölkische Arbeiter muß nunmehr in größerem Umfange und beschleunigt in Angriff genommen werden. Grundsätzlich ist es Aufgabe der freien Wirtschaft, neben den Wohnbaracken für ihre fremdvölkischen Arbeiter auch Bordelle einzurichten. Ich bitte, alle Betriebe, die eine größere Anzahl von fremdvölkischen Arbeitern beschäftigen, in geeigneter Weise nachdrücklich auf diese Verpflichtung hinzuweisen.

Ist die Einrichtung eines Bordells einem Betriebe wegen einer zu geringen Zahl von beschäftigten fremdvölkischen Arbeitern nicht zuzumuten, so muß darauf hingewirkt werden, daß mehrere benachbarte Betriebe sich zu diesem Zweck zusammenschließen. Ist auch das nicht möglich, weil der Ausländereinsatz sich auf zahlreiche kleine und kleinste Betriebe verteilt, so ist mit der zuständigen Gemeinde bezw. dem zuständigen Gemeindeverband Verbindung aufzunehmen. Der Herr Reichsminister des Innern wird die Gemeindeaufsichtsbehörden durch einen entsprechenden Runderlaß hierüber unterrichten.

Die Deutsche Arbeitsfront hat zum Zwecke der Errichtung und Verwaltung von Bordellbaracken die Gründung einer Häuser- und Barackenbau G.m.b.H.,Berlin-Charlottenburg 2, Fasanenstraße 16, (Fernruf: 92 59 55) veranlaßt. Sollte die Planung und Errichtung von Bordellbaracken wegen der Beschaffung von Baustoffen und Einrichtungsgegenständen Schwierigkeiten bereiten, so sind die Betriebsführer an die genannte G.m.b.H. zu verweisen.

Darüber,

Auch wenn es um „gewisse Schwierigkeiten“ ging, bewiesen die Nationalsozialisten bürokratischen Eifer.

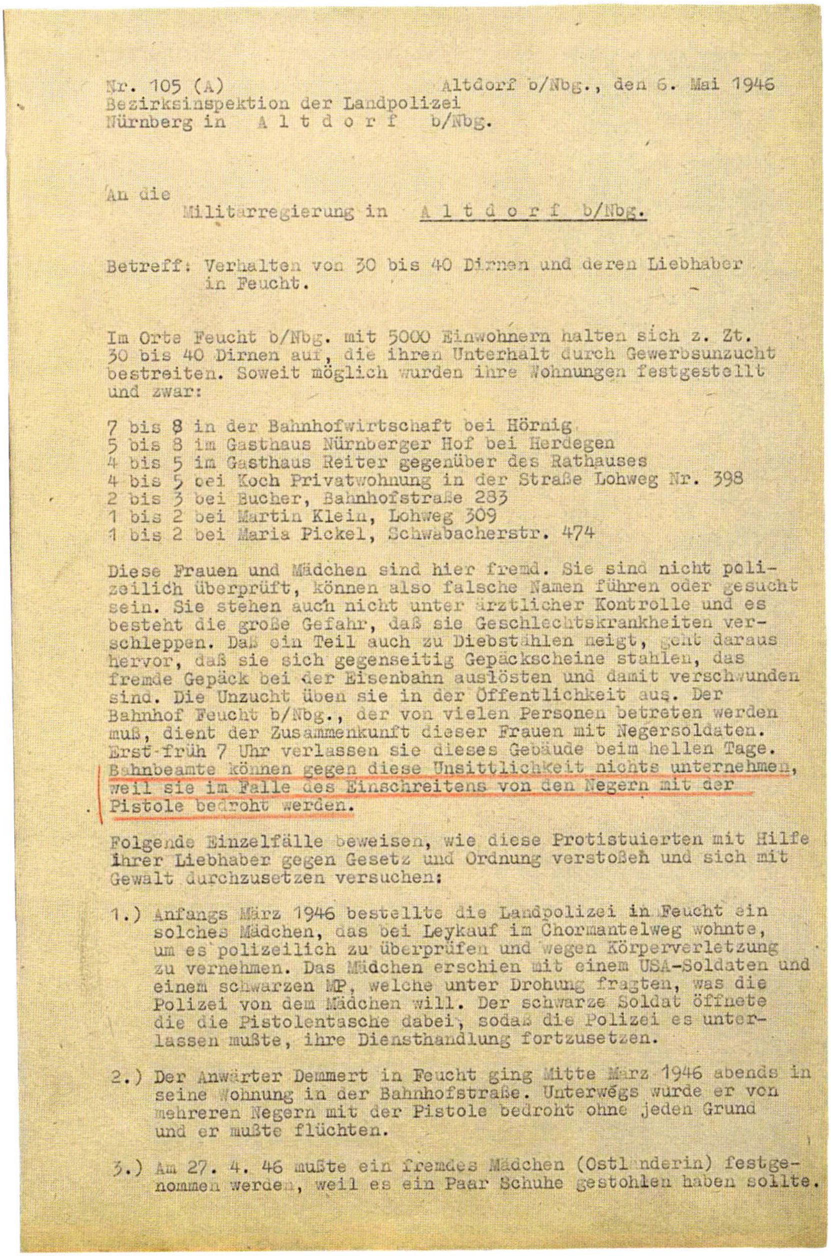

Nr. 105 (A) Altdorf b/Nbg., den 6. Mai 1946
Bezirksinspektion der Landpolizei
Nürnberg in A l t d o r f b/Nbg.

An die
Militärregierung in A l t d o r f b/Nbg.

Betreff: Verhalten von 30 bis 40 Dirnen und deren Liebhaber in Feucht.

Im Orte Feucht b/Nbg. mit 5000 Einwohnern halten sich z. Zt. 30 bis 40 Dirnen auf, die ihren Unterhalt durch Gewerbsunzucht bestreiten. Soweit möglich wurden ihre Wohnungen festgestellt und zwar:

7 bis 8 in der Bahnhofwirtschaft bei Hörnig
5 bis 8 im Gasthaus Nürnberger Hof bei Herdegen
4 bis 5 im Gasthaus Reiter gegenüber des Rathauses
4 bis 5 bei Koch Privatwohnung in der Straße Lohweg Nr. 398
2 bis 3 bei Bucher, Bahnhofstraße 283
1 bis 2 bei Martin Klein, Lohweg 309
1 bis 2 bei Maria Pickel, Schwabacherstr. 474

Diese Frauen und Mädchen sind hier fremd. Sie sind nicht polizeilich überprüft, können also falsche Namen führen oder gesucht sein. Sie stehen auch nicht unter ärztlicher Kontrolle und es besteht die große Gefahr, daß sie Geschlechtskrankheiten verschleppen. Daß ein Teil auch zu Diebstählen neigt, geht daraus hervor, daß sie sich gegenseitig Gepäckscheine stahlen, das fremde Gepäck bei der Eisenbahn auslösten und damit verschwunden sind. Die Unzucht üben sie in der Öffentlichkeit aus. Der Bahnhof Feucht b/Nbg., der von vielen Personen betreten werden muß, dient der Zusammenkunft dieser Frauen mit Negersoldaten. Erst früh 7 Uhr verlassen sie dieses Gebäude beim hellen Tage. Bahnbeamte können gegen diese Unsittlichkeit nichts unternehmen, weil sie im Falle des Einschreitens von den Negern mit der Pistole bedroht werden.

Folgende Einzelfälle beweisen, wie diese Protistuierten mit Hilfe ihrer Liebhaber gegen Gesetz und Ordnung verstoßeh und sich mit Gewalt durchzusetzen versuchen:

1.) Anfangs März 1946 bestellte die Landpolizei in Feucht ein solches Mädchen, das bei Leykauf im Chormantelweg wohnte, um es polizeilich zu überprüfen und wegen Körperverletzung zu vernehmen. Das Mädchen erschien mit einem USA-Soldaten und einem schwarzen MP, welche unter Drohung fragten, was die Polizei von dem Mädchen will. Der schwarze Soldat öffnete die die Pistolentasche dabei, sodaß die Polizei es unterlassen mußte, ihre Diensthandlung fortzusetzen.

2.) Der Anwärter Demmert in Feucht ging Mitte März 1946 abends in seine Wohnung in der Bahnhofstraße. Unterwegs wurde er von mehreren Negern mit der Pistole bedroht ohne jeden Grund und er mußte flüchten.

3.) Am 27. 4. 46 mußte ein fremdes Mädchen (Ostländerin) festgenommen werden, weil es ein Paar Schuhe gestohlen haben sollte.

Ärger mit den Befreiern: In Nürnberg wuchsen die Beschwerden über die Freiheiten, die sich die amerikanischen Besatzungssoldaten herausnahmen.

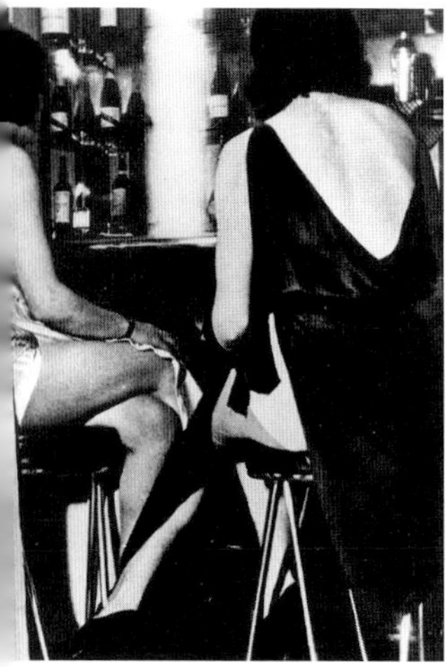

Prostitution ist vor allem ein „indoor"-Gewerbe: Schätzungen zufolge findet sie nur zu etwa 13 Prozent auf den Straßen statt.

Für einen anderen Lebenswandel sei sie bereits zu weit gesunken und außerdem könne sie ihr neugeborenes Kind nicht anders ernähren, liest man in den Akten. Als jedoch in einer erneuten Gerichtsverhandlung herauskam, dass ihr Kind in einer Anstalt von der Armenfürsorge verpflegt wurde, und der Richter deshalb der Meinung war, Schweinsberger sei Prostituierte „aus Arbeitsscheue und Neigung zu einem liederlichen Lebenswandel", wurde auch sie im Arbeitshaus St. Georgen „untergebracht".

Recht schnell kam sie jedoch wieder frei, da ihr der Gefängnisarzt eine Schwangerschaft diagnostizierte. Weil aber der Polizei ebenso wie Schweinsbergers Mutter einige Monate später nichts von einer Geburt bekannt war, wurde Marie in Frankfurt verhaftet. Bei ihrem Verhör gab sie an, im sechsten Monat einen Abort gehabt zu haben. Ob das stimmte oder (wie von der Polizei angenommen) nicht: Schweinsberger wurde wieder nach St. Georgen gebracht, wo sie ihre restliche Strafe verbüßte.

Nach der Entlassung setzte sich ihr Leben – zumindest wie wir es aus den Akten kennen – in gewohnten Bahnen fort, auch nach dem sie verheiratet war, wie ein polizeiliches Gutachten feststellte. Es vermerkte allerdings nicht, dass ihr Ehemann auch ihr Zuhälter war, und als dieser an der Front war, ihr zwischenzeitlicher Geliebter diese Rolle übernahm.

Anders als das Königreich Bayern und die Weimarer Republik kannte der Nationalsozialismus einige Jahre später kein der Sittenpolizei vergleichbares „Programm" im Umgang mit der Prostitution. „Ziel war die uneingeschränkte Kontrolle der sexuellen menschlichen Beziehungen einschließlich der Fortpflanzung entsprechend der nationalsozialistischen Rassenideologie" (Claudia Thoben, Prostitution in Nürnberg. Wahrnehmung und Maßregelung zwischen 1871 und 1945, Nürnberger Werkstücke zur Stadt- und Landesgeschichte 65, Nürnberg 2007). Die nationalsozialistische Ideologie hatte prinzipiell nichts gegen Bordelle, wie neben dem schon fast legendär gewordenen Ansturm auf das Frauentorviertel während der Nürnberger Reichsparteitage auch ein Schreiben von 1941 zeigt. Zur Bekämpfung von „sich ergebenden gewissen Schwierigkeiten", die aus dem massenhaften Einsatz von Zwangsarbeitern als Kriegsgefangene resultierten, forderte Reichsarbeitsminister Franz Seldte die Arbeitsämter auf, in den betreffenden Betrieben „Bordelle

für fremdvölkische Arbeiter" einzurichten. Eigens für den Bau von Bordellbaracken sei durch die Deutsche Arbeitsfront eine „Häuser- und Barackenbau GmbH" eingerichtet worden.

Erst vor einigen Jahren systematisch untersucht worden sind die Bordelle in den Konzentrationslagern, die auf eine besonders perfide Idee Heinrich Himmlers zurückgingen. In zehn Lagern waren insgesamt 190 Zwangsprostituierte untergebracht, die „reichsdeutschen" Häftlingen, also Deutschen und Österreichern, später auch polnischen, tschechischen und spanischen Häftlingen als Anreiz zur Produktivitätssteigerung dienen sollten. Jüdischen Häftlingen und sowjetischen Kriegsgefangenen war der Besuch ebenso verboten wie dem SS-Wachpersonal. Die Frauen waren Häftlinge der zentralen Frauen-Konzentrationslager Ravensbrück und Auschwitz, die zunächst mit falschen Versprechungen wie Haftentlassung auf „freiwilliger Basis" gelockt wurden. Als sich jedoch recht schnell herausstellte, wie falsch diese Versprechungen waren, gab es noch weniger Freiwillige als vorher. Die SS rekrutierte die Frauen daher zwangs-

Das München der Nachkriegszeit hatte viele „sündige" Ecken: Eine davon war die Havanna Bar. Dort gingen GIs ein und aus – ein ideales Terrain für Professionelle.

weise in den Lagern, wobei sie oft auf schon inhaftierte Prostituierte zurückgriff.

Generell wurden Prostituierte im Dritten Reich höchstens als nützliche Instrumente der Kanalisierung und Kontrolle männlicher Sexualität betrachtet. Sie mussten überdies aufpassen, dass sie im Sinne der von den Nationalsozialisten propagierten „natürlichen Auslese" zur Verbesserung der Volksgesundheit nicht durch das Raster fielen und als „asozial" gebrandmarkt wurden, wie es Anna Rauer aus Roth widerfuhr: In den Nürnberger Akten wird diese erstmals 1917 greifbar, als sie von der Polizei wegen „Streunens bzw. Gewerbsunzucht" festgenommen und erkennungsdienstlich erfasst wurde. Auch in der Folgezeit wurde sie mehrfach wegen Diebstahls, Unterschlagung und „Arbeitsvertragsbruchs" verhaftet und zu Gefängnisstrafen verurteilt. Verschiedene Male wurde sie zudem „vollständig verwahrlost aufgegriffen" oder mit Geschlechtskrankheiten ins Krankenhaus eingewiesen. Als sich Ende des Jahres 1943 schließlich niemand aus ihrer Familie um sie kümmern konnte (die Mutter war tot, der Bruder an die Front versetzt), wurde für die als „geistig beschränkte, arbeitsscheue, unwirtschaftliche und in sittlicher Beziehung haltlose Person" eingeschätzte Anna Rauer polizeiliche Vorbeugungshaft angeordnet. Sie wurde als „Asoziale", die Gemeinschaft gefährdend eingestuft. Anna Rauer wurde deshalb in das Konzentrationslager Auschwitz deportiert, wahrscheinlich „zur Vernichtung durch Arbeit" (so der Plan des neuen Reichsarbeitsministers Otto Georg Thierack zur Behandlung von „Asozialen"), wo sich ihre Spur im Sommer 1944 verliert.

Die Not der Nachkriegsjahre veranlasste wohl mehr Frauen als zuvor zur Prostitution, um sich ein ausreichendes Auskommen zu sichern. Während großangelegter Razzien wurden auch in Nürnberg und Umgebung zahlreiche Frauen verhaftet und/oder in Krankenhäuser gebracht. Sprichwörtlich wurde dabei das Fräulein „Veronika Dankeschön", das seinen Körper an amerikanische Soldaten verkaufte, natürlich nur um an Luxusartikel wie Nylonstrumpfhosen zu kommen. Die Initialen „VD" standen dabei eigentlich für „Veneral Diseases", also Geschlechtskrankheiten, die sich damals beinahe epidemisch ausbreiteten.

Das Thema Prostitution, wie es sich in obrigkeitlichen Quellen darstellt: Es wird nur eine Perspektive der Geschichte überliefert, es bleibt einseitig. Und demnach sind die Frauen meist „liederlich“, „willensschwach“, „arbeitsscheu“, oft „asozial“ oder „geistig beschränkt“ und „führen mit Vorliebe die Gewerbsunzucht aus.“ Wenn polizeiliche Maßnahmen keine Früchte trugen, dann lag es an der Disziplinlosigkeit der „Lohndirnen“. Durch Dritte differenzierte Analysen der sozialen Hintergründe oder der Verhaltensmuster findet man selten in den überlieferten polizeilichen Akten, und Selbstzeugnisse, die die Dinge aus der Sicht der Prostituierten beschreiben, noch weniger.

Schwindsüchtige

Alle antreten! Mit staatlich angeordneten Reihenuntersuchungen sollte die Ausbreitung von Seuchen wie der TBC eingedämmt werden.

Markus Schmalzl

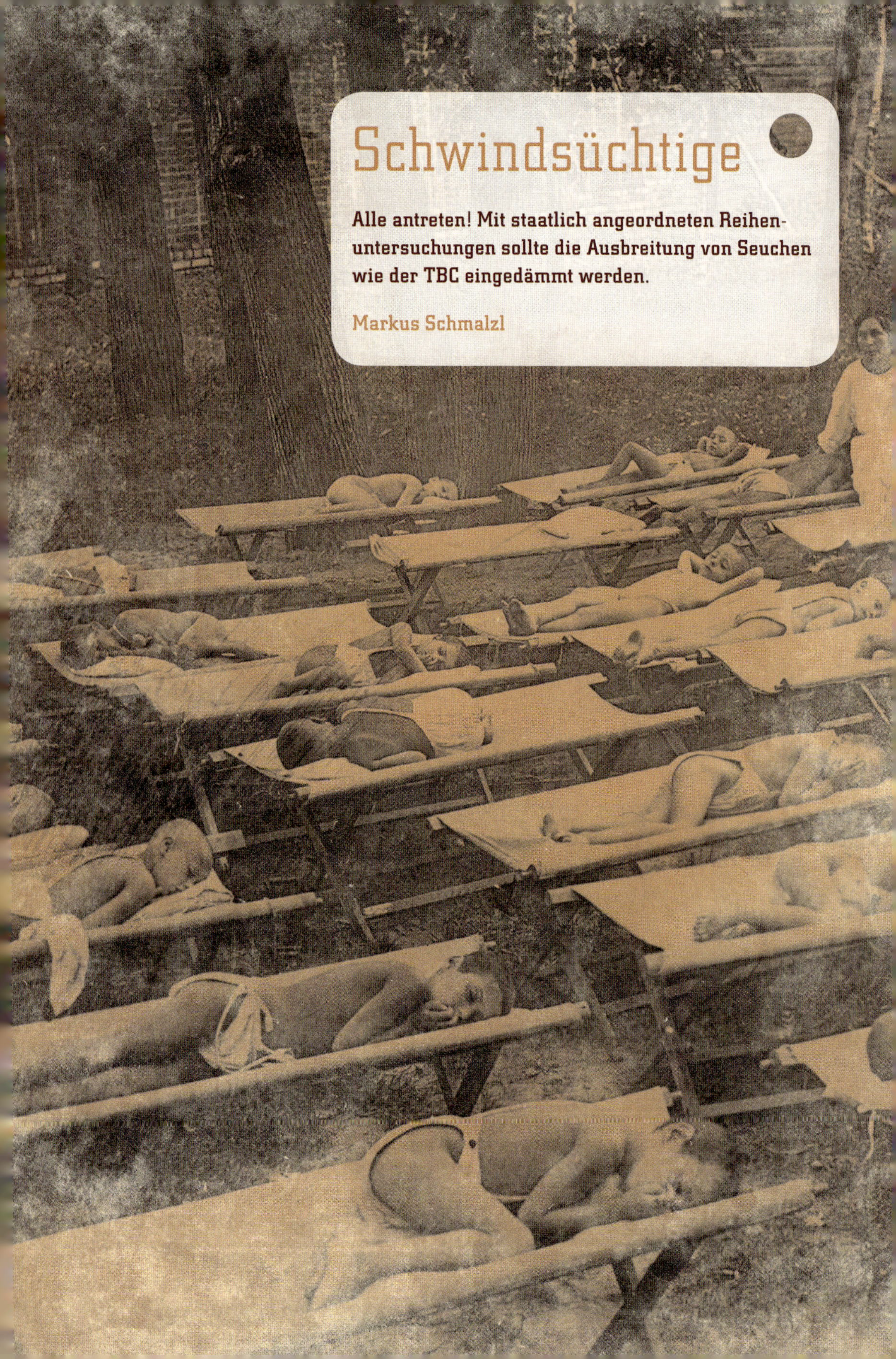

Für die deutsche Bevölkerung der 1950er bis 1980er Jahre war das regelmäßige Durchleuchten der Lunge ein gewohnter Pflichtgang. Nachdem infolge der Kriegsjahre die Tuberkulose zu einer der häufigsten Sterbeursachen geworden war, hatte die Politik reagiert. Die seit 1938 nur für bestimmte Berufsgruppen vorgeschriebenen regelmäßigen Röntgenuntersuchungen der Lunge wurden Anfang der 1950er Jahre in allen Ländern der jungen Bundesrepublik Deutschland auf die gesamte Bevölkerung ausgedehnt. Mit der Reihenuntersuchung griffen die Behörden so auch in Bayern auf ein altbewährtes Instrument medizinischer Prävention zurück.

Für bestimmte Bevölkerungs- und Berufsgruppen waren regelmäßige, standardisierte gesundheitliche Untersuchungen zu diesem Zeitpunkt nämlich schon lange üblich. Insbesondere wo Menschen auf engem Raum dicht aufeinander lebten, was die Seuchengefahr erhöhte, und wo zugleich körperliche Leistungsfähigkeit gefragt war, griff man auf die gründliche Untersuchung aller Betroffenen zurück. Bereits mit der Aufstellung stehender Heere Ende des 17. Jahrhunderts wurde staatlicherseits auf eine gewisse Tauglichkeit der Matrosen und Soldaten geachtet. Mit Einführung der allgemeinen Wehrpflicht 1813 in Preußen und 1868 nach preußischem Muster in Bayern wurde im Rahmen der Musterung dann regelmäßig ein ganzer Bevölkerungsjahrgang – freilich nur der männlichen ansässigen Bevölkerung – auf gesundheitliche Beeinträchtigungen untersucht. Nach der Wehrordnung für das Königreich Bayern aus dem Jahr 1895 wurde jeder Militärpflichtige einer körperlichen Untersuchung unterworfen, „bei welcher auf Verlangen des Arztes völlige Entblößung des ganzen Körpers unter möglichster Berücksichtigung des Schamgefühls stattfinden muss". Während des Ersten Weltkriegs etablierten sich weitere regelmäßige Gesundheitsuntersuchungen der Soldaten. Bis zu zweimal wöchentlich überprüften Militärärzte den körperlichen Zustand ihrer Schutzbefohlenen. Zusätzliche Untersuchungen fanden etwa vor Antritt und nach Ende eines Heimaturlaubs statt, wobei insbesondere nach Geschlechtskrankheiten gefahndet wurde.

Einzelne Berufsgruppen am Rande der Gesellschaft, vor allem aus den Unterschichten, galten als besonders ruchbar und standen unter besonderer Kontrolle. Insbesondere galt dies für Prostituierte, die in den Städten spätestens seit Ende des 15. Jahrhunderts häufig öffentliche Frauenhäuser bewohnen mussten. In Nürnberg und anderen Städten im heutigen Bayern mussten sich die Prostituierten registrieren lassen und sich auf die Einhaltung bestimmter Regeln verpflichten. Dazu gehörten vor allem regelmäßige Untersuchungen auf Geschlechtskrankheiten. Mit Auftreten der Syphilis Ende des 15. Jahrhunderts wurden diese Kontrollen örtlich verschärft und – wie etwa 1497 in Nördlingen – angehalten, erkrankte Frauen aus den Bordellen zu weisen.

Neben anderen ansteckenden Krankheiten stand dabei seit Mitte des 19. Jahrhunderts die auch als Schwindsucht bekannte Tuberkulose im Fokus. Die Krankheit konnte erst Anfang des 19. Jahrhunderts als eigenes Krankheitsbild identifiziert werden. Bereits seit den 1870er Jahren war die Tuberkulose nicht zuletzt durch die Forschungsarbeiten des Münchner Pathologen Ludwig von Buhl als hochansteckende und durch Rinder und Milchprodukte übertragbare Infektionskrankheit entlarvt worden. 1879 wurden deshalb die Familien von Abdeckern („Wasenmeister"), die häufig mit toten und möglicherweise infizierten Rindern in Berührung kamen, per Ministerialerlass unter besondere Beobachtung gestellt. 1887 erließ das Ministerium des Innern oberpolizeiliche Vorschriften über den

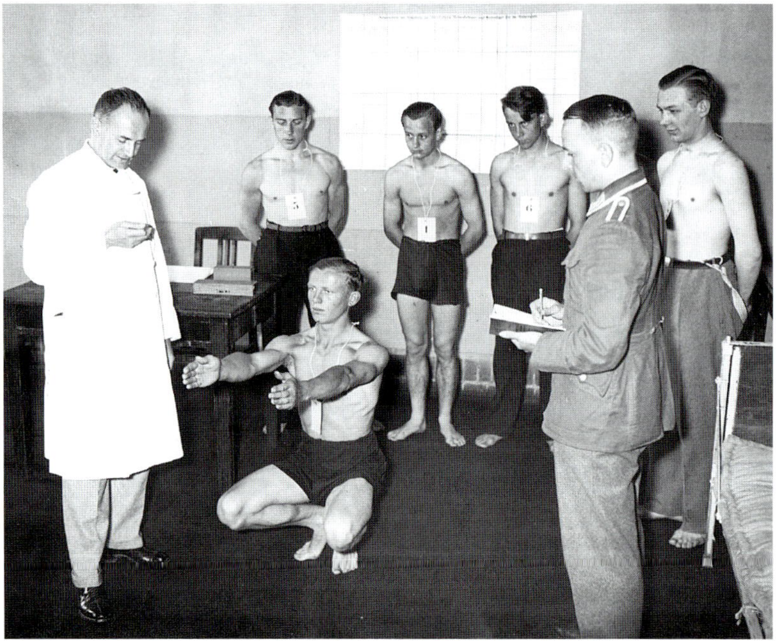

Auf Herz und Lunge untersucht zu werden, gehört sei jeher zur militärischen Musterung.

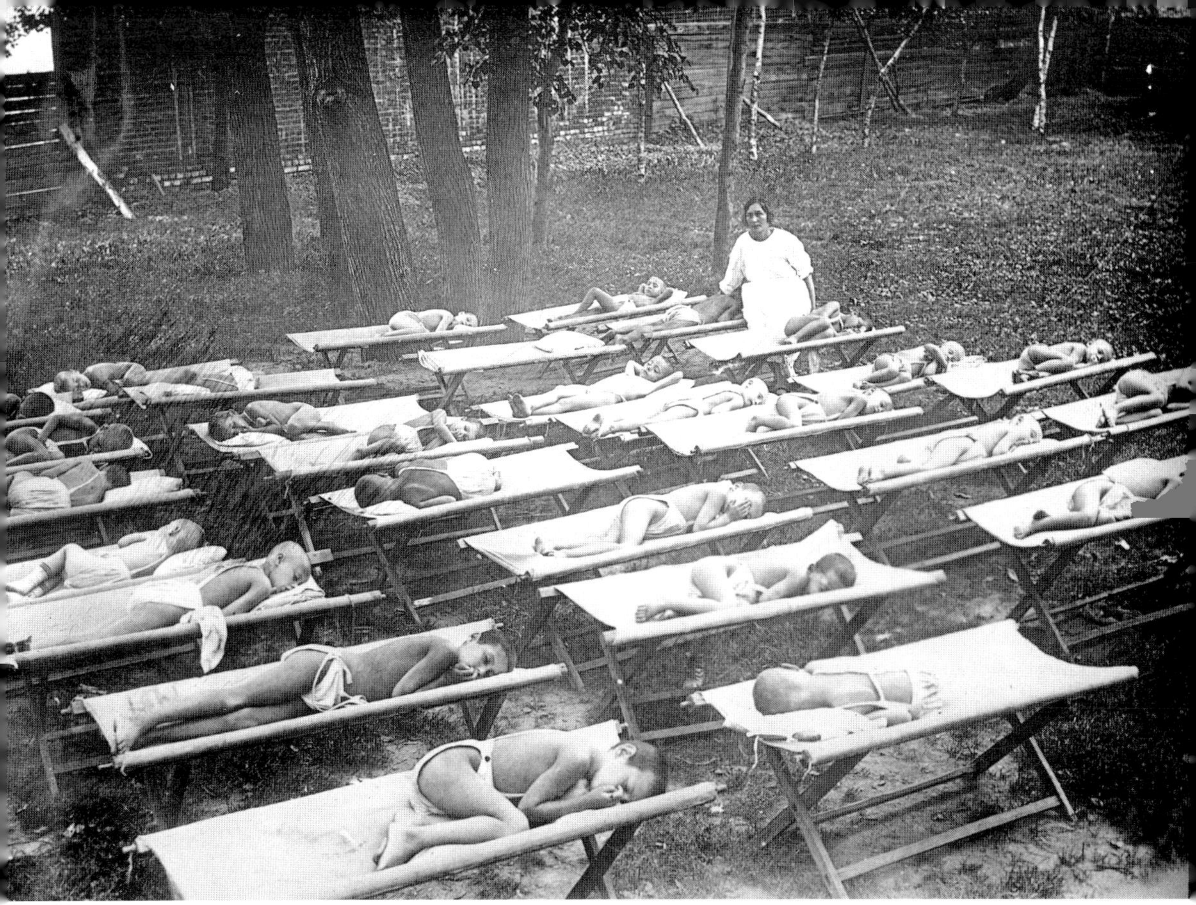

Vor allem geschwächte Kinder hatten es oft „auf der Lunge". In speziellen Heilstätten sollten sie sich in gesunder Luft erholen.

Handel mit der Milch kranker Kühe. Lehrer, Geistliche und Ärzte wurden mit Aufklärungsmaterial versorgt, um Tuberkulosefälle möglichst frühzeitig zu erkennen. Parallel dazu entstand in den 1890er Jahren in ganz Bayern eine Reihe von Lungenheilstätten, die teils heute noch existieren. Mit der bei der Münchner Poliklinik nach der Jahrhundertwende eingerichteten Fürsorgestelle für Lungenkranke war schließlich die Behörde eingerichtet worden, die in den folgenden Jahrzehnten den Kampf gegen die Tuberkulose in Bayern anführen sollte.

Bei der Diagnose war man lange auf die Untersuchung äußerlicher Krankheitssymptome sowie seit Ende des 19. Jahrhunderts des Speichels und von Blut beschränkt. Erst die Entdeckung des Röntgenverfahrens eröffnete ganz neue Möglichkeiten für die Tuberkulosefürsorge. Die Durchleuchtung mit Röntgenstrahlen kam in Deutschland erstmals 1926 als regelmäßig wiederholte Reihenuntersuchung durch den Fabrikarzt Redecker aus Mühlheim an der Ruhr zur Tuberkulosefürsorge zum Einsatz und erfuhr seit dieser Zeit lau-

Seit den 1870er Jahren war bekannt, dass durch Rinder und Milchprodukte TBC übertragen werden konnte. Ständige tierärztliche Untersuchungen wurden üblich.

fende Verfeinerungen. Es folgten 1928/29 Untersuchungen an Studenten und Bergarbeitern im Aachener-Stolberger Revier.

Im großen Rahmen eingesetzt wurde dieses Verfahren allerdings erst nach dem Zweiten Weltkrieg, nachdem in den Jahren 1945 bis 1947 ein rasanter Anstieg der Tuberkuloseinfektionen vor allem bei Kindern zu beobachten war. Betrug die Zahl der erkrankten Kinder bis 14 Jahre Ende 1946 in Bayern noch 9.732, so stieg sie im nächsten halben Jahr auf 15.122. Die Bedingungen für die Ausbreitung der Lungenkrankheit waren im Nachkriegsdeutschland fast ideal. Die Überlebenden des Weltkriegs waren durch Entbehrungen ausgezehrt und häufig unterernährt. Wohnraum war knapp, vor allem in den zerbombten Städten. Man lebte zusammengedrängt, sodass eine infizierte Person viele weitere Mitbewohner gefährdete. Aber auch in den Lagern für Flüchtlinge und Displaced Persons hatten mehrköpfige Familien nur wenige Quadratmeter Wohnraum zur Verfügung. Daneben machte man vor allem den unkontrollierten

Rechte Seite: Nicht nur vor ansteckenden Geschlechtskrankheiten, sondern seit dem 19. Jahrhundert auch vor der Infektionsgefahr mit TBC warnten die Behörden Freier und Prostituierte, die sich ohnehin regelmäßig untersuchen lassen mussten. Auch für das junge Medium Film wurde das ein Thema. Das Plakat des Grafikers Josef Fenneker warb für ein „sozialhygienisches Filmwerk" – die Macher waren der Regisseur und Produzent Richard Oswald, der als Begründer des Sitten- oder Aufklärungsfilms gilt, und der Sexualforscher sowie Mitbegründer der Homosexuellenbewegung Magnus Hirschfeld.

DIE PROſTITUTION
SOCIALHYGIENIſCHEſ FILMWERK
RICHARD
OſWALD
UNTER MITARBEIT
VON ſAN. RAT DR.
MAGNUſ
HIRſCHFELD
MARMORHAUſ
KURFÜRſTENDAMM 236 DIR. ſIEGBERT GOLDſCHMIDT

Zuzug von Flüchtlingen für die rasche Ausbreitung der Tuberkulose verantwortlich. Die Ansteckungsrate war folglich hoch, vor allem wenn Infektionsherde nicht rechtzeitig entdeckt werden konnten.

Im März 1947 entschied die bayerische Staatskanzlei deshalb, besonders gefährdete Bevölkerungsgruppen mittels Röntgenschirmbildgeräten auf Lungenerkrankungen zu untersuchen. Teams von fünf bis sechs Personen wurden in jedem Regierungsbezirk angewiesen, Reihenuntersuchungen an Kindern, Flüchtlingen und Mitarbeitern größerer Betriebe durchzuführen. Auch die Überlebenden des NS-Regimes, die ehemals inhaftiert waren, hatten sich zur Durchleuchtung bei den Landesversicherungsanstalten bzw. den Gesundheitsämtern einzufinden. In den nächsten Jahren erfolgte die sukzessive Ausdehnung der Untersuchungen auf weitere als besonders gefährdet angesehene Berufs- und Bevölkerungsgruppen, wie Lehrer, Studenten, Ärzte und Polizeibeamte. Mit Verabschiedung des Gesetzes über die Röntgenreihenuntersuchungen vom 6. Juli 1953 wurde die regelmäßige Durchleuchtung der Lunge schließlich verpflichtend für die gesamte bayerische Bevölkerung eingeführt. Ausgenommen von der Röntgenpflicht waren lediglich all jene, die ein ärztliches Attest vorlegen konnten, die ohnehin beruflich einer regelmäßigen Kontrolle

Röntgen auf Rädern ermöglichte die effektivere Reihenuntersuchung. Die Röntgenbusse rollten ab 1959 auch in kleinere Orte.

und Untersuchung unterzogen waren und ab 1959 auch schwangere Frauen. Wer der Aufforderung nicht Folge leistete, dem drohten bis zu 150 Mark Strafe oder bis zu sechs Wochen Haft.

War das angeordnete Erscheinen und leicht bekleidete Schlangestehen vor dem Röntgenapparat überhaupt mit der Würde des Menschen vereinbar? Auch diese Kritik hörte man in den 1950er Jahren.

Das Verfahren der Reihenuntersuchungen war ebenso einfach wie effektiv. Die Bürgermeisterämter luden persönlich zu einem Termin bei der lokalen Röntgenschirmbildstelle bzw. bei den seit 1959 eingesetzten Röntgenbussen ein. Die Vorgeladenen hatten sich in einem Vorraum am Oberkörper zu entkleiden und nacheinander vor den Röntgenschirm zu treten. Auf diese Weise konnten stündlich etwa 160 Personen an einer Schirmbildstelle geröntgt werden. Die Gesamtbevölkerung eines Regierungsbezirks konnte so in regelmäßigen Abständen von vier bis sechs Jahren durchleuchtet werden. Bis Ende 1959 waren bayernweit bereits mehr als 5,3 Millionen Untersuchungen durchgeführt worden, bei denen fast 11.000 akute und beinahe 47.000 überwachungsbedürftige Tuberkulose-Fälle entdeckt wurden. Die Kosten für die bayernweiten Untersuchungen beliefen sich dabei in den 1960er Jahren jährlich auf fast eine halbe Million Mark.

Der Widerstand gegen die Röntgenpflicht hielt sich der archivalischen Überlieferung zufolge in Grenzen. Ärzte, Sozial- und Berufsverbände hatten sich vor Verabschiedung des Gesetzes massiv für eine umfassende Untersuchungspflicht zur Bekämpfung der „Volksseuche“ eingesetzt. Mahnende Stimmen, die eine zwangsweise Durchleuchtung etwa nicht mit der Würde des Menschen ver-

Nachuntersuchung: am: .... von: ....

Der Tbc-Fürsorgest. bek. seit: .... letzte Kontr.: .... Ziff. Diagn.: ....

Durchleuchtung / Aufnahme: .... Sputum: ....

Endgültige Diagnose:

Ziff. Diagn.:

Maßnahmen:	keine Kontrolle	Kontr. genügend	Ambul. Behandl. empfohlen	Stat. Krh Beh. nötig	Heilverfahr.

Bericht an Ges.-Amt .... erl. am ....

Regierung von Schwaben - Röntgen-Schirmbildstelle
Augsburg - Holbeinstraße 8

Film-Nr. Teilgenommen am:

Vorladungskarte

Sehr geehrter Herr / Sehr geehrte Frau
Sehr geehrtes Fräulein!
Lt. Gesetz v. 6. 7. 1953 (BayBS II S 114) werden Sie hiermit zur **Röntgenreihenuntersuchung** vorgeladen u. gebeten,

sich am

um Uhr

in

einzufinden.

Hochachtungsvoll
Ihre Gemeinde- / Stadtverwaltung
(Im Auftrag der Regierung von Schwaben
— Röntgenschirmbildstelle —
89 Augsburg, Holbeinstr. 8)

Wenn Empfänger verzogen - bitte mit neuer Adresse zurück an Absender

Herr, Frau, Fräulein

Name

Vorname

Beruf

PLZ Wohnort

Straße

Lkrs

einbar hielten, wie die Süddeutsche Zeitung am 17. Juli 1952 unter dem Titel „Antreten vor dem Röntgenschirm" einen Vertreter der Ärzteschaft zitierte, waren nur vereinzelt zu vernehmen. Auch Beschwerden von Lehrerinnen aus dem Jahr 1952 gegen die als unsittlich empfundene Anwesenheit von jeweils sechs zu untersuchenden Personen in einem Raum änderten nichts am bewährten Verfahren. Selbst die durch das Röntgenverfahren auftretende Strahlenbelastung spielte bei der Frage nach einer Fortsetzung der Untersuchungen bis in die 1980er Jahre keine entscheidende Rolle.

Letztlich fiel die Röntgenreihenuntersuchung zur Tuberkulosebekämpfung ihrem eigenen Erfolg zum Opfer: Mit dem Rückgang der Erkrankungsfälle hoben die meisten Bundesländer die Untersuchungspflicht bereits in den 1970er Jahren auf. Ab 1982 hielt nur noch Bayern an den allgemeinen Reihenuntersuchungen fest, die schließlich nach deutlicher Kritik des Obersten Rechnungshofes 1986 eingestellt wurden.

Seither setzt man vornehmlich auf Umgebungstests: Tritt Tuberkulose auf, werden all jene Personen untersucht, die mit dem Erkrankten in Kontakt standen. Untersucht wird zunächst mit Tuberkulin als Hauttest: Nur wenn der positiv ausfällt, kommt es zu einer Röntgenaufnahme der Lunge. Bestimmte Bevölkerungsgruppen, etwa Migranten und Flüchtlinge, die seit jeher für die Verbreitung von Krankheiten verdächtigt wurden, haben sich auch heute noch systematischen Reihenuntersuchungen zu unterziehen und werden deshalb auch weiterhin als aktenkundige Fälle Eingang in die archivalische Überlieferung finden.

In manchen privaten Unterlagen findet sich vielleicht noch eine solche Vorladungs- samt Befundkarte. Die Teilnahme an der Röntgenreihenuntersuchung war verpflichtend – wer sich drückte, dem drohten Strafgeld in Höhe von 150 Mark oder gar sechs Wochen Haft.

Pennäler

Auch wenn sich mancher Lausbub sträubte und die Eltern seine Hilfe nicht entbehren wollten: Die Schulpflicht bot die Möglichkeit, sozial aufzusteigen.

Annelie Hopfenmüller

Bis zum Jahr 1802 nahm man es in Bayern, wie fast überall sonst, nicht so genau mit der Schulpflicht. Erst ab diesem Zeitpunkt bemühte sich die Regierung des damaligen Kurfürstentums ernsthaft darum, die Pflicht zum Schulbesuch durchzusetzen. Sämtliche früheren Versuche, alle Kinder des Landes auf die Schulbank zu bringen, hatten recht mäßige Ergebnisse erzielt. So gilt denn erst das landesherrliche Edikt vom 23. Dezember 1802, das alle vorherigen Mandate und Vorschriften wie etwa die jüngeren von 1770 und 1795 wiederholte und verschärfte, als tatsächlicher Beginn der Schulpflicht in Bayern. Wie sich bisher gezeigt hatte, liefen alle gutgemeinten landesherrlichen Erlasse ins Leere, wenn weite Teile der Bevölkerung wenig Interesse an der Schulpflicht zeigten und außerdem weder die nötigen personellen noch materiellen Voraussetzungen vorhanden waren.

Der Regierungsantritt von Kurfürst Max IV. Josephs im Jahr 1799 brachte dem Land eine Reihe dringend nötiger Reformen. Ganz im Sinne der Aufklärung, hinter deren Ideen sowohl der Monarch als auch sein erster Minister Montgelas standen, wurde nun auch auf dem Gebiet des Bildungswesens eine grundlegende Erneuerung eingeleitet. Bildung wurde nun zu einem Staatsziel. Wirtschaftlicher Fortschritt sollte der allgemeinen Wohlfahrt dienen und dieser wiederum sollte durch eine Verbesserung der Bildung aller Bevölkerungsschichten erreicht werden. Die allgemeine Volksbildung, wie sie die Elementarschulen vermittelten, stufte man daher als vorrangig ein, während die Zahl der vorhandenen höheren Lehranstalten, wie Gymnasien, für mehr als ausreichend galt. Folge dieser neuen Haltung der Regierung war auch, dass das Schulwesen als solches fortan als staatliche Aufgabe angesehen wurde und nicht mehr als Privatangelegenheit des einzelnen Bürgers.

Die neue Regierung war entschlossen, dieses Mal Nägel mit Köpfen zu machen. Daher wurden als Erstes statistische Erhebungen angestellt, um sowohl die tatsächliche Zahl aller schulpflichtigen Kinder zu ermitteln als auch die der vorhandenen Schulen und Lehrer. Ebenso stellte man Bedarfsrechnungen an, wie hoch die Ausgaben sein würden, sollten wirklich alle Kinder die Volksschulen besuchen. Die veranschlagten Summen waren erschreckend hoch, im Gegensatz dazu die bereits vorhandenen Mittel für die Schulen erschreckend niedrig und das zu erwartende, von den Eltern aufzu-

Wozu sollte gerade ein Mädchen sich all das unnütze Zeug, was man in der Schule lehrte, in den Kopf stopfen? Noch lange nach Einführung der Schulpflicht war Aufklärung nötig. Wenn alles nichts half, drohten den Eltern Strafen.

bringende Schulgeld bei Weitem nicht hinreichend für den Unterhalt der Lehrer – ganz zu schweigen davon, dass fast nirgends ausreichender Schulraum vorhanden war. Aber man stand ja am Vorabend der Säkularisation, von der man sich einen riesigen Gewinn für die Staatskasse erhoffte. Ein Teil dieses Vermögens sollte nun auch helfen, das allgemeine Schulwesen mitzufinanzieren.

An geeigneten Pädagogen, die die angestrebten Reformen theoretisch untermauern konnten, mangelte es nicht. Im Gegenteil: Viele hatten ihre Vorschläge bereits seit Langem in ihren Schubladen. Auf diese stützten sich nun die staatlichen Stellen und so konnten schon ab Herbst 1802 eine Reihe Verordnungen erlassen werden, zu denen auch das bekannte Schulmandat vom 23. Dezember 1802 zählte, das alle Kinder vom sechsten bis zum zwölften Lebensjahr zum Schulbesuch verpflichtete. Eine andere Verordnung befasste sich mit der Einführung einer völlig neuen, von oben nach unten durchgegliederten Schulverwaltung, die von der Ministerialebene über die Schulkommissariate bis hinunter zu den örtlichen Schulinspektoren reichte. Dies waren in der Regel die örtlichen Pfarrer, die die Schulen direkt beaufsichtigten. 1803 wurde die Errichtung von Sonn- und Feiertagsschulen angeordnet und deren Besuch bis zum 18. Lebensjahr für verpflichtend erklärt. In ihnen sollte das Gelernte vertieft und wiederholt werden. 1804 wurde dann auch eine umfangreiche Schulordnung für die Volksschulen samt den dazugehörigen Lehrplänen erlassen.

Im Jahr 1804 waren jedoch schon die Finanzierungspläne gescheitert. Die Einkünfte aus der Säkularisation hatten sich als wesentlich geringer erwiesen als angenommen und die Finanzierung des Schulwesens war auf die geringen Mittel zurückgefallen, auf die die Schulen in Form der lokalen Schulfonds schon bisher angewiesen gewesen waren. Neu hinzu kam lediglich die vergleichsweise geringe Summe, die eine am Rande des Staatsbankrotts manövrierende Staatsregierung für die Schulen erübrigen konnte. Umso bewundernswürdiger ist es daher, dass die Reformpläne nicht wieder vollends in den Schubladen verschwanden. Mit allen, wenn auch nur bescheidenen, manchmal sogar verzweifelt wirkenden Mitteln wurde versucht, an ihnen festzuhalten. Jedes Kind und damit bald auch jeder Erwachsene sollte zumindest lesen und schreiben können, die Grundlagen des Rechnens beherrschen und eine Ahnung von Allgemeinbildung bekommen.

Massen-Schulschwänzen zur Erntezeit: Da waren selbst die kleinsten Hände zur Mithilfe verdonnert.

Aber wollte die Bevölkerung das ebenso? Eher nein, muss gesagt werden. Natürlich hatte es auch bisher in den Städten und Märkten eine, wenn auch relativ dünne Bevölkerungsschicht gegeben, die selbst gebildet war und ihren Kindern die entsprechende Ausbildung, auch auf den höheren Schulen, hatte zukommen lassen. Aber vor allem die einfache Bevölkerung auf dem Land, die den bei Weitem größten Bevölkerungsanteil stellte, sah wenig Sinn im Erwerb von Fähigkeiten, die zur Verrichtung der täglichen Arbeiten in Haus und Hof nicht nötig waren. Warum sollten die Köpfe der Kinder mit lauter unnützem Zeug gefüllt werden, das sie weder zum Hüten der Ziegen noch später als Erwachsene beim Säen und Ernten benötigten? Noch in den 1830er Jahren, als im Landtag über die Dauer der Schulpflicht diskutiert wurde, begegnete man solchen Ansichten sogar bei einzelnen Abgeordneten.

Natürlich war der Regierung diese vorherrschende Einstellung bekannt und so leitete sie einen Propagandafeldzug für den Schulbesuch ein. Den größten Einfluss auf das Landvolk vermutete sie

Die Schulpflicht zog für manchen Pennäler ein gar grausames allmorgendliches Ritual nach sich.

nicht zu Unrecht bei den Geistlichen. Schon im Januar 1803 wurden diese in einem gedruckten Aufruf zur Unterstützung der staatlichen Pläne aufgefordert. Einzelne, um das Schulwesen besonders verdiente Geistliche, aber auch andere Förderer der Schulen wurden im Regierungsblatt öffentlich belobigt, eine eigene Zeitschrift gegründet, die den Gedanken verbreiten sollte. Auf Werbung allein wollte sich der Staat jedoch nicht verlassen. Bei Nichtbeachtung des Gebots zum Schulbesuch drohte den Eltern zur Strafe eine Verdoppelung des Schulgelds. Wirksamer dürfte gewesen sein, dass kein Kind eine Lehre antreten konnte ohne den Nachweis des Schulbesuchs, also eines Abschlusszeugnisses, das auch zur Erlangung einer Heiratslizenz und anderem nötig war. Dennoch bedurfte es weiterer Jahrzehnte der Aufklärungsarbeit, um die Akzeptanz der Schulpflicht überall durchzusetzen.

Ein wichtiger Hinderungsgrund für diese Akzeptanz war auch die finanzielle Belastung durch das Schulgeld, das jedes Kind entrichten musste. Gerade auf dem Land, wo Bargeld Mangel war, konnten viele Eltern die zwei Kreuzer pro Kind und Woche nur mit Mühe oder gar nicht aufbringen. Andererseits bildete das Schulgeld einen wichtigen Bestandteil der Lehrerbesoldung, auf den nicht verzichtet werden konnte. Hier nun sprang die Staatskasse ein. Arme Kinder wurden vom Schulgeld befreit, der Lehrer erhielt eine Entschädigung aus dem staatlichen Schulfonds. Endgültig abgeschafft wurde das Schulgeld jedoch – mit lokalen Unterschieden – erst gegen Ende des 19. Jahrhunderts.

Eine weitere Belastung erwuchs der Bevölkerung daraus, dass die Gemeinden die sogenannten Schullokalitäten zur Verfügung stellen und für deren Unterhalt sorgen mussten; ein wichtiger Faktor war die Beheizung der Räume. In vielen Orten bestanden die Schulen oft nur aus einem einzigen Raum, der im Notfall noch dem Lehrer und seiner Familie als Wohnung dienen musste. 80 bis 100 Kinder in einem engen, schlecht beleuchteten Zimmer waren nicht die Ausnahme. Die Kosten für Renovierungsmaßnahmen und Neubauten, die durch das staatlicherseits gewollte Ansteigen der Schülerzahlen notwendig wurden, legte man mittels der „Schulkonkurrenz" fast ganz auf die Gemeindebewohner um, die zusätzlich Hand- und Spanndienste leisten mussten. Dies alles wiederum förderte eine schlechte, oft schulfeindliche Stimmung in den Gemeinden.

„Zwergenschulen" waren in Bayern bis weit ins 20. Jahrhundert hinein vor allem in ländlichen Gebieten üblich. Unterrichtet wurde klassen- und altersübergreifend.

Aufnahme in die Schule
1862. nach Vautier. 1.

Hinsichtlich der Schwierigkeiten bei der Durchsetzung der Schulpflicht ist zudem zu berücksichtigen, dass gerade auf dem Land die Arbeitskraft der Kinder schon vom frühen Alter an dringend gebraucht wurde und selbst in städtischer Umgebung war sie oft zum Überleben der Familie unumgänglich. Dieser harschen Realität war es dann auch geschuldet, dass auf dem Land während des Sommers der Unterricht oft auf zwei Stunden am Morgen beschränkt war und in den Erntemonaten ganz ausfiel. Ähnliche Regelungen gab es für die Kinder der städtischen Unterschichten noch Mitte des 19. Jahr-

Weil die Gemeinden den Unterrichtsraum stellen und unterhalten mussten, beschränkte sich manches Schulhaus auf ein einziges kleines Zimmer. Oft wohnte darin auch noch der Lehrer mit seiner Familie.

hunderts. Da die Familien auf deren Lohn für ihre Fabrikarbeit nicht verzichten konnten, wurde auch ihr täglicher Schulbesuch auf zwei, später drei Stunden beschränkt. Ein generelles Verbot der Kinderarbeit und damit auch für diese Kinder die Möglichkeit zum regulären Schulbesuch kam erst 1872.

Bis zum Jahr 1816 veränderte sich infolge der napoleonischen Kriege das Territorium Bayerns ganz erheblich. Das Land war nun auch nicht mehr rein katholisch. Überraschend schnell gelang die Vereinheitlichung des Schulsystems. Die dreistufige Schulverwaltung wurde überall zügig eingeführt. Ein wenig enttäuscht waren die bayerischen Beamten darüber, dass die Finanzierung der Schulen in den neuen, auch den protestantischen Gebieten auf genauso schwachen Beinen stand wie in den altbayerischen. Einen regionalen Unterschied bildete zunächst noch die Dauer der Schulpflicht. In den katholischen Landesteilen endete sie mit dem vollendeten zwölften Lebensjahr, in den protestantischen nach der Konfirmation mit dem dreizehnten. Erst 1856 wurde die Schulpflicht auch in den katholischen Gebieten auf sieben Jahre verlängert.

Mit den schulpolitischen Maßnahmen unter König Maximilian I. und seinem Minister Montgelas wurden trotz aller Widerstände erste Schritte unternommen, allen Bevölkerungsschichten ein gewisses Maß an Wissen und Bildung zukommen zu lassen. Bis die Schulpflicht allgemein als selbstverständlich angesehen wurde, dauerte es jedoch noch viele Jahrzehnte. Gänzlich unangefochten war und ist das staatliche Bildungsmonopol jedoch bis in die Gegenwart nicht.

Kriegskrüppel

Wer sich als Soldat fürs Vaterland aufopferte, durfte nicht mit generöser Hilfe rechnen, wenn er dienstunfähig wurde.

Christoph Bachmann

Der Blaue Kurfürst war ein absolutistischer Herrscher durch und durch. Und dazu gehörte, dass Max II. Emanuel Bayern bald zu klein war: Er mischte sich offensiv in die europäische Politik ein. Und wer es mit den Großmächten aufnehmen wollte, musste auch militärisch mithalten können. Die in seinem Kurfürstentum bis dahin geltenden Prinzipien des allgemeinen Landaufgebots zur Abwehr äußerer Feinde und die zeitlich befristete Anwerbung von Söldnern waren überholt. Er brauchte ein stehendes Heer: stets verfügbar, schlagkräftig, einheitlich ausgebildet, ausgerüstet und uniformiert.

Am 12. Oktober 1682 war es soweit: Da traten auf dem freien Feld zwischen Schwabing und Freimann neu geworbene Truppen in Schlachtordnung an, so wie sie sich der Kurfürst vorgestellt hatte. Seit diesem Tag existierte eine bayerische Armee, bis die Wehrhoheit am 25. August 1919 auf die junge Republik überging.

Das erste Problem eines stehenden Heeres war zunächst dessen Unterbringung. Dafür waren in München und Ingolstadt 1682 erste Baracken aufgestellt worden. Erst nach Beendigung des Spanischen Erbfolgekrieges erhielt die gesamte Armee ab 1716 feste Unterkünfte. Allerdings waren hierfür nur wenige Neubauten in München, Ingolstadt, Donauwörth und Amberg errichtet worden. Für die restlichen Truppen mussten sogenannte Schloss- oder Stadt-Kasernen herhalten, also ältere und notdürftig umgebaute Gebäude. Daran änderte sich bis zur zweiten Hälfte des 19. Jahrhunderts so gut wie nichts, denn erst ab diesem Zeitpunkt begannen die großen Kasernenbaumaßnahmen. Vor allem die sanitären Einrichtungen waren in einem desolaten Zustand, ebenso ließ das Platzangebot für die Soldaten stark zu wünschen übrig.

Wie eng die Mannschaften in den Zimmern zusammengequetscht waren, belegen einige Beispiele: In der Alten Kaserne in Amberg teilten sich 14 Mann eine Stube von etwa 47 Quadratmetern, im Kosthaus in Augsburg waren 1815 gar 44 Jäger auf 55 Quadratmetern untergebracht. Diese Raumausnutzung war nur möglich, weil bei den Mannschaften bis in die Mitte des 19. Jahrhunderts eine zweimännige Bettenbelegung üblich war. Die Zustände waren so desolat, dass auch der bayerische Kriegsminister Ludwig von Lüder 1854 zugeben musste: „Die Sträflinge in den Zucht- und Arbeitshäusern des Reiches seyen zweckmäßiger und gesünder untergebracht als allerhöchstderselben Truppen.“ Erst mit dem Kasernenneubauprogramm verbesserten sich die Platzverhältnisse. Allerdings war es erst ab 1876 üblich, dass jeder Soldat auch einen eigenen Spind für seine persönliche Habe bekam.

Sicher waren viele Soldaten froh, dieser Enge auf der Stube entfliehen zu können, um sich ihren Hauptaufgaben zu widmen, die ihren Alltag bestimmten: dem Exerzieren und Wachestehen. Exerzieren bedeutete jedoch für den frühen bayerischen Berufssoldaten nicht, wie wir das heute verstehen, die formale Grundausbildung, sondern das drillmäßige Einüben aller Aufstellungs- und Bewegungsabläufe einschließlich der Handhabung der Waffe. Erst mit der Aufsplitterung der Waffengattungen und der damit einhergehenden immer differenzierteren Ausbildung verstand man im Verlauf des 19. Jahrhunderts unter Exerzieren das Einüben der Marschformation. Allein die „Kriegs-Exercitien" Kurfürst Max Emanuels von 1682, die erste Dienstvorschrift des neuen bayerischen Heeres, kannten 30 Handgriffe für die Bedienung der Muskete. Deren schlafwandlerische Beherrschung in allen Formationen war natürlich eine zentrale Voraussetzung für den effektiven Heereseinsatz. Und dass die Handgriffe auch saßen, dafür sorgten die ausbildenden Offiziere notfalls mit dem Schlagstock. Erst die Reformen Benjamin

Zu bewachen gab es viel – ehrenwertestes Objekt war sicher der Sitz des Herrschers, die Münchner Residenz. Das Foto zeigt eine Wachablösung um 1910.

Auch vor der bischöflichen Residenz in Augsburg standen die Soldaten beim Exerzieren stramm. Der Kupferstich wurde nach einer Zeichnung von Jakob Christoph Weyermann (1699 bis 1757) angefertigt.

Sehen und gesehen werden: Der Platz vorm Königlichen Hoftheater in München war im 19. Jahrhundert eine beliebte Flaniermeile und deshalb ideal auch für den Aufmarsch in schmucker Uniform.

Ansicht des neuen Hoftheaters

Bayerns Königin Marie am Krankenlager verwundeter Soldaten (1866).

Thompsons Graf von Rumford, der 1793 die Beachtung der Menschenwürde des Rekruten und die Verantwortlichkeit des ausbildenden Offiziers einführte, sollten den Anfang vom Ende der Bestrafung der Rekruten mit Stöcken bringen. De facto mussten die Unteroffiziere allerdings erst 1826 ihre Schlagstöcke endgültig ablegen.

Der andere Schwerpunkt der Dienstvorschriften betraf den Wachdienst. Bewacht werden konnte so ziemlich alles, was irgendwie mit Sicherheit und öffentlicher Ordnung zusammenhing: die eigenen Unterkünfte, Stadttore, Brücken, öffentliche Gebäude usw.; aber auch Ronden, also Patrouillen, sowie Ehrenposten gehörten dazu. Waren im 17. Jahrhundert nur zwei Tage in der Woche wachfrei, so waren es seit der Mitte des 18. Jahrhunderts bereits drei Tage. Im 19. Jahrhundert erhöhte sich die Zahl der wachfreien Tage, jedoch nicht aus humanitären, sondern aus Ersparnisgründen: Die Ist-Stärke der Truppen sollte dadurch verringert werden.

Diese Entwicklung korreliert sehr gut mit der allgemeinen Verfassung der bayerischen Armee im ausgehenden 18. und im 19. Jahrhundert: Sie mauserte sich in dieser Zeit von einer wenig durchschlagkräftigen Truppe zur Elitearmee, um anschließend wieder im Mittelmaß zu versinken.

Ausgangspunkt für die Heeresreform im frühen 19. Jahrhundert waren die Erfahrungen aus den napoleonischen Koalitionskriegen; damals wurden die Schwächen der aus geworbenen Soldaten und einheimischen Landfahnen bestehenden Armee offensichtlich. Das ganze System war veraltet, die Ausbildung, Ausrüstung, Bezahlung, Versorgung und Behandlung der Soldaten war schlecht und damit auch die Moral der Truppe. Ebenfalls negative Auswirkungen auf die Kampfkraft hatte, dass sich die Soldaten häufig aus sozial schwachen Schichten rekrutierten: Der Dienst in der Armee war für viele einfach eine Gelegenheitsarbeit. Andere hingegen suchten Schutz vor gerichtlicher Verfolgung oder waren per Gerichtsentscheid zum Dienst in der Armee verurteilt worden.

Bei der Reform des kurbayerischen Heeres orientierte man sich ab 1804 am französischen Vorbild. Einer der zentralen Punkte war die Einführung einer allgemeinen achtjährigen Wehrpflicht im Jahr 1805. Allerdings sah das Kantonsreglement, das Bayern für das Aushebungsverfahren in elf Kantone einteilte, zahlreiche Ausnahmen und Befreiungen vor. Das Heer setzte sich letztlich wieder vor allem aus Bauern, Handwerkern und Bürgern mit kleineren Einkommen zusammen.

Dieses Manko beseitigte erst das Konskriptionsgesetz von 1812, das die Befreiungsgründe zurücknahm und die Dienstzeit auf sechs Jahre verkürzte. Nach dem aktiven Dienst galt nunmehr eine Dienstpflicht in der Nationalgarde zur allgemeinen Landesverteidigung. Auf diesem Weg erreichte das bayerische Heer 1815 eine Truppenhöchststärke von 65.000 Mann. Die Soldaten bekamen eine fähige Führung durch den Chef des Generalstabs, Generalmajor Johann Nepomuk Graf Triva, sowie die bedeutenden Generäle Bernhard von Deroy und Carl Philipp von Wrede.

Die militärischen Erfolge blieben nicht aus. Beispielsweise trug die bayerische Armee bei Wagram den entscheidenden Angriff vor und war in den Befreiungskriegen bei Hanau, Brienne, Bar-sur-Aube und Arcis-sur-Aube maßgeblich an der Unterwerfung Napoleons beteiligt.

Die Schlagkraft der königlich bayerischen Armee war jedoch nur von kurzer Dauer. Obwohl seit 1823 auch die körperliche Ertüchtigung des Soldaten durch Schwimmen, Rudern, Springen, Klettern und Laufen, ferner Bajonettfechten und Zielschießen zum Ausbildungskanon gehörte, verfiel das zwischenzeitlich Erreichte wieder: Einerseits, weil es am Geld fehlte. Andererseits mangelte es Herrschern und Ministern am nötigen militärischen Verständnis und am Weitblick für die Erfordernisse einer modernen Kriegsführung.

Hinzu kam, dass die übliche Beurlaubungspraxis dazu führte, dass 1860 von den listenmäßig geführten 72.000 Soldaten tatsächlich nur 32.000 präsent waren. Die Beurlaubungspraxis vom sechsjährigen Dienst bewirkte, dass der Wehrpflichtige nur im ersten Jahr eine 45-tägige Ausbildung erhielt, die restliche Zeit seines Wehrdienstes, jedoch nie länger als 120 Tage im Jahr, irgendwie anwesend sein musste. Dies konnte allerdings auch ein Einsteher übernehmen: Das war jemand, der sich dafür bezahlen ließ, wenn er den Wehrdienst für den eigentlich Wehrpflichtigen übernahm. Einen solchen Ersatz konnten sich meist nur Angehörige reicherer Gesellschaftsschichten leisten.

Die mangelnde Beschäftigung der Wehrpflichtigen führte zu Langeweile und Frust. Daran änderten auch die aus Kostengründen ohnehin nur selten abgehaltenen Ausbildungslager und Manöver nichts – Prinz Carl bezeichnete sie frank und frei als „reine Schaustücke“. Auffallend ist, dass damals die Selbstmord- und Selbstverstümmelungsraten unverhältnismäßig zunahmen. Das Problem der Langeweile im Soldatenleben war schon länger ein Thema: Bereits

Im deutsch-französischen Krieg 1870/71 mussten auch bayerische Soldaten ins Feld ziehen. Das Königreich stellte 50.000 von insgesamt 462.000 Infanteristen und 5.500 von 56.800 Kavalleristen. Hier sind Chevauxlegers auf Patrouille zu sehen.

1789 wollte Benjamin Thompson mit dem Befehl zur Errichtung von Militärgärten den Soldaten eine sinnvolle Dienstbeschäftigung verordnen, auf einen Streich sollten damit auch Freizeit- und Erholungsstätten geschaffen werden. So entstand auch der Englische Garten in München.

Der schlechte Ausbildungs- und Ausrüstungsstand der bayerischen Armee zeigte sich im verlorenen Krieg von 1866. Als Konsequenzen wurden unmittelbar danach die bis dahin üblichen Urlaubs- und Vertretungsregelungen beseitigt. In der Folge musste jeder wehrfähige Bayer seinen dreijährigen Wehrdienst selbst ableisten. Danach waren drei Jahre in der Reserve und fünf Jahre in der Landwehr zu dienen, und das vom 21. bis zum 45. Lebensjahr.

Mit der Reichsgründung hatte Bayern trotz seiner militärischen Reservatrechte die Wehrverfassung des Norddeutschen Bundes zu übernehmen. Fortan mussten alle wehrtauglichen Männer zwischen 17 und 42 Jahren zunächst drei Jahre im Heer, vier Jahre bei der Reserve und fünf Jahre bei der Landwehr dienen. Auch die Ausrüstung, vor allem die Bewaffnung, wurde schließlich reichsweit vereinheitlicht – der bayerische Raupenhelm durfte allerdings beibehalten werden.

Im deutsch-französischen Krieg 1870/71 war Orleans ein Kampfgebiet, in dem besonders bayerische Truppen eingesetzt waren – und hohe Verluste einstecken mussten.

Auf freiem Feld vor den Toren Münchens wird eine Kavallerieattacke geübt. Das war 1912 – doch am Vorabend des Ersten Weltkrieges wurde in Großbritannien längst an modernem Gerät für den Ernstfall gearbeitet, am „Mark I", dem ersten Kampfpanzer der Welt.

Mit der allgemeinen Wehrpflicht verschwanden auch die zahlreichen Soldatenfrauen und Soldatenkinder aus den Kasernen: Nunmehr war die Eheerlaubnis an den Nachweis der Wehrzeit bzw. der Ausmusterung gebunden.

An der drangvollen Enge der Kasernen hatte sich einiges zum besseren gewandt: Die Stuben waren nur noch mit zehn bis 25 Mann belegt, von denen jeder sein eigenes Bett zur Verfügung hatte.

Auch die militärische Ausbildung gewann an Konturen und Stringenz. Regelmäßige Übungen auf Regiments- und Brigadeebene mit Schießübungen standen im Spätsommer auf dem Programm, nachdem die für Juli und August zu Erntearbeiten beurlaubten Infanteristen wieder eingerückt waren. Vor allem die Infanteristen wahrten durch ihre Aushebung in geschlossenen Ersatzbezirken deren regionale Zusammensetzung, was bei den technischen Truppen wie den Pionieren, den Artilleristen, den Telegrafen-, Flieger-, Luftschiffer- und Eisenbahntruppen, die nun immer wichtiger wurden, schwieriger zu bewerkstelligen war. Hier kam es häufiger zur Bildung von Einheiten mit gesamtbayerischer Herkunft. Als der Erste Weltkrieg ausbrach, erfolgte konsequenterweise die Mobilmachung auf Landesebene. Auch die ersten Kämpfe erfolgten noch in geschlossener landsmannschaftlicher Formation. So stellte sich die bayerische Armee der Schlacht in Lothringen und in den Vogesen im August und September 1914 noch im geschlossen Truppenverband. Die Anforderungen des Krieges ließen derartige Sonderregelungen jedoch bald nicht mehr zu: Die bayerischen Truppen wurden ab Herbst 1914 anderen Truppenteilen zugeteilt und mussten unter verschiedenen Oberbefehlshabern kämpfen.

Die Soldaten verpflichteten sich zum Kampf für ihr Vaterland – doch was tat umgekehrt das Vaterland für seine Soldaten, wenn diese aus dem aktiven Dienst ausschieden, im Kampf verwundet oder zu Invaliden wurden? Seit Beginn eines stehenden Heeres gab es Versorgungseinrichtungen und Unterstützungsmaßnahmen. Sie waren aber Ausdruck eines moralischen Verpflichtungsgefühls des Landesherrn, seine Anerkennung für die geleisteten Dienste. Der Vertrag selbst jedoch, der bei der Einstellung des Soldaten mit dem Kriegsherrn geschlossen wurde, enthielt keine Bestimmungen für den Fall einer dauerhaften Dienstunfähigkeit.

Der dienstuntaugliche Soldat wurde mit einer geringen monatlichen Rente entlassen. Ende des 18. Jahrhunderts bestand sie aus einer Geldzahlung, einer monatlichen Brotration, einem Quartier mit Heizung und Beleuchtung und einer neuen Montur alle drei Jahre. Im Gegenzug war der Soldat allerdings verpflichtet, Dienst in den Invalidenstationen zu verrichten. Falls er dies nicht tat, fielen die Naturalleistungen weg. Es verwundert kaum, wenn vor allem im

Ab 1916 schützten Stahlhelme die Köpfe, die Wundbehandlung im Feld wurde verbessert – immer mehr Soldaten überlebten das Schlachtfeld. Gleichzeitig stieg die Zahl der Kriegsinvaliden. Nach dem Ersten Weltkrieg waren es im Deutschen Reich eine halbe Million, nach dem Zweiten Weltkrieg eineinhalb Millionen.

Kriegsversehrte konnten sich ab 1920 auf das Reichsversorgungsgesetz berufen: Demzufolge bekamen sie Rente und hatten Anspruch auf Heilbehandlung. Die wiederum sollte die Rückkehr ins Arbeitsleben erleichtern. In der Realität reichte vielen Kriegskrüppeln die staatliche Unterstützung nicht und sie fanden kaum Arbeit – sie blieben Almosenempfänger.

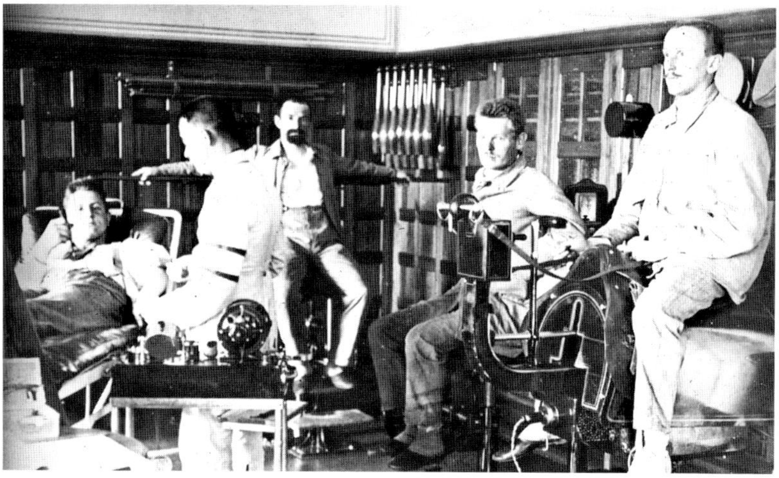

18. Jahrhundert zahlreiche Soldaten ihr Leben als Vaganten fristeten und durch die Lande zogen: Das waren Invalide ebenso wie Deserteure, aber auch offiziell mit Abschiedsurkunde Entlassene.

Dieses miserable Soldatenleben „danach“ änderte sich erst mit Einführung der allgemeinen Wehrpflicht 1805, als auch eine Fürsorgepflicht für dienstuntaugliche Armeeangehörige entstand. Halbinvaliden, die nicht mehr felddiensttauglich waren, aber noch leichtere Garnisonsarbeiten verrichten konnten, wurden zu den Garnisonskompanien versetzt. Realinvaliden, also vollständig untaugliche Soldaten, konnten in ein Invalidenhaus gesandt oder mit einer Pension entlassen werden. An der Höhe der Pensionen änderte sich allerdings nichts, die wirtschaftliche Not war kaum geringer als in den Zeiten davor.

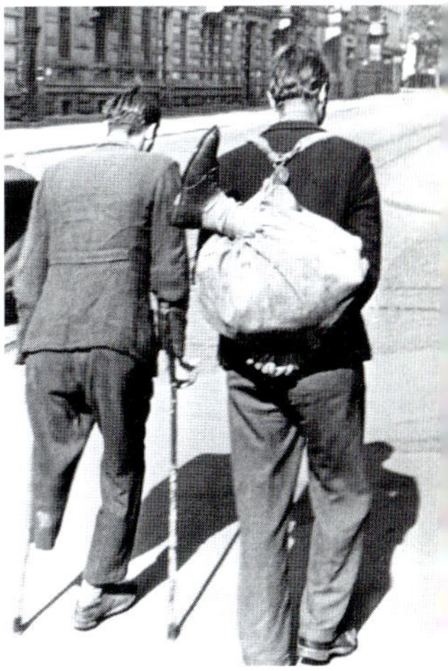

Kriegsinvalide mussten lange um Anerkennung und staatliche Unterstützung kämpfen.

Erst das Versorgungsgesetz vom 16. Mai 1868 brachte eine spürbare Besserung: Realinvaliden wurden den mit 30 Dienstjahren pensionierten Soldaten gleichgestellt. Für pflegebedürftige und alleinstehende Realinvaliden standen dafür die aus dem Invalidenfonds im Jahr 1818 erworbenen Gebäude des ehemaligen Klosters Fürstenfeld zur Verfügung, für verheiratete Realinvaliden und deren Familien existierte ab 1823 die Veteranenanstalt Donauwörth. Beide Anstalten wurden 1868 zum K.B. Invalidenhaus Benediktbeuern zusammengelegt, das bis 1900 existierte. Danach erhielten Realinvaliden nur noch die ihnen zustehende Militärpension.

Die Halbinvaliden in den Garnisonskompanien hatten vor allem Wachdienste zu verrichten und erhielten dafür den Sold eines aktiven Infanteristen, Unterkunft und Verpflegung für sich und ihre Familien. Die im Vergleich zur Pensionierung günstigen Konditionen – der Pensionist erhielt nur ein Drittel bis zwei Fünftel seiner Aktivlöhnung – hatten einen starken Andrang zu den Garnisonskompanien bewirkt. Das ließ erst nach, als das Versorgungsgesetz auch die Entlassung der Halbinvaliden ermöglichte; 1873 erfolgte die Auflösung der Garnisonskompanien.

Das Soldatenleben war im Vergleich zu anderen Berufskarrieren ein permanenter Drahtseilakt: Da riskierte man Leib und Leben fürs Vaterland – und wenn es einen im Dienst erwischt hatte oder wenn man altersbedingt ausschied, drohte das Abrutschen ins soziale Abseits. Erst nach Einführung der allgemeinen Wehrpflicht stieg die Wertschätzung des Vaterlandes für seine kampfbereiten Landeskinder. Aber auch dann sah das nicht immer nach generöser Dankbarkeit aus.

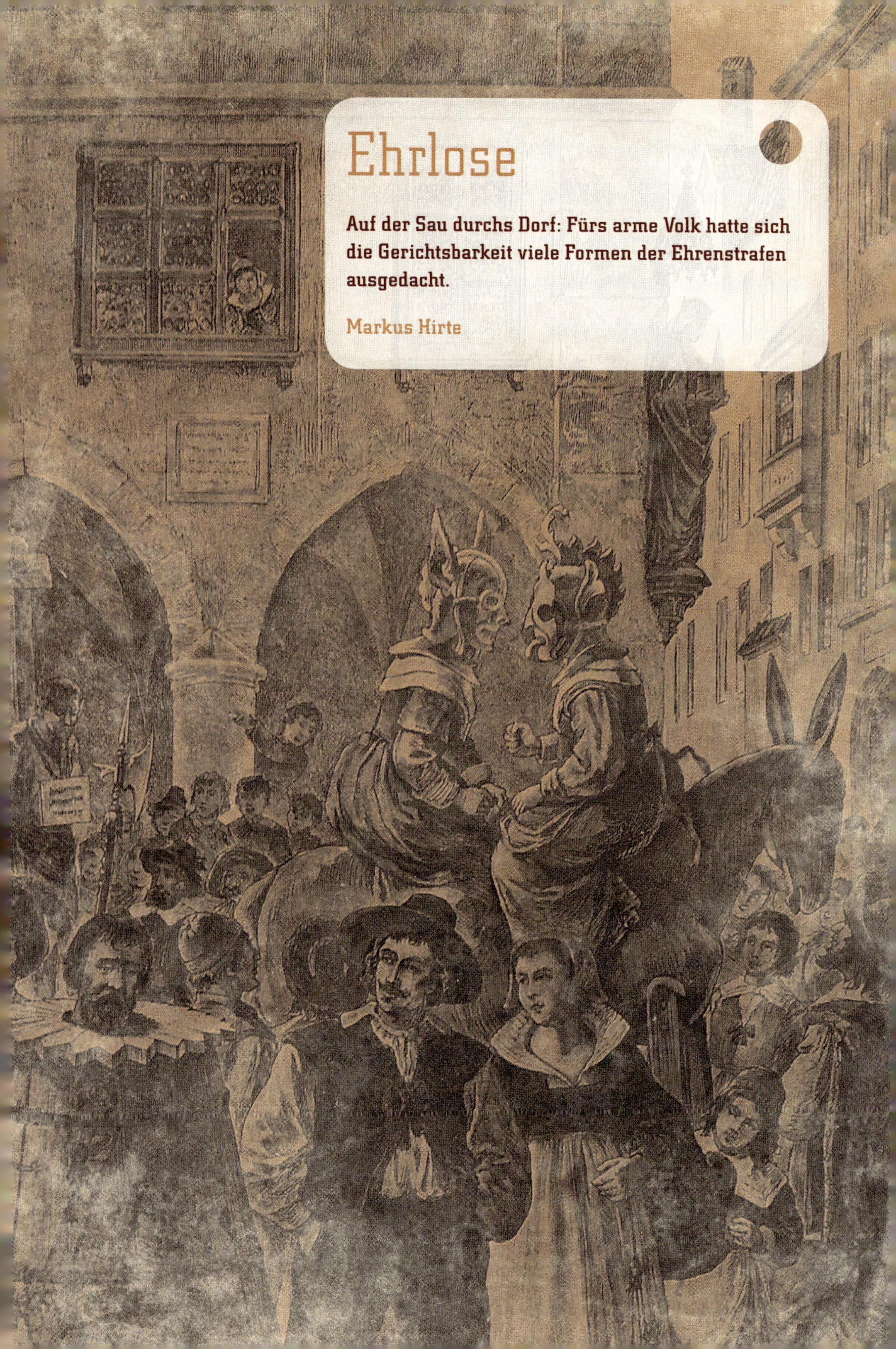

Ehrlose

Auf der Sau durchs Dorf: Fürs arme Volk hatte sich die Gerichtsbarkeit viele Formen der Ehrenstrafen ausgedacht.

Markus Hirte

Ingolstadt im Jahre des Herrn 1607: Paulus Gartzweiler, ein angesehener Juraprofessor und Reichshofrat, traute seinen Augen nicht, als er eines Morgens sein Haus verließ. Direkt vor seiner Haustür lag der Lasterstein des Ingolstädter Prangers. Ein übler Studentenscherz, der nicht ohne Folgen bleiben sollte. Nachdem der Täter in Wemding gefasst wurde, schmiedete man ihn auf einen Wagen und brachte ihn nach Ingolstadt vor den Oberrichter.

Heute mag man das als harmlosen Streich abtun – damals hatte man wenig Verständnis für diese Art von Scherz und ging rigide dagegen vor. Zwar ist die Ehre, verstanden als innere Würde eines Menschen, auch in unserer Zeit ein hohes Gut und deren Verletzung strafbar – sie hat jedoch eine andere Bedeutung als seinerzeit. In den sich im Mittelalter herausbildenden Ständegesellschaften avancierte die Ehre zur zentralen sozialen Kategorie. Sie betraf, juristisch gesehen, die ganze Person. Der Einzelne wurde noch nicht als Individuum einerseits und abstrakte Person andererseits begriffen, die jeweils verschiedene Rollen ausfüllen und mit unterschiedlichen Moralkriterien beurteilt werden konnte. Der Mensch war eine Rolle, zum Beispiel ein ehrbarer Handwerker. Wurde sein soziales Ansehen geändert, bedeutete dies seine eigene Veränderung, er wurde sprichwörtlich ein anderer.

Weil die Ehre eine so hohe gesellschaftliche Bedeutung hatte, waren obrigkeitliche Sanktionen, die auf eine Reduzierung bzw. Auslöschung der Ehre und damit auf die Identitätsänderung des Betroffenen gerichtet waren, äußerst wirkungsvolle Instrumentarien. Dies umso mehr, als die Gemeinschaften seinerzeit klein und überschaubar waren und damit der Einzelne nicht in einer anonymen Masse unterging; auch Ortswechsel waren nicht einfach möglich.

So bildeten sich – vor allem in der städtischen Strafpraxis des Mittelalters – eigenständige Ehrenstrafen heraus. Man war dabei erfindungsreich. Das Panoptikum der Ehrenstrafen reichte von eher leichten Schandstrafen der Niedergerichtsbarkeit bis zu kapitalen Ehrenstrafen der Hochgerichtsbarkeit. Einen festen Katalog gab es jedoch nicht. Die Ehrenstrafen variierten von Ort zu Ort und Zeit zu Zeit, konnten kombiniert und abgewandelt werden.

Es gab kaum ein Delikt, für das nicht eine Ehrenstrafe denkbar war. Besonders häufig wurde sie verhängt bei Gotteslästerungen, sexuellen Verfehlungen, Beleidigungen, Diebstahl und Fälschungen.

Ehrenstrafen konnten im Grunde jeden ereilen, der sich einer entsprechenden Übertretung oder Straftat schuldig gemacht hatte. Tatsächlich trafen sie jedoch vorrangig das einfache Volk und Fremde. Adelige, geistliche und weltliche Würdenträger blieben von ihnen oftmals verschont: Ehrenstrafen konnten nämlich durch Zahlung eines Geldbetrags „abgelöst" werden. So trafen Ehrenstrafen vor allem arme Personen und solche mit ohnehin schon minderer Ehre. Gleichwohl konnten auch diese über sogenannte Fürbitten, also Gnadenersuche ihrer Familien, Freunde, Nachbarn oder Berufskollegen, noch auf eine Strafmilderung oder gar einen Straferlass hoffen.

Bei Ehrenstrafen vollzog letztlich die Gemeinschaft – etwa die Stadtbevölkerung – die Bestrafung durch ihre Verspottung des Verurteilten. Deshalb fand die Vollstreckung öffentlich statt. Sie war oft volksfestartiger Natur und stärkte durch ihren Unterhaltungswert die Gemeinschaft. Um eine möglichst breite Öffentlichkeit zu erreichen, standen die Geräte zum Vollzug der Ehrenstrafen meist an exponierter Stelle. So befand sich der uns heute noch über Begriffe wie „anprangern" geläufige Pranger regelmäßig am Rathaus (etwa in München seit 1637 und Rothenburg ob der Tauber seit 1572), auf dem Marktplatz oder vor der Kirche. Die zentrale Lage des Prangers ist neben der Öffentlichkeitswirkung auch mit dessen Bedeutung für die Stadt und ihre Bürger zu erklären. Der Pranger verkörperte neben der Hinrichtungsstätte die Hochgerichtsbarkeit, ein besonderes und von Stadt und Bürgern teilweise erbittert verteidigtes Privileg. Fielen an einem Ort die Hoch- und Niedergerichtsbarkeit zusammen, finden sich nicht selten neben dem Pranger noch separate Schandpfähle zum Vollzug von Ehrenstrafen für leichtere Vergehen.

Wie häufig Ehrenstrafen ausgesprochen wurden und wie sie im Einzelfall ausgestaltet waren, ist heute nur noch schwer feststellbar.

Was mag der arme Tropf in dem Fass bloß angestellt haben? Hat er zu viel gezecht, beim Wirt Schulden gemacht und dann in den Gassen Münchens auch noch rumkrakelt? Deswegen könnte der Richter ihn nämlich dazu verdonnert haben, eine Zeit lang in dem hölzernen Schandmantel herumzulaufen. Hinter ihm gleich noch mehr Deliquenten, über die sich Schimpf und Schande ergoss: Zwei Frauen müssen Schandmasken tragen und auf einem Schandesel reiten, im Hintergrund steht ein Mann am Schandpfahl. Die Illustration aus dem 19. Jahrhundert zeigt eine theatralisch überhöhte Zusammenschau eines Münchner Gerichtstages.

Ist das ein Theater! Der Scharfrichter (mit Schwert) hat zwei zänkische Frauen in eine Doppelhalsgeige gesteckt. Jetzt können sie sich zur Belustigung der Münchner öffentlich ankeifen, ohne sich buchstäblich in die Haare zu geraten. Bei dem Spektakel ist es dem Schuljungen wohl ganz recht, dass er weniger im Rampenlicht steht: Er muss seine Strafe auf einem Schandesel absitzen. (Illustration aus dem 19. Jahrhundert).

Der Lächerlichkeit preisgegeben zu sein, wog in der mittelalterlichen Gesellschaft schwer – vor allem, wenn man sich öffentlich mit einer solchen Schandmaske zeigen musste, aus der das Narrenkraut spross und eine Schweinenase ragte.

Zwar sind uns die maßgeblichen Gesetze und mit ihnen die Tatbestände und Strafen überliefert. So sah das Strafgesetzbuch von 1532 („Carolina“) in großem Umfang Ehrenstrafen vor. Art. 158 der Carolina bestimmte zum Beispiel die Strafe des Prangerstehens, Rutenstreichens (Züchtigung) und Landverweises, mit dem schon ein leichter offener Diebstahl (im Wert von unter fünf Gulden) geahndet werden konnte. Statistiken im heutigen Sinne wurden zu den Ehrenstrafen jedoch weder im Mittelalter noch in der Frühen Neuzeit geführt. Da ein großer Teil der Ehrenstrafen aus heutiger Sicht eher die weniger spektakuläre Massen- und Kleinkriminalität betraf, fanden auch nur wenige Fälle Einzug in schriftliche Zeugnisse oder gar bildliche Darstellungen. Erschwerend kommt hinzu, dass im 19. Jahrhundert im großen Stil bildliche Darstellungen zu Ehrenstrafen entstanden und verbreitet wurden, die eher zeitgenössische Vorstellungen vom Mittelalter und der Frühen Neuzeit wiedergaben anstatt möglichst historisch korrekt Schandmasken oder andere Geräte abzubilden.

Obgleich Ehrenstrafen heute skurril und erheiternd wirken, waren sie seinerzeit ernstzunehmende Sanktionen. Zudem grenzten viele Ehrenstrafen an Körperstrafen, durfte doch der am Pranger stehende Delinquent oft von der schaulustigen Menge mit Unrat beworfen werden. Überdies hatten viele Geräte zum Vollzug der Ehrenstrafen ein erhebliches Gewicht. Schließlich ließ sich das breite Arsenal an Ehrenstrafen durch die Wahl des Vollzugsorgans noch individuell verschärfen oder abmildern. Eine vom unehrenhaften Scharfrichter/Henker vollstreckte Ehrenstrafe wirkte erheblich ehrbeeinträchtigender als eine Vollstreckung durch den Stadtknecht. Trotz der kaum überschaubaren Zahl an Ehrenstrafen lassen sie sich doch zumindest grob einteilen in Prangerstrafen und den schimpflichen Aufzug.

Den Prangerstrafen war gemein, dass der Verurteilte eine gewisse Zeitspanne (meist zwischen einer Viertelstunde und einem Tag) an ein Strafgerät gebunden oder gekettet vor der Öffentlichkeit ausgestellt wurde. Dabei konnte es sich um einen Bühnenpranger auf einem hohen Podest handeln oder auch nur um eine einfache Holzsäule. Zum bloßen Prangerstehen kam ein vielfältiges Sammelsurium an Gegenständen hinzu, die dem Ausgestellten angelegt werden konnten. Viele dieser Gegenstände symbolisierten und überzeichneten die Übertretung: Schandmasken mit großen

Ohren oder überdimensionalen Nasen und Augen konnten sich auf die Neugier beziehen, mit langen heraushängenden Zungen aufs Lästern und falsches Zeugnis reden, mit Schweinerüsseln auf mangelnde Reinlichkeit oder unsittliches Verhalten hinweisen. Weit verbreitet dürften auch Schandflöten für schlechte Stadtmusikanten gewesen sein, überdimensionale Rosenkränze für säumige oder schläfrige Kirchgänger, Falschspielerketten oder Narrenkappen. Hände und Kopf umschließende Holzinstrumente in Geigenform (die sogenannten Halsgeigen) kamen zur Anwendung bei der Bestrafung von Leichtfertigkeitsdelikten, aber auch bei Beleidigungen und Tätlichkeiten unter Frauen. Doppelhalsgeigen umschlossen gleich zwei Personen, etwa Ehepaare oder streitlustige Frauen, die ihren Zwist zur Belustigung aller in der Öffentlichkeit austragen sollten. Deutlich größer und von erheblichem Gewicht waren demgegenüber die sogenannten Schandmäntel: hölzerne – häufig mit Spottbildern verzierte – Tonnen oder Mäntel, aus denen höchstens noch der Kopf des Verurteilten herausschaute. Hölzerne Trinkertonnen riefen unverbesserliche Wirtshaushocker zur Ordnung, die Haus und Hof verzechten. Neben den tragbaren Schandmänteln gab es auch feststehende, in die eine Person für einen gewissen Zeitraum eingesperrt werden konnte. Die über Bram Stokers Kurzgeschichte „The Squaw“ bekannt gewordene Eiserne Jungfrau von Nürnberg (heute ausgestellt im Mittelalterlichen Kriminalmuseum in Rothenburg ob der Tauber) war ursprünglich ein solcher Schandmantel. Erst im 19. Jahrhundert wurde er an den Innenseiten mit eisernen Dornen und Nägeln versehen und als grausames Folter- und Hinrichtungsinstrument vergangener Zeiten vermarktet.

Die Form gab den Namen: Die Halsgeige kam bei Ehrenstrafen oft zum Einsatz.

Weit verbreitet waren als stationäre Instrumente für Ehrenstrafen auch der Stock, ein senkrecht stehender Block mit Löchern für die Beine und Eisen für die Handgelenke, sowie Narrenhäusl oder Trüllen, einsehbare und gegebenenfalls drehbar gelagerte Holzkäfige. Mit Narrenhäusl oder Trülle wurden Trunkenheitsdelikte geahndet oder jugendlicher Unfug. Für Bäcker, die das vorgeschriebene Gewicht für Brotwaren nicht einhielten, stand die Bäckertauche (auch Bäckertaufe, Wippe oder Schneller genannt) zur Verfügung: Ein an einem schwenkbaren Balken befestigter Holzkäfig, mit dem der Verurteilte in einen Fluss oder eine Jauchegrube getaucht werden konnte. Nicht unerwähnt bleiben soll der hölzerne Schandesel, auf den Verurteilte

Um die Eiserne Jungfrau ranken sich viele gruselige Geschichten. Ursprünglich handelt es sich bei dieser Vorrichtung wohl um einen Schandmantel. Erst später wurde er mit Nägeln „gespickt".

gesetzt wurden. Diese Ehrenstrafe verlagerte sich später vom Marktplatz in die Schulzimmer und steht seitdem als Synonym für Schulstrafen.

Neben den stationären Strafen an Pranger, Schandsäule oder im Stock bildete der sogenannte schimpfliche Aufzug die zweite große Kategorie an Ehrenstrafen. Hierbei musste der Verurteilte eine gewisse Strecke in der Öffentlichkeit zurücklegen – in beschämender Kleidung, auf einem Tier (Esel, Schwein) reitend oder mit einem umgehängten Gegenstand. Auch hier wurde der Verspottete oft von der ihn begleitenden Menge mit Unrat beworfen oder gar geschlagen. Als schimpfliche Tracht galten etwa ein gekürztes Kleid für Ehebrecherinnen, Strohkränze für Prostituierte und liederliche Frauen, bestimmte Kopfbedeckungen (etwa auffällig gefärbte oder geformte Hüte) oder auch gestutzte Haare. Als zu tragende Gegenstände kamen im Prinzip alle bereits bei den Prangerstrafen angeführten Instrumente in Betracht. Besonders weit verbreitet war das Umhängen und Tragen von Lastersteinen, die durchaus einen halben Zentner oder mehr wiegen konnten und nicht selten mit Gesichtern verziert waren. Dic Lastersteine waren vor allem Frauen vorbehalten und als Regelstrafe bei Kuppelei oder schwerer Beleidigung vorgesehen.

Vergegenwärtigt man sich all dies, so erscheint die Wahrnehmung des Ingolstädter Studentenulks im Jahre 1607 als Straftat in einem anderen Licht. Der vor die Tür gelegte Lasterstein war weit mehr als ein böser Streich. Es war gleich auf mehrfache Weise eine grobe Beleidigung des Juraprofessors und Reichshofrats Paulus Gartzweiler: Man hatte ihn in die Nähe einer vorwiegend Frauen vorbehaltenen Ehrenstrafe gestellt, seine gesellschaftliche Stellung als ehrbarer Mann war angegriffen.

Autoren

Dr. Christoph Bachmann, Archivdirektor, Leiter des Staatsarchivs München

Karin Dütsch, Redakteurin Bayerische Staatszeitung (Kultur, Beilage Unser Bayern)

Renate Herget, Abteilung II des Bayerischen Hauptstaatsarchivs

Dr. jur. Markus Hirte, Leiter des Mittelalterlichen Kriminalmuseums Rothenburg ob der Tauber

Dr. Ulrike Claudia Hofmann, stellvertretende Leiterin der Abteilung II des Bayerischen Hauptstaatsarchivs

Dr. Annelie Hopfenmüller, Abteilung II des Bayerischen Hauptstaatsarchivs

Dr. Margit Ksoll-Marcon, Generaldirektorin der Staatlichen Archive Bayerns

Dr. Katrin Marth, Bayerisches Hauptstaatsarchiv

Andreas Nestl, Staatsarchiv München

Dr. Markus Schmalzl, Abteilung II des Bayerischen Hauptstaatsarchivs

Dr. Johannes Staudenmaier, Staatsarchiv Nürnberg

Edeltraud Weber, Abteilung II des Bayerischen Hauptstaatsarchivs

Dr. Elisabeth Weinberger, Leiterin der Abteilung III des Bayerischen Hauptstaatsarchivs

Abbildungsnachweis

Bayerisches Hauptstaatsarchiv: 38, 45, 78, 84/85, 90, 92, 93, 94, 96, 97, 98, 99, 106, 129, 130/131, 141, 167, 216, 235, 236

Bayerisches Landesamt für Denkmalpflege/Bildarchiv: 52, 65

Bayerisches Landesamt für Vermessung und Geoinformation: 58, 82, 116, 117

Bayerische Staatsbibliothek/Bildarchiv: 18/24 (hoff-10280), 26 (hoff-19136), 27 (port-009887), 46 (port-004313), 54 (port-000864), 105 (port-001539), 128 (port-000594), 180 (port-026765), 187 (hoff-2163 / port-019816 / port-019817), 229 (port-000529 / port-000460)

Johann Matthias Beyer, „Theatrum Machinarum Molarium, Oder Schau-Platz der Mühlen-Bau-Kunst / Welcher allerhand Sorten von solchen Machinen, die man Mühlen nennet, so wohl historisch als practisch ... vorstellet": 55, 56, 57, 62

Freilichtmuseum Glentleiten: 66, 80, 86, 88

Freilichtmuseum Jexhof: 44, 47

Getty Images: 31, 32, 50, 83, 108, 135, 142, 175, 178, 181, 190, 192, 196, 204, 213, 214, 215, 220, 221

Illustrierte Kriegschronik 1870: 226, 232, 233

Kriminalmuseum Rothenburg ob der Tauber: 118, 145, 238, 241, 242/243, 244, 245, 246

Landeshauptstadt München/Stadtentwässerung: 73 (unten), 75, 76, 77

Münchner Intelligenzblatt 1778, S. 262–263: 60/61

Museum Burg Golling, Land Salzburg: 151

Museum Schloss Aichach: 224

Sammlung Klaus Foerster, Münchberg: 163

Schulgeschichtliche Sammlung Horst Schiffler: 218, 222, 223

Schweinfurth, Ralph: 122

Staatsarchiv Landshut: 41

Staatsarchiv München: 11, 14, 23, 39, 119, 120/121, 134, 136, 182, 184, 188, 189, 191

Staatsarchiv Nürnberg: 158, 159, 195, 198, 199, 200, 202, 203

Staatsbibliothek Bamberg: 110, 124, 164, 166, 169, 170, 172

Stadtarchiv Bamberg: 160

Stadtarchiv Erlangen: 112, 114/115

Stadtarchiv Starnberg: 15

Stadtarchiv Volkach: 126, 133

SZPhoto: 8, 13, 21, 28, 34/35, 37, 42, 48, 51, 68, 70, 71, 72, 73 (oben), 100, 102, 103, 113, 132, 138, 146, 148, 149, 152, 155, 157, 176, 179, 205, 208, 210, 211, 212, 228, 230, 234, 237